# HISTORIA
## DE LA LITERATURA
## ESPAÑOLA

# HISTORIA DE LA LITERATURA ESPAÑOLA

## Tomo II
## EL SIGLO XVI

Obra dirigida por

JEAN CANAVAGGIO

con la colaboración de

BERNARD DARBORD, GUY MERCADIER,
JACQUES BEYRIE y ALBERT BENSOUSSAN

Directora de la edición española:

ROSA NAVARRO DURÁN

EDITORIAL ARIEL, S. A.
BARCELONA

Título original:
*Histoire de la Littérature espagnole*

Traducción de
JUANA BIGNOZZI

1.ª edición: octubre 1994

© Librairie Arthème Fayard, 1993

Derechos exclusivos de edición en castellano
reservados para todo el mundo
y propiedad de la traducción:
© 1994: Editorial Ariel, S. A.
Córcega, 270 - 08008 Barcelona

ISBN: 84-344-7453-0 (OC)
84-344-7455-7 (tomo II)

Depósito legal: B. 29.149 - 1994

Impreso en España

# PRÓLOGO

Los franceses están descubriendo España; o, por lo menos, una España insospechada. En lugar de la España austera de Felipe II, perpetuada por El Escorial, de la España pintoresca —corridas y flamenco— popularizada por los románticos, de la España trágica de la guerra civil y de la dictadura, sumergida bajo el turismo de masas, ven afirmarse una España inédita que, en poco más de diez años, ha restaurado la democracia, ha mostrado su dinamismo económico y se ha unido a la Europa comunitaria. Aunque todavía existan tensiones, aunque la violencia no haya desaparecido, aunque, debido a las dificultades, las esperanzas surgidas en un primer momento a menudo hayan cedido terreno al desencanto, los Juegos Olímpicos de Barcelona y la Exposición Universal de Sevilla, a pesar de haber estado envueltos en un gran aparato publicitario por parte de los medios, no son un escaparate falaz organizado para engañar. Son dos actos simbólicos del espíritu que impulsa a todo un pueblo que, visto desde el extranjero, expresa y manifiesta su genio creador por medio de pintores y escultores, de arquitectos y bailarines, de directores de teatro y cineastas.

En esta lista sólo faltan prácticamente los escritores, curiosamente excluidos de nuestro elenco de valores. Si se pregunta al hombre de la calle, apenas puede citar dos nombres: Cervantes y Lorca. El hombre culto dispone de un abanico más amplio: el romancero, *La Celestina*, los místicos, la novela picaresca, la Comedia del Siglo de Oro forman parte de su cultura o, por lo menos, de su sistema de referencias. Aunque es de rigor señalar que Lope de Vega, Góngora, Calderón o Gracián le entusiasman, raramente los lee. No hay duda de que Unamuno, Valle-Inclán, Machado y Ortega y Gasset, han venido a rejuvenecer este panteón; que se han saludado como es debido los tres premios Nobel que, desde la guerra, han coronado a dos poetas —Juan Ramón Jiménez y Vicente Aleixandre— y luego a un novelista, Camilo José Cela; cierto es que, desde hace poco, un interés nuevo se hace sentir hacia novelistas —Vázquez Montalbán, Eduardo Mendoza— cuyas obras recientes figuran en buen lugar en las listas de ventas. Pero habría que preguntarse si todos estos nombres juntos llegan a corregir la imagen, por otro lado excesivamente somera, en que había cristalizado antaño la figura mítica de un gran poeta asesinado.

Es evidente que existen todavía inmensas zonas oscuras en un continente que el lector francés no se decide todavía a explorar. Se conforma, demasiado a menudo, con ideas recibidas que convendría disipar. La Edad Media española no es un lugar de tinieblas que ignoró a Occidente. La novela picaresca, si de verdad puede llamarse novela, no se limita únicamente al *Lazarillo*; lo que no quiere decir que haya que incluir en ella al *Quijote*. Góngora no es, como se afirmaba antaño, un poeta hermético y abstruso. El teatro del Siglo de Oro no se limita a esa docena de obras que se representan de vez en cuando en nuestros escenarios. Y hay algo más grave: escritores muy insignes, que forman parte del patrimonio cultural de nuestros vecinos, no tienen eco, o muy poco, de este lado de los Pirineos. Pensemos en Quevedo, máxima figura del barroco, que unas traducciones ejemplares tratan de dar a conocer. O en Pérez Galdós, que dio todo su esplendor a la novela española del siglo XIX y que es indispensable descubrir por fin, de la misma manera que, gracias a un magnífico trabajo de equipo, se ha descubierto hace poco a su contemporáneo Clarín, el autor admirable de *La Regenta*. Otros, igual de prestigiosos, se encuentran a la espera de una consagración que esté a la altura de su talento: Valle-Inclán, cuya diversidad de inspiración empieza a sospecharse, sigue, sin embargo, encasillado en la leyenda que él mismo forjó alrededor de su personaje, cuando en realidad experimentó todas las formas de la novela y exploró instintivamente todos los caminos que abriría la revolución teatral de comienzos del siglo XX.

La comprobación que expresamos justificaba desde el comienzo nuestro propósito: tratar sólo la literatura peninsular en lengua castellana, para hacer un cuadro histórico y crítico de conjunto. Quitemos inmediatamente dos objeciones. Este libro no podía ser una historia de las literaturas de España. La literatura catalana, la literatura gallega, al igual que las lenguas de las que surgieron, tienen identidad propia. ¿Cómo reagruparlas? En una historia de la literatura española significaría negar esa identidad. Hemos preferido, por el contrario, respetarla.

Pero este libro no es tampoco una historia de las letras hispánicas de contornos imprecisos. Los escritores hispanoamericanos están sin duda unidos por una comunidad de destino. Pero en la escala de un continente. A pesar de las interferencias entre España y América Latina, del constante vaivén entre el Antiguo y el Nuevo Mundo, este destino no se confunde con el de la literatura peninsular. Imaginemos a García Márquez, Vargas Llosa u Octavio Paz embarcados en una historia de la literatura española. No lo podrían creer...

El proyecto que hemos realizado muestra, también, el espíritu con que se formó nuestro equipo. Especialistas en autores y en temas que aceptaron presentar, los hispanistas franceses que participan en esta empresa respetaron las exigencias científicas; pero también se adaptaron a un público variado, deseoso de tener entre sus manos, según los casos, un manual fiable, una obra de referencia o un libro de consulta. También querríamos que el estudiante de instituto, al igual que el universitario, dispusiera de un instrumento de trabajo reciente; también desearíamos ofrecer al hombre de la calle un panorama coherente que le resulte fácilmente asequible. Pero lo que hemos conseguido es una *historia* de la literatura, en toda la acepción del término, en la que las interpretaciones que se proponen están siempre relacionadas con un nivel de los conocimientos, pero donde los encadenamientos manifiestan las opciones; ya sea que se tome en cuenta el veredicto de los siglos o que se proceda a revisiones consideradas indispensables.

El número de colaboradores —más de cincuenta— explica la diversidad de las contribuciones reunidas aquí. Al colocar su piedra en el edificio, cada uno ha dejado su impronta personal. Me ha parecido esencial mantener esta diversidad: creo que es la mejor garantía contra todo dogmatismo, contra cualquier esquematización reduccionista. El objeto literario, eminentemente complejo, se presta a diferentes enfoques, según se parta de las condiciones en que se publicaron las obras, de sus características intrínsecas, o de su devenir y del conjunto de significados que desarrollan. Sin privilegiar exclusivamente un determinado aspecto, cada uno de los colaboradores ha insistido más en el que se adaptaba mejor a sus preocupaciones; pero las ideas que presenta aparecen siempre situadas dentro de todo el conjunto de trabajos sobre el tema.

Hay que hablar de diversidad y no de disparidad, puesto que las contribuciones aquí recogidas tienen su origen en un proyecto global claramente definido desde el principio. En función de este proyecto hemos determinado las líneas de reflexión, distinguido corrientes y tendencias y asignado a los grandes autores el lugar que les corresponde, sin por ello dejar de lado a otros, poco o mal conocidos. Algunos lectores pensarán que hemos destacado demasiado a escritores menores; otros, al contrario, encontrarán que los hemos sacrificado en beneficio de las glorias consagradas. Asumimos plenamente nuestras decisiones. Prescindiendo de la lista de premios o del panteón de hombres ilustres, esta historia de la literatura, que intenta ser coherente, es, como debe ser, una construcción. Los equilibrios y los encadenamientos que establecemos reflejan, como es lógico, el progreso de los conocimientos, pero expresan, al mismo tiempo, nuestro punto de vista particular. Este punto de vista se refleja también en la distribución de la obra que, exceptuando la Edad Media, estudiada en conjunto, se articula por siglos. Por ello, cada período comienza por un capítulo de introducción que lo sitúa en el tiempo y que dibuja sus grandes líneas.

Una de las dificultades que hemos encontrado en nuestro trabajo ha sido la falta de perspectiva en lo que a la producción contemporánea se refiere. Los siglos pasados ya han recibido el veredicto de la posteridad. Aunque ese veredicto pueda someterse a revisiones parciales, nuestra época tiende más bien a legitimarlo que a cuestionarlo. No ocurre lo mismo con las obras más recientes, que se encuentran todavía bajo los efectos de las primeras reacciones, por lo que nuestro balance sólo puede ser provisional. A pesar de ello, no hemos querido dejar de hacer este balance: para poner de relieve la vitalidad de la España actual en un terreno en el que siempre ha sabido manifestar su genio particular; y, además, para demostrar que este auge se inscribe en un amplio movimiento que, desde el *Cantar de Mio Cid* hasta la generación actual, trasciende continuamente a las mutaciones y rupturas, consiguiendo así relacionar íntimamente un pasado y un presente siempre solidarios.

JEAN CANAVAGGIO

# INTRODUCCIÓN

Esta *Historia de la literatura española* es una invitación a la lectura y no sólo al estudio, como suele corresponder al género. Y este siglo XVI lo es especialmente por la sugestión que en sí tiene el período. Si algún término debe aplicársele forzosamente es el adjetivo «nuevo» o el verbo «nacer»: comienza una «nueva conciencia», se renueva la lírica, se habla del nacimiento del teatro, la ficción en prosa adopta nuevas y variadas formas...

En el marco cronológico aproximado del siglo, los hispanistas franceses hablan de tales novedades precisamente desde el género, no desde la sucesión temporal estricta. Y lo hacen desde un punto de vista diferente: el que su condición de estudiosos franceses de la literatura española les proporciona, un verla desde fuera y desde el conocimiento profundo de otra literatura, la francesa. Sabremos así de la recepción de las obras españolas en Francia o veremos cómo se inserta en Europa el pensamiento español.

Cada uno de los ocho capítulos de que se compone este estudio está redactado por un erudito distinto, todos ellos especialistas en la parcela literaria sobre la que escriben y con un enfoque crítico bien definido. Leer lo que dice Maxime Chevalier de la novela morisca o de los libros de pastores —una delicia— nos redescubre su profundo conocimiento de la ficción y su posición crítica personal, muy distinta, por ejemplo, de la lectura que hace Nadine Ly de la poesía de Garcilaso, sumamente sugerente, pero que parte de otro lugar de análisis. Cada capítulo tiene, por tanto, su forma propia, su perfil singular —en este siglo y en toda la obra—, y de ahí la amenidad —el *delectare*— que se une al *docere* obligado.

No se pretenda encontrar, por tanto, una visión unitaria de este período de la literatura, sino distintas miradas de especialistas que convierten en novedosa una exposición de hechos literarios que tiene ya una larga tradición.

Al escoger como punto de partida del análisis los géneros literarios, se produce una serie de efectos: así algunas parcelas quedan a veces a oscuras; otras, casi nunca analizadas en este tipo de obras, se perfilan con rigor y precisión, o incluso la presencia de algunos autores se repite en capítulos distintos: fray Luis y san Juan se estudian como prosistas en el capítulo VI y como poetas en el VII. O Cervantes asoma ya como poeta trágico en el capítulo VIII, cuando su auténtica figura literaria será analizada más ampliamente —con su maestría habitual— en el volumen siguiente por el especialista y director de esta obra, Jean Canavaggio.

El conjunto de los distintos capítulos compone el friso de esa creación literaria tan rica, tan sugerente, tan innovadora, de la España del siglo XVI. Pero cada uno de ellos es una unidad en sí, tiene la impronta de su autor. Joseph Pérez, Nadine Ly, Augustin Redondo, Pierre Heugas, Sylvia Roubaud, Maxime Chevalier, Michel Darbord, André Labertit y Jean Canavaggio nos redescubren la poesía, el teatro, la ficción, la espiritualidad o la nueva conciencia de nuestra literatura en este siglo XVI, que inicia la Edad de Oro.

ROSA NAVARRO DURÁN

# Capítulo I

# UNA NUEVA CONCIENCIA

¿Qué límites asignar al siglo XVI en la historia de la literatura española? No hay ningún problema en señalar el final del período: Felipe II muere en 1598, un año antes de la publicación del *Guzmán de Alfarache*; hay una coincidencia casi perfecta entre la historia política y la historia literaria. El punto de partida, por el contrario, plantea un problema más delicado. ¿Hay que situar el corte en 1516, con el advenimiento del futuro Carlos V? Imposible: los que crean el Estado moderno en España son los Reyes Católicos (1474-1516), pero si bien la fecha de 1474 es adecuada para la historia política y social, es demasiado precoz para la literatura. El año 1499 sería más conveniente: en este año aparece *La Celestina*, obra mucho más volcada hacia la época moderna, a mi parecer, que hacia la Edad Media. De cualquier manera, es entre 1474 y 1516 cuando se crearon estructuras políticas y sociales llamadas a perdurar y que marcaron profundamente la cultura española del siglo XVI.

Sería útil mencionar aquí las observaciones de Paul Ricoeur (*Histoire et vérité*, p. 89): «Una civilización no avanza en bloque ni se estanca en todos los aspectos. Hay en ella diversas líneas que pueden seguirse, de alguna manera, longitudinalmente: línea del equipamiento industrial, línea de la integración social, línea de la autoridad y del poder público, línea de las ciencias y de las artes (de tales ciencias y de tales artes), etc. A lo largo de esas líneas aparecen, pues, crisis, crecimientos, regresiones, etc., que no necesariamente coinciden. La marea no sube al mismo tiempo en todas las playas de la vida de un pueblo.»

De esta manera se mide la dificultad de señalar cortes tajantes y nítidos entre las épocas. Entre la Edad Media y el apogeo del Renacimiento se extiende un largo período de transición. Los contactos de España con Italia, por ejemplo, se remontan por lo menos al siglo xiv, cuando los aragoneses empezaron a interesarse por ese país. Desde 1365 existe en Bolonia el colegio de San Clemente, fundado por el cardenal Gil Álvarez Carrillo de Albornoz para acoger a estudiantes españoles; hacia 1450, Alfonso el Magnánimo, rey de Aragón, se instaló en Nápoles y llevó allí una brillante vida de corte; en la misma época, un Borja se convirtió en Papa con el nombre de Calixto III; con Carlos V, Milán y Génova pasaron a ser feudos españoles. Contactos tan antiguos y tan estrechos no dejaron de tener repercusiones en la historia cultural de España.

## Literatura y sociedad

La literatura española del siglo xvi responde a las preocupaciones de un mundo a la vez aristocrático y urbano, en el que las tendencias medievales y modernas se integraron de una manera más o menos armoniosa según proporciones variables. Esta literatura lleva también la impronta de las ideas de la época. Así pues, pueden señalarse tres ejes principales:

1)   Una dirección principalmente orientada hacia los valores aristocráticos y caballerescos, en la que dominan los gustos tradicionales, pero donde pueden aparecer también tendencias nuevas: es el ámbito del teatro, de la novela de caballerías, de la pastoril, y de la poesía (tradicional con los romances, resueltamente moderna con Garcilaso).

2)   Una dirección caracterizada por la impronta de una civilización urbana: *La Celestina* y sus continuaciones, *El Lazarillo de Tormes*, la obra de Guevara. Las tendencias tradicionales no están ausentes, sino integradas en obras complejas donde se imponen más bien formas nuevas de sensibilidad y de expresión.

3)   Y, finalmente, una literatura de ideas donde vuelve a encontrarse el eco de los grandes problemas de la época: crónicas, erasmismo, diálogos, tratados de espiritualidad.

Si bien el vínculo que une sociedad y literatura no es una relación de causa a efecto, la primera ejerce sin duda presiones que la segunda puede rechazar, pero no ignorar. Ahora bien, la sociedad española, tal como la estructuraron los Reyes Católicos, presenta por lo menos tres características importantes: es una sociedad marcada por la preponderancia de Castilla, por la primacía de los valores de la nobleza, y por una fuerte impronta ideológica.

## 1. Auge de Castilla y del castellano

Los Reyes Católicos, y, tras ellos, Carlos V y Felipe II, nunca fueron, hablando con propiedad, reyes de España, sino reyes de Castilla, de Aragón, señores de Vizcaya, condes de Barcelona, etc. Se trata de un Estado plurinacional: un cuerpo político que reúne pueblos de lenguas, tradiciones e historias nacionales diferentes, cada uno de los cuales conserva su autonomía administrativa y hasta su economía propia, cediendo al poder central —encarnado por la dinastía reinante— sólo los intereses comunes a todos los grupos: la diplomacia, la defensa, la religión católica.

La monarquía así entendida comprende:

— Los países de la corona de Castilla: dominios castellanos propiamente dichos y territorios asociados (Navarra, las Indias).
— Los países de la corona de Aragón, a saber, los reinos de Aragón y de Valencia, el principado de Cataluña y el reino de Nápoles.

En 1580, Portugal se unió a las otras dos coronas según el modelo ya señalado, es decir, conservando sus instituciones y su personalidad. La totalidad de la Península quedó entonces (y así continuará hasta 1640) no unificada, sino bajo la autoridad de un mismo soberano.

Carlos V, en 1516, agregó a ese patrimonio peninsular la herencia borgoñona (Flandes, Franco Condado) y, en 1519, la dignidad imperial. Al abdicar en 1556, legó los Países Bajos y el ducado de Milán a Felipe II, pero el imperio pasó a una rama menor de los Habsburgo.

El único lazo que aseguraba la unidad de este conjunto dispar era la persona del rey; en todas partes se aplicaba el principio planteado por un jurisconsulto del siglo XVII: cada uno de los territorios que integran la monarquía debe ser gobernado como si el rey, que reina sobre todos, fuera sólo rey de ese territorio. Felipe II, por ejemplo, es al mismo tiempo rey de Portugal, de Castilla, de Aragón, de Valencia, conde de Barcelona, señor de Flandes, etc. Las únicas instituciones comunes son el Consejo de Estado y el Consejo de guerra, es decir, la diplomacia y la defensa, prerrogativas de los soberanos.

En este conjunto, Castilla se destaca nítidamente. Ocupa una situación preponderante debida a su posición geográfica central y a su extensión territorial, pero sobre todo a su vitalidad. Desde mediados del siglo XV, Castilla es, de lejos, el país más poblado, y la expansión demográfica continúa hasta las epidemias de peste de los últimos años del siglo XVI. Es también el país más rico y más dinámico de la Península, lo cual contrasta con el estancamiento, y aun el marasmo, de la corona de Aragón (con la única excepción de Valencia, probablemente la ciudad más grande de España en el siglo XVI, lo que justifica en gran medida el papel de esta ciudad como centro cultural en los siglos XVI y XVII). Por lo tanto, no sorprende que Castilla se sitúe naturalmente a la cabeza de la doble monarquía.

Esta preponderancia, que Castilla debe a la demografía y a la economía, le costará cara. Castilla, en efecto, es la que aporta a los soberanos lo esencial de los recursos fiscales y humanos necesarios para su política europea. Ahora bien, desde el acceso de Carlos V al imperio, esta política es cada vez más dinástica y cada vez menos nacional. Los comuneros lo habían presentido: temían que Castilla fuera arrastrada a una política que no le concernía directamente. Y eso es efectivamente lo que sucedió después de la derrota de Villalar (1521): la defensa de la cristiandad contra los enemigos internos (los protestantes) y externos (los turcos) es la gran empresa de Carlos V, pero sólo interesa medianamente a los castellanos, con excepción de una minoría de intelectuales y hombres de letras (sobre todo los erasmistas); para la gran mayoría de los castellanos, incluido el elemento político, la cruzada contra los infieles no había de hacerse en Europa central ni aun en Túnez, sino en la cuenca occidental del Mediterráneo, de Melilla a Bugía, pasando por Argel: es de allí de donde procede el peligro, representado no tanto por los turcos como por los piratas berberiscos y los moros; los asuntos de Alemania, la amenaza sobre Viena, la expedición de Túnez, parecen objetivos más lejanos: le conciernen al titular del Sacro Imperio romano germánico y al jefe de la casa de Austria, no al rey de Castilla. Desgraciadamente para los castellanos, el rey de Castilla es un Habsburgo y también el emperador; se ven obligados, pues, después de Villalar, a financiar una política que no siempre concuerda con los intereses bien entendidos del país.

La situación se agrava aún más durante el reinado de Felipe II, que siguió siendo fiel a las grandes orientaciones de Carlos V; se esforzó por revitalizar la idea de cristiandad, a pesar de la división religiosa de Europa, lo cual llevó a España a intervenir en todas partes: ¿para apoyar la causa del catolicismo romano, para defender posiciones hegemónicas, por solidaridad con los Habsburgo de Austria? No se sabe muy bien, por la imbricación de los problemas ideológicos, políticos y estratégicos: cualquier progreso de la herejía se siente como una derrota de España. Puede verse muy bien en la larga y dolorosa guerra de Flandes que, en el último tercio del siglo XVI, absorbió todas las energías de la monarquía católica. No están en juego los intereses vitales de España, sino su prestigio internacional, su política hegemónica y también la preocupación por mantener intacto un patrimonio dinástico: Felipe II no se decide a abandonar a su suerte provincias que ha recibido en herencia. España, y más especialmente Castilla, se agota así en empresas que sólo le conciernen muy indirectamente.

La literatura ofrece a menudo una idea falsa de la situación real. Al leer a ciertos cronistas, o poetas (pienso, especialmente, en el famoso soneto de Hernando de Acuña: «Un monarca, un imperio, una espada...»), puede tenerse la impresión de que España está identificada con sus soberanos, que aprueba y apoya la ambición de éstos por mantener la unidad espiritual de la cristiandad. Esos escritores, a menudo, no representan más que a sí mismos o a ambientes cosmopolitas ajenos a las preocupaciones de la mayoría de sus compatriotas.

Esta preponderancia de Castilla es resplandeciente en el ámbito lingüístico y cultural: lo que llamamos español es, en realidad, castellano; la literatura española es una literatura escrita en castellano. Nebrija, al publicar su gramática en 1492, apresura esta idea: el castellano prevalece sobre las otras lenguas de la Península como lengua culta, y esto es tanto más notable por cuanto se trata de una evolución espontánea: ninguna presión política obliga a los autores catalanes, valencianos y aún menos a los portugueses (pensamos en Gil Vicente y sobre todo en Jorge de Montemayor) a escribir en castellano; lo hacen libremente porque reconocen la superioridad del castellano, que es también la lengua del grupo político más dinámico de la Península. Eso es lo que significa la fórmula de Nebrija, «la lengua compañera del imperio»: la supremacía lingüística y cultural; como en el caso del latín en Roma, el castellano prolongará el efecto de la influencia política de España, y España, en esa época, es esencialmente Castilla. Este argumento aparece repetidamente en el siglo XVI en la pluma de humanistas eminentes: Benito Arias Montano (1570), Francisco de Medina (1580) («Veremos extenderse la magestad del lenguaje español [...] hasta las últimas provincias, donde vitoriosamente penetraron las vanderas de nuestros exércitos»), y sobre todo Ambrosio de Morales (*Discurso de la lengua castellana*, 1585): «En Roma, cuasi todos los nobles sabían la lengua griega; mas cuando iban a gobernar a Asia o en Grecia, por ley se les vedaba que en público no hablasen sino en latín, mandándoles que en juicio no consintiesen usarse otra lengua, aunque hubiesen de ayudarse de intérprete los que no lo sabían; sólo para este efecto [como dice Valerio Máximo], que la dignidad y reputación de la lengua latina se extendiese con mayor autoridad por el mundo»; conviene seguir este ejemplo.

Otros expresan propósitos menos imperialistas. En el *Diálogo de la lengua*, que Juan de Valdés compuso en Nápoles hacia 1535, se encuentra una descripción de la lengua, de sus recursos y de sus posibilidades, al mismo tiempo que un cuadro de la literatura española de la época. Ya aparece la idea de que el castellano es capaz de expresar los más finos matices del pensamiento o de la sensibilidad, a condición de que sea cultivado convenientemente, idea retomada por Pedro Mexía, autor de una *Silva de varia lección*, publicada en 1540, que propone tratar diferentes temas «científicos» para quienes ignoran el latín, o también por Cristóbal de Villalón, *El Scholástico*: nada impide al castellano convertirse en una lengua tan precisa y elegante como el latín o el griego y, además, es más fácil expresarse en la lengua materna que en una lengua extranjera, aun cuando se conozca bien. En 1585, en su introducción al tercer libro *De los nombres de Cristo*, fray Luis de León compuso la más hermosa de todas esas «defensas e ilustraciones» del castellano; habla con el legítimo orgullo de alguien que tiene conciencia de haber contribuido personalmente a hacer del castellano una lengua culta, igual a las más renombradas.

## 2. UNA SOCIEDAD ARISTOCRÁTICA

Las crisis económicas y sociales que siguieron a las catástrofes demográficas del siglo XIV (la peste negra) provocaron profundas conmociones en Castilla. La antigua aristocracia surgida de la Reconquista fue casi completamente eliminada. Recién llegados ocuparon su lugar y aprovecharon la debilidad del poder real para formar inmensos feudos. Así nacieron las grandes casas de la España moderna, los ducados de Alba, del Infantado, de Albuquerque, los condados de Benavente, de Astorga, el marquesado de Villena, etc., en total menos de dos docenas de familias, a menudo emparentadas, que forman lo que se llama los Grandes y los títulos.

Los Reyes Católicos no cuestionaron las situaciones de hecho; se limitaron a corregir los abusos más escandalosos. La alta nobleza castellana conservó, pues, y consolidó su poder terrateniente —ése es el sentido de las leyes de Toro (1505) sobre los mayorazgos—, pero tuvo que renunciar a representar un papel político en el Estado. Muy por debajo de los Grandes, los caballeros y los hidalgos ocuparon los rangos inferiores de la nobleza; a partir del siglo XV ocuparon un puesto en las municipalidades, donde constituyeron poderosas oligarquías urbanas. La nobleza castellana es, pues, heterogénea. Las tres categorías que acabamos de distinguir (Grandes y títulos, caballeros, hidalgos) tienen en común un solo y único aspecto: la exención de impuestos, llamado privilegio de hidalguía, tal vez por ser el más extensivo, porque concierne a la categoría más numerosa, la de los hidalgos. Desde este punto de vista, las cosas están claras: el hidalgo es lo contrario del pechero (literalmente, el que está sujeto al impuesto directo, el pecho). Esto es lo que expresa con vehemencia el duque de Nájera en las Cortes de Toledo (1538-1539): la nobleza se niega a participar en el esfuerzo fiscal pedido por Carlos V; para ella se trata de una cuestión de principio; todos los súbditos del rey deben servir, pero unos, los hidalgos, pagan con su persona; los otros, los pecheros, en especie pecuniaria; abolir esta diferencia significaría estructurar la sociedad sobre otras bases; sería crear una sociedad sin privilegios.

Las situaciones, en el siglo XVI, no están, sin embargo, completamente fijadas. Cuando se quiere honrar a alguien que se ha distinguido especialmente, que ha prestado o es susceptible de prestar servicios eminentes a la sociedad, se le otorga el privilegio de hidalguía. Así pues, aquellos que han obtenido el título de doctor en una de las tres grandes universidades del reino (Salamanca, Alcalá de Henares, Valladolid) son asimilados a la nobleza: no pagan impuestos, al igual que los letrados.

En ciertas condiciones, la riqueza también es susceptible de permitir el acceso de la hidalguía, al igual que el saber y el mérito. Hay, pues, una voluntad de formar una elite social, constituida por lo que hoy llamaríamos las fuerzas vivas del país. Pero la fortuna por sí sola no basta; se necesita algo más, la consideración social, y ésta es negada a ciertas profesiones consideradas viles.

La movilidad geográfica puede ser la ocasión para una movilidad social. Para hacerse reconocer más fácilmente como noble, a veces se recomienda instalarse en una ciudad donde no se es conocido, pero con la condición de renunciar a ciertas profesiones. Al mismo tiempo que de domicilio, conviene cambiar de ocupación, vivir de sus rentas en lugar de dedicarse a una actividad remunerada, pero considerada infamante por la sociedad. Inversamente, un noble arruinado puede verse tentado a instalarse en otra parte, sea para trabajar con sus manos o para hacer menos evidente su decadencia; es lo que hace el escudero del *Lazarillo*.

La exención fiscal es la consecuencia de un estado de hecho; es también un punto de partida, el comienzo de una asimilación a la nobleza que sólo será completa en la segunda o tercera generación. Eso es lo que significa la distinción entre hidalgos de privilegio e hidalgos de sangre. Sólo los segundos se benefician del prestigio y de la consideración que van unidos a la nobleza, pero los primeros están en el camino que conduce a la nobleza verdadera que supone cierta antigüedad. Con el tiempo, la hidalguía de privilegio se transforma en hidalguía de sangre.

Sucede que la nobleza no se definía solamente por su status jurídico, el privilegio; se caracterizaba también por un nivel de riqueza mínimo, por debajo del cual el noble ya no podía sostener su rango, es decir, ya no tenía los medios para representar el papel que la sociedad le asignaba. Un texto se refiere a las seis condiciones requeridas para que en justo derecho se pueda ser considerado un hombre de honor: el mérito personal, la riqueza, la nobleza y antigüedad de los antepasados, una dignidad o una profesión respetable, un nombre honorable, un hermoso aspecto exterior.[1] Puede observarse que la fortuna aparece inmediatamente después del mérito personal y antes del nacimiento. Es lo que señala Huarte de San Juan: ser noble, tener antepasados nobles, está bien, pero no basta; también se necesita fortuna; la nobleza es como el cero en aritmética: solo, carece de valor; después de otra cifra, tiene un efecto multiplicador.[2] No hay duda de que, en el espíritu de los españoles del siglo XVI, la riqueza era el complemento natural, el corolario, de la nobleza.

Es verdad que hidalguía y fortuna son, de derecho, dos cosas diferentes, pero de hecho es cada vez más difícil seguir siendo hidalgo si no se es rico al mismo tiempo. A pesar del clisé difundido por la literatura, parece claro que hidalguía y pobreza son incompatibles.

Esta difusión de la hidalguía testimonia dos cosas: el prestigio de los valores aristocráticos y también una relativa movilidad; la nobleza del siglo XVI no es todavía una casta cerrada; se renueva integrando en ella, en ciertas condiciones, a quienes por su función o por su fortuna ocupan una posición expectable. Estas circunstancias permiten comprender la debilidad de la burguesía y de los valores que representa en la España del siglo XVI. Burgueses existen en el gran comercio internacional, por ejemplo en Burgos, Medina del Campo o en Sevilla, o también en las ciudades manufactureras (Segovia, Toledo, Cuenca, etc.), pero invierten su fortuna en tierras o en rentas y, apenas pueden, adoptan una manera de vida nobiliaria y buscan fun-

---

1. «Seis cosas ha de tener el hombre para que enteramente se pueda llamar honrado: el valor de la propia persona; la hazienda; la nobleza y antigüedad de sus antepasados; tener alguna dignidad o oficio honroso; tener buen apellido y gracioso nombre; buen atavío de su persona, andar bien vestido y acompañado de muchos criados» (*Floresta de anécdotas y noticias diversas que recopiló un fraile dominico residente en Sevilla a mediados del siglo XVI*, edición de F. J. Sánchez Cantón, Madrid, 1948 [*Memorial histórico español*, tomo XLVIII], pp. 361 y 362).

2. «Nobleza y antigüedad de sus antepasados [...]. Joya muy estimada, pero tiene una falta muy grande: que sola por sí es de muy poco provecho [...], pero junto con la riqueza no hay punta de honra que se le iguale; algunos suelen comparar la nobleza al zero de la quenta, guarismo el qual, sólo por sí, no vale nada, pero junto con otro número le haze subir» (*Floresta, ibid.*; es la recuperación casi palabra a palabra de un pasaje de Huarte de San Juan, *Examen de ingenios*).

dirse lo más rápidamente posible en los rangos de la hidalguía. El ideal aristocrático ejerce una atracción tal sobre la sociedad que quienes lo rechazan son una minoría y, por lo tanto, incapaces de proponer una mentalidad y un estilo de vida diferentes.

## 3. LAS ARMAS Y LAS LETRAS

El debate sobre las armas y las letras ha de enmarcarse en este contexto. En 1593, el embajador de la república de Venecia, Tommaso Contarini, escribía: «Todo el peso del gobierno [...] se basa en tres personas solamente: el rey, don Juan Idiáquez y don Cristóval Moura [...]. Estos dos ministros son de nacimiento mediocre, Su Majestad no se sirve de ninguno de los Grandes, que le inspiran desconfianza y cuya autoridad no quiere aumentar», observación confirmada, dos años más tarde, en 1595, por otro embajador de Venecia, Francesco Vendramin: los Grandes de España son treinta y seis; «Su Majestad los emplea poco: raramente les da cargos, y éstos son de mediocre importancia y en países alejados».[3]

El juicio es excesivo: un gran mando o un puesto de virrey no habrían de considerarse cargos de mediocre importancia; es verdad que también son pretexto, para quien los ejerce, de gastar más de lo que gana, lo que sin duda no desagradaba a Felipe II, pero Vendramin no se engaña sobre el fondo: el rey no quiere asociar a la alta aristocracia a las responsabilidades efectivas del poder. Al hacer esto, sigue los consejos de su padre. En las instrucciones que entrega a su hijo en 1543, cuando le confía el gobierno de España en su ausencia, Carlos V escribe, en efecto: «En el gobierno del reino no debe entrar ningún Grande.» Es imposible ser más claro.

El propio emperador se atiene a la regla establecida antes que él por los Reyes Católicos. La historia política de Castilla en el siglo XV hasta el advenimiento de Isabel, estuvo marcada por el enfrentamiento entre los clanes nobiliarios y el poder real. La preocupación constante de los Reyes Católicos fue poner la institución monárquica por encima de las facciones para evitar que alguna de ellas adquiriera demasiada importancia en el Estado. Es así cómo la alta nobleza se vio apartada de la administración.

El conde duque de Olivares, al describir el gobierno de España en 1624, toma nota de esa situación. Distingue dos tipos de servidores del Estado: de toga, o de capa y espada, es decir, los juristas y los gentileshombres. Desde

---

3. M. Gachard, *Relations des ambassadeurs vénitiens sur Charles Quint et Philippe II*, Bruselas-Gante-Leipzig, C. Mucquardt, 1856, p. 237.

el reinado de los Reyes Católicos, continúa, los segundos han sido apartados del Consejo real que, en adelante, estuvo compuesto por letrados, «gente mediana entre los grandes y pequeños, sin ofensa de los unos ni celos de los otros, cuya profesión son letras legales». Olivares repite aquí, palabra por palabra, el célebre pasaje de la *Guerra de Granada* en el cual, cincuenta años antes, Diego Hurtado de Mendoza, con una falsa objetividad, describía la promoción social de los letrados surgidos de las capas medias del país, recordaba algunas de sus cualidades morales y su innegable ciencia del derecho para denunciar mejor, y luego, su incompetencia en el gobierno de los hombres. Porque hay cosas que no se aprenden en la universidad y que los letrados, a pesar de sus diplomas, nunca comprenderán: el arte de mandar y de apreciar las situaciones. Es un error, da a entender Mendoza, preferir sistemáticamente los letrados a la gente de capa y espada para ejercer las responsabilidades políticas; los primeros sólo saben de expedientes; los segundos están más cerca de las realidades, por lo tanto, son más aptos para valorar las circunstancias y adaptarse a las situaciones concretas.[4]

Las armas y las letras. Antes de convertirse en un lugar común y en un pretexto en los debates académicos, la querella atraviesa toda la historia social de la España moderna. Se trata de saber a quién debe recurrirse para formar los cuadros del Estado: ¿a los que tienen diplomas o a los hombres de carácter? ¿A los letrados o a los gentileshombres? ¿A los civiles o a los militares?

Desde el advenimiento de los Reyes Católicos, los letrados ganaron en prestigio; se encuentran en todos los niveles, en todos los puestos importantes, donde reemplazan a los aristócratas. Los estudios permiten a los jóvenes provenientes de las capas medias acceder a situaciones interesantes en la administración y obtener una promoción social a veces inesperada. Este expansionismo se apoya en la idea de que el poder supone un saber, el que se adquiere en las universidades, en especial en las facultades de derecho y en los colegios mayores; es el punto de vista que Castillo de Bovadilla desarrolla en *Política para corregidores* (1597): las letras deben pasar antes que las armas porque el ejercicio de las responsabilidades administrativas exige una competencia técnica que los letrados son los únicos que poseen. Aquí surge una objeción: ¿el saber libresco confiere una competencia especial a quienes lo poseen? Viejo debate que está siempre de actualidad: ¿los diplomados de las universidades están más cualificados que otros para ocupar

---

4. Diego Hurtado de Mendoza, *Guerra de Granada* (Biblioteca de Autores Españoles, t. XXI), pp. 70-72.

puestos de responsabilidad en el Estado? O, más en general: ¿la universidad prepara convenientemente para la vida activa?

En la España del siglo XVI, todos aquellos a quienes inquieta el aumento del poder de los letrados están lejos de suscribir esta afirmación. En general, los adversarios de los letrados les dejan de buena gana la magistratura, pero cuestionan su aptitud para las funciones de mando. Hemos visto la reacción de Mendoza; en esa época otros se adhieren a sus críticas: los puestos de autoridad requieren cualidades de carácter, de juicio, la aptitud para tomar rápidamente una decisión en función de las circunstancias, cosas que no se aprenden en los libros ni en las escuelas; la formación de los letrados incluso les incita a lo contrario, a sopesar interminablemente los pros y los contras, a complicar inútilmente las cosas y, finalmente, a decidirse tarde —demasiado tarde, algunas veces— y mal al respecto; apenas se sale del ámbito estrictamente jurídico, valen más hombres de experiencia inteligentes, aun sin títulos universitarios (idiotas astutos), que letrados cubiertos de diplomas.

Es probable que se haya exagerado —en el siglo XVI y sin duda también en la actualidad— la grieta que separa la formación inicial y las exigencias de la profesión. Para Castillo de Bovadilla, los estudios proporcionan a los futuros magistrados y a los administradores una cultura jurídica que les permitirá hacer frente sin demasiadas dificultades a los problemas técnicos y prácticos que tendrán que resolver en el marco de su profesión, una cultura jurídica y sencillamente una cultura.

El poder supone un saber; es verdad, agrega Bovadilla, que a muchos les repugna ser dirigidos por pecheros, aunque sean letrados; teniendo en cuenta las mentalidades de la época, sólo la nobleza confiere la autoridad necesaria para mandar; el ideal sería, pues, asociar nobleza y estudios, hacer de manera que los letrados fueran nobles o que los nobles se convirtieran en letrados. Es así cómo sucedieron las cosas en la España de los siglos XVI y XVII; es lo que Jean-Marc Pelorson describe como un fenómeno de doble aristocratización que afecta a los estudios jurídicos: «elevación en la jerarquía nobiliaria interna de familias ya dotadas de una tradición de servicios administrativos, conversión creciente a las letras de capas más altas de la nobleza». A una corriente que creía en el valor ennoblecedor de los estudios, se opone cada vez más otra corriente que invierte los términos del problema: «si las letras eran nobles, había pues que reservar las carreras jurídicas a personas nobles». Es el punto de vista que sostiene Bovadilla a fines del siglo XVI: conviene reservar los cargos para los nobles, pero para nobles letrados. Puede verse, en efecto, que a partir del reinado de Felipe II, cada vez son más los nobles que envían a sus hijos a la universidad, y los hacen admitir en los colegios mayores hasta el punto de desvirtuar la función primera de esos establecimientos —permitir estudiar a becarios de origen modesto— para convertirlos en un coto privado de la aristocracia.

El sentido de la evolución desde la época de los Reyes Católicos no ofrece dudas: se asiste a una victoria de los letrados, pero hay que precisar en seguida, primero, que esa victoria es ambigua, ya que los letrados se convierten en nobles, mientras que los nobles se hacen letrados, y, en segundo lugar, que esa victoria está lejos de ser total. La monarquía desconfía de los Grandes, pero con frecuencia recluta a sus servidores entre la gente de capa y espada, los caballeros, los hidalgos, es decir, aquellos a quienes era costumbre situar en los escalafones inferiores de la jerarquía nobiliaria, inmediatamente después de los títulos.

Las consideraciones anteriores permiten comprender mejor ciertos aspectos de la literatura española del siglo XVI. La aristocracia, de lejos, conserva el primer lugar de la sociedad. Al mismo tiempo que se consolida se refina y toma gusto por el debate de las ideas, por las discusiones literarias, por las preocupaciones estéticas, de ahí el papel de algunas cortes principescas y señoriales en la vida cultural: la de Germana de Foix, virreina de Valencia, de los duques de Alba en Alba de Tormes, del marqués de Villena en Escalona, de los duques del Infantado en Guadalajara, de los almirantes de Castilla en Medina de Rioseco... Estos señores formaron ricas bibliotecas y apoyaron a músicos, poetas, artistas; protegieron y alentaron a escritores, pensadores, aun aquellos que se situaban en las fronteras de la ortodoxia (alumbrados). Los iniciadores del teatro español (Encina, Lucas Fernández, Gil Vicente, Torres Naharro) deben mucho a la nobleza; la segunda égloga de Garcilaso celebra el nacimiento y la infancia del tercer duque de Alba, etc.

Al difundirse en la sociedad, los valores aristocráticos se modificaron y renovaron; a algunos les fue difícil reconocerse en el mundo que se consolida a fines del siglo XV; de ahí el auge de esa literatura de evasión que representa la novela de caballerías: reyes, grandes señores, gentileshombres, gozaron con esas ficciones que presentaban un mundo feudal, una sociedad fiel a los conceptos de honor y cortesía, al heroísmo individual, cosas todas ellas a punto de desaparecer y de las que conservan la nostalgia. Nuevamente aparecen sentimientos análogos al final del siglo en la *Miscelánea* de Luis Zapata.

> Puede decirse lo mismo de un género que está en el centro de una larga tradición, pero que adquiere de nuevo en el siglo XVI un asombroso auge: el pastoril. Tres temas estrechamente unidos dominan esta producción: la naturaleza, el amor, la edad de oro.
> La calma reposada de la naturaleza opuesta a la ciudad ruidosa, sus pla-

ceres simples e inocentes que contrastan con los vicios adulterados de las grandes ciudades, componen el mito de la vida natural superior a la civilización. El amor no escapa a esta degradación. En la ciudad está marcado por el signo de la lascivia y del artificio; carece de sinceridad y de espontaneidad; va acompañado frecuentemente por el desenfreno: «tiene poco de verdad y mucho de arte y torpeza», escribe fray Luis de León (*De los nombres de Cristo*, capítulo «Pastor»). En el campo es posible creer que el amor está limpio de cualquier doblez de pensamiento y que siempre es inspirado por un buen motivo: «es puro y ordenado a buen fin», escribe también fray Luis. Esta descripción idílica de la vida de los pastores desemboca en el mito de la edad de oro y remite a un estadio de la humanidad anterior a la organización política y a la división social del trabajo, con las presiones que hace pensar en el individuo.

La exaltación del campo por hombres que viven en la ciudad y que por nada del mundo quisieran renunciar a las comodidades y a los placeres de las grandes ciudades, no debe ilusionarnos. Es propio de las civilizaciones urbanas y sería sin duda abusivo buscar su origen en la situación real de la sociedad. El conflicto entre los agricultores y los ganaderos —agrupados estos últimos en la poderosa Mesta—, el gusto por la ganancia que impulsa a una parte de la burguesía española —y no sólo a ella— a «traicionar» y a buscar para su fortuna esa inversión segura que es la tierra, las dificultades que padece la agricultura española a partir del último tercio del siglo XVI y que atrae la atención de ciertos observadores (Arrieta: *Despertador o Diálogos de la fertilidad de España* [1578], en espera de los «arbitristas» del XVII), todos esos problemas son posiblemente ajenos a las motivaciones y a las preocupaciones inmediatas de los poetas y de los novelistas que ponen de moda la materia pastoril. La literatura expresa en ella la nostalgia y el desasosiego de una civilización que empieza a alejarse de sus orígenes «naturales». Nos encontramos en pleno idealismo: autores y lectores cultivan muy conscientemente ese sueño de un imposible retorno a la naturaleza. Como en el caso de la novela de caballerías, las elites sociales del siglo XVI, que se alejan cada vez más de sus orígenes rurales o ven en la tierra sólo una fuente de beneficios, encuentran en el género pastoril un medio literario para imaginar felicidades simples a falta de vivirlas. La ficción es lo contrario de una existencia prosaica.

Y, finalmente, como reacción contra la primacía de los valores aristocráticos, otras obras nos introducen en un mundo más prosaico y menos refinado y muestran otros aspectos de las realidades de España en el siglo XVI: el mundo de las grandes ciudades, a las que el empuje demográfico arroja un exceso de población rural en busca de empleos y de medios de existencia, esas ciudades, centros de atracción y de tentaciones, con sus riquezas, su lujo, sus fiestas, son refugio también de vagabundos, de mendigos y de ociosos. En ese medio urbano, el dinero ocupa un lugar preponderante: dinero que se gasta sin contar cuando se tiene, dinero que se intenta conseguir por todos los medios cuando falta. En ese medio es donde se mueven los personajes de *La Celestina*: jóvenes llevados por la pasión, criados y alcahuetas dispuestos a explotar las debilidades de los amos y de los ricos. Es también el mundo cruel de *El Lazarillo,* con su escudero famélico, hombre de honor, por cierto, pero que adivinamos pronto a prostituirse si encontrara medio de hacerlo, y su joven criado, que quisiera ganarse la vida, pero que no encuentra trabajo ni patrón y que, por tanto, se ve obligado, al igual que su amo, a convertirse en un parásito antes de obtener un modesto empleo público...

## 4.  LA ESPAÑA INQUISITORIAL

En la España medieval, judíos y musulmanes gozaron de un status particular que les ofrecía ciertas garantías, sobre todo la libertad de culto. El antisemitismo popular, exacerbado por las crisis de la segunda mitad del siglo XIV, había llevado a ciertos judíos a convertirse al catolicismo, pero esos nuevos conversos volvían a veces a sus antiguas creencias; se decía que judaizaban, lo que en el contexto de la época era considerado una herejía. Para vigilar la ortodoxia de los conversos y castigar a los judaizantes, los Reyes Católicos obtuvieron del Papa, en 1478, la creación de una Inquisición de nuevo tipo: en lugar de la Iglesia, el Estado sería el encargado de defender la fe; en adelante, cualquier desviación religiosa, en España, era asimilada a un delito.

En 1492, los judíos en España tuvieron que elegir entre el exilio y la conversión al catolicismo. Más tarde se impuso la misma opción a los musulmanes, que se transformaron en moriscos, minorías reagrupadas en ciertas áreas (el valle del Ebro, Valencia, Granada) y que se negaron a asimilarse y a renunciar a su antigua religión, a su lengua, a sus costumbres y a su tipo de vida. La unidad de fe se convirtió, así, en regla en la España del siglo XVI, y fue el Estado, mediante los tribunales de la Inquisición, el encargado de hacerla respetar y de luchar contra las desviaciones heterodoxas de cualquier clase.

Algunas instituciones (órdenes religiosas, capítulos diocesanos, colegios universitarios, cofradías, etc.) fueron más lejos y exigieron a los candidatos a ser admitidos certificados de pureza de sangre, es decir, la prueba de que ninguno de sus antepasados fue condenado ni perseguido por la Inquisición o perteneció a la «raza» de los judíos o de los musulmanes. Esta discriminación entre «nuevos» y «viejos» cristianos, según la fecha de adhesión al catolicismo, terminó por convertirse en una obsesión a medida que avanzaba el siglo y por emponzoñar el espíritu público y las relaciones sociales.

Se observa, sin embargo, una diferencia de tratamiento entre judíos y musulmanes. Unos y otros son víctimas de discriminaciones en la sociedad española del siglo XVI. Por lo que respecta al judaísmo, estaba marcado por una reprobación casi unánime; los estudios hebraicos y bíblicos eran sospechosos, como veremos más adelante. Con el Islam sucedía de otra manera. Los moriscos formaban una categoría de trabajadores explotados, despreciados, detestados; se veía fácilmente en ellos un peligro para la seguridad del Estado, una quinta columna dispuesta a facilitar la tarea de los corsarios berberiscos y de eventuales invasores turcos, pero sus antepasados conservaban un gran prestigio. La guerra de Granada no estaba tan lejos y los adversarios de ayer pasaban a menudo por caballeros valerosos, capaces de arrojo y de generosidad. Esos recuerdos dieron origen a lo que Georges Cirot propuso llamar «maurofilia»; la literatura exalta fácilmente a los héroes de la última guerra de la Reconquista, la atmósfera caballeresca del emirato de Granada, el lujo y el exotismo de los palacios, las fiestas y las vestimentas. Estos temas son los que constituyen el éxito de los romances fronterizos, las baladas populares que cantan los combates entre moros y cristianos a ambos lados de la frontera, o el de cierta novela corta (*El Abencerraje y la hermosa Jarifa*) y de un libro totalmente consagrado a revivir la antigua sociedad musulmana: las *Guerras civiles de Granada* de Ginés Pérez de Hita.

¿La distinción entre viejos y nuevos cristianos es suficiente para explicar la evolución y las características de la literatura española del siglo XVI, que de esta manera quedaría totalmente situada bajo el signo del conflicto entre esas dos categorías? Sería excesivo ir más allá, al igual que parece abusivo atribuir sólo a los autores de origen judío las cualidades de originalidad que se negaría a los otros, consagrados a halagar el conformismo de las masas plebeyas. No hay duda de que muchos escritores, entre los más grandes, fueron conversos: Luis Vives, santa Teresa de Ávila, fray Luis de León... No hay ninguna razón para poner en duda la sinceridad de su catolicismo, aunque no siempre éste les protegió de la malevolencia y la persecución. En general, las investigaciones genealógicas pueden ofrecer un punto de partida útil, una pista interesante a seguir, pero por sí solas no constituyen un argumento. No todo queda dicho cuando se aporta la prueba (la prueba indiscutible; las simples conjeturas no bastan) de que tal o cual escritor fue de origen judío; se quisiera saber también y sobre todo si esa filiación influyó, y de qué manera, en su visión del mundo, su sensibilidad, su estética. Las tentativas que se han hecho en esa dirección no siempre han sido convincentes.

Mucho más importante parece el corte de los años 1558-1559. La reanudación de las guerras de religión en Europa coincidió con el descubrimiento de núcleos protestantes en Valladolid y en Sevilla. La España de Felipe II se siente amenazada en su propio suelo por la subversión ideológica. Reacciona de manera rápida y dura. La Inquisición ya no tolera la menor desviación. El arzobispo de Toledo, Carranza, autor de un catecismo que se dedica en su mayor parte a las inquietudes espirituales de la época, es encarcelado. El inquisidor general Valdés incluye en el Índice las traducciones de la Biblia y la literatura espiritual en lengua vulgar. Felipe II prohíbe a los jóvenes españoles estudiar en el extranjero. Empiezan tiempos recios, según la expresión de santa Teresa, giro cultural provocado por la fuerza de las cosas más que por la personalidad de Felipe II, pero que marca el final de una relativa libertad de expresión y de tono. Es verdad que el repliegue de España en sí misma fue menos total de lo que se ha dicho; Quiroga, que sucedió a Valdés al frente de la Inquisición, liberó a fray Luis de León, pero las cosas nunca volverían a ser como antes. La España de Felipe II, que se enfrenta con la rebelión de Flandes, se cree víctima de una conspiración internacional; tiende a considerar cualquier progreso del protestantismo en Europa como un desafío. Así pues, el fin de siglo es profundamente sombrío.


## Humanismo y renacimiento

¿Qué es el humanismo? De las numerosas definiciones que se han dado, la más exacta desde el punto de vista histórico, me parece que es la que propusieron los mismos humanistas. Pretendían cultivar los *studia humanitatis, humaniores litterae*: «letras humanas», «letras de humanidad».

Ambos términos tienen su importancia.

Las letras no son necesariamente la literatura, por oposición a las ciencias exactas o naturales; es el conocimiento en general o, más exactamente, el conocimiento que se adquiere en las universidades: antes de designar al profesional del derecho, la palabra «letrado» calificaba al que había pasado por la universidad y había obtenido en ella un grado, cualquiera que fuera, por oposición al «idiota», el autodidacta. No hay que perder de vista este sentido: los humanistas son sabios, y una bulimia de saber se apoderó de los mejores de ellos.

Estas letras son letras de humanidad o letras humanas; por tanto se distinguían de las «letras sagradas», de la ciencia de las cosas sagradas y de las verdades divinas que hasta entonces gozaban del favor de los universitarios avezados en las disciplinas de la escuela, los escolásticos. El humanismo se distingue de la teología, como lo profano de lo sagrado. La ciencia, pues, se distancia de la religión; conquista su autonomía; la cultura se emancipa de la tutela de la religión y se laiciza.

Al mismo tiempo, los humanistas se esfuerzan por expresarse de una manera lo más clara y elegante posible, dejando de lado la jerigonza, la pedantería, la oscuridad. Así pues, las bellas letras y la literatura empiezan de nuevo a ser cultivadas otra vez por sí mismas. Modifican el status de la literatura; ésta deja de ser considerada una simple diversión; encuentra de nuevo una dignidad perdida desde hacía tiempo.

¿Qué tipo de ciencia cultivan los humanistas? Históricamente, los primeros humanistas fueron editores de textos. Se preocuparon por volver a las fuentes de la Antigüedad grecorromana y judeocristiana, a los textos originales, pero a textos seguros, limpios de los errores de transcripción, de las omisiones o de las adiciones injustificadas que generaciones de copistas, no siempre competentes, habían acumulado.

Una vez escrupulosamente establecido el texto en su pureza original, los humanistas se esforzaron por comprenderlo, reencontrar el sentido exacto y el pensamiento del autor. Para ello, en primer lugar, se necesitaban sólidos conocimientos lingüísticos, dominar a fondo la gramática y el vocabulario de las lenguas clásicas (griego, latín, hebreo): los humanistas fueron a menudo profesores de gramática, gramáticos; es el título que se daba Nebrija y que llevaron orgullosamente sus sucesores, aunque a algunos les pareció demasiado modesto y aun peyorativo.

El artesano de esta secularización, en efecto, el humanista por excelencia, es el gramático, el maestro de latín. En general, se insiste demasiado sobre el papel de algunos italianos (Pedro Mártir de Anglería, Lucio Marineo Sículo...) que los soberanos o aristócratas letrados trajeron a la Península ibérica a fines del siglo XV para emplearlos como maestros de latín. No es que haya que minimizar su influencia en ciertas elites sociales; su prestigio y su éxito tuvieron un efecto de incitación innegable, pero lo esencial del trabajo se hizo en las universidades y, desde este punto de vista, hay que hacer justicia a Nebrija (1441-1522): fue él quien verdaderamente implantó el humanismo en España y su gramática latina, *Introductiones latinae* (primera edición: Salamanca, 1481), contribuyó eficazmente a ello.

Pero la gramática no basta. Para comprender bien un texto se necesita también una información precisa sobre la geografía, la historia, las instituciones, la religión, en una palabra, la civilización de las sociedades antiguas. Hernán Núñez, candidato en 1533 a la cátedra de gramática de la Universidad de Salamanca, definió su espíritu y trazó el retrato del profesor ideal. No se trata, en efecto, de recitar las declinaciones y las conjugaciones latinas, sino de explicar autores difíciles como Cicerón, Virgilio, Ovidio, Lucano, Tito Livio… Esto supone que el profesor posee una multitud de conocimientos, de grámatica y de historia, por supuesto, pero también de astronomía (y que deberá disponer del material adecuado: esferas, etcétera), botánica e historia natural (para reconocer los árboles, las plantas, los animales, los metales… de lós que se habla en los textos), de numismática, arqueología, etc. Todos estos conocimientos parecen indispensables a los humanistas para «desbastar» —es lo que sugiere la etimología del término «erudición»— los pasajes más difíciles, y sólo después de realizar este trabajo previo, tratar de proponer una interpretación de un texto que no sea arbitraria.

Esta ciencia de los humanistas tiene un nombre: se llama filología, ciencia interdisciplinaria que engloba no sólo la gramática, sino también la historia de los hombres y de las instituciones, el estudio de la civilización en sus más diversos aspectos, religión y filosofía, así como arquitectura, escultura, obras públicas o sistema monetario. Es el arte de leer e interpretar correctamente los textos utilizando todos los recursos y las técnicas de la crítica.

Los humanistas no aplican este método crítico sólo a los textos; lo extienden también a las ideas. Contra los doctores y las autoridades, quieren juzgar por sí mismos los problemas que interesan a los hombres. Los humanistas no fueron ajenos a las inquietudes de sus contemporáneos, preocupados por la autenticidad y decepcionados por los teólogos escolásticos que no pudieron ofrecer nada mejor a sus inquietudes espirituales que cadenas de silogismos y una ciencia abstracta y estéril. También se debe a los humanistas un triple cuestionamiento:

— de la ortodoxia religiosa oficial;
— de la exégesis bíblica tradicional;
— del status de la literatura.


## 1. ERASMO Y ESPAÑA

El gran libro que Marcel Bataillon publicó con este título en 1937 renovó profundamente nuestros conocimientos sobre el siglo XVI español. Con Erasmo, en efecto, se estableció la unión entre el humanismo y las aspiraciones reformadoras en el ámbito religioso.

En un terreno ya preparado por el cardenal Cisneros (1436-1517), que puso al servicio de una reforma del clero y de la espiritualidad la autoridad que le conferían sus funciones (confesor de Isabel la Católica, arzobispo de Toledo, inquisidor general, regente del reino de Castilla en dos ocasiones), el evangelismo de Erasmo encontró en España una acogida particularmente favorable. Su reputación de humanista le valió la estima de los medios universitarios, pero fueron sobre todo sus ideas religiosas las que llamaron la atención de la elite intelectual. Éstas sedujeron por su tono generalmente mesurado, alejado por igual de la intransigencia de Roma y de las exageraciones de Lutero. Contra Roma, Erasmo afirmó la necesidad y la urgencia de una reforma de la Iglesia y de la religión, a la que era necesario liberar de sus aspectos dogmáticos y formalistas: el exceso de las especulaciones teológicas y una práctica rutinaria en los límites de la superstición; Erasmo pregonó una vuelta al Evangelio, a una religión y a un culto interiores. Contra Lutero, Erasmo asumió sobre todo la defensa del libre albedrío y se esforzó por preservar la unidad del mundo cristiano, amenazado por todos los dogmatismos. Su ideal es la conciliación serena sin vencedores ni vencidos, que asegurara la reforma necesaria de la Iglesia evitando el cisma.

En 1525 se tradujo al castellano el *Enchiridion*, manual del buen cristiano en el que Erasmo desarrolló una filosofía cristiana (*Philosophia Christi*). La obra suscitó el entusiasmo de una parte de las elites, pero también reacciones violentas en el clero regular al que inquietaron sus audacias: Erasmo no respetó ni las instituciones ni las doctrinas; cuestionó el status de las órdenes religiosas. Pero Erasmo, súbdito flamenco de Carlos V, contaba en la corte unos admiradores fervientes e incondicionales, como el gran canciller Mercurino de Gattinara y, sobre todo, su secretario, Alfonso de Valdés. El inquisidor general Alonso Manrique, arzobispo de

Sevilla, también él partidario de las ideas de Erasmo, imaginó un recurso para cortar tajantemente los ataques malevolentes: reunió en Valladolid, en la primavera de 1527, una comisión compuesta por teólogos y representantes de las órdenes religiosas, encargada de dictaminar si las obras de Erasmo representaban un peligro para la fe.

La comisión se disolvió sin adoptar una posición clara. A falta de una aprobación formal, Erasmo obtuvo, sin embargo, una carta oficial del emperador en la que se declaraba garante de su ortodoxia. A partir de entonces, las traducciones se multiplicaron entre 1527 y 1532, y Marcel Bataillon puede hablar de una verdadera «invasión erasmista». La influencia de Erasmo siguió en aumento, y España parecía a punto de hacer de él su pensador y su guía, no sólo desde el punto de vista religioso, sino también en política y en diplomacia.

Pero sus adversarios no claudicaron. Algunos erasmistas se habían comprometido con las sectas iluministas; así, dieron un pretexto a la Inquisición para intervenir. Después de 1532, y sobre todo después de 1559, al erasmismo español le es cada vez más difícil expresarse abiertamente. Lleva una existencia subterránea, pero su huella deja una marca profunda en la literatura espiritual y en la literatura profana del Siglo de Oro español.

Tales son las grandes líneas de la tesis desarrollada en 1937 en un libro que sigue siendo la obra de referencia sobre la cuestión, aunque hay que aportar rectificaciones más o menos importantes a la luz de las investigaciones posteriores. El propio Marcel Bataillon ha reconocido lealmente el fundamento de ciertas objeciones que se le plantearon. El coloquio llevado a cabo en Santander en 1985 permitió aportar algunas precisiones sobre el tema. Las conclusiones pueden resumirse así: el erasmismo, ciertamente, contribuyó a orientar las inquietudes espirituales en España, pero no las provocó, y estuvo lejos de constituir la única respuesta, ni aun la respuesta mayoritaria, a esas inquietudes.

En el prefacio de la traducción española de su libro (1950), Marcel Bataillon admite haber descuidado las raíces medievales de los movimientos espirituales del siglo XVI, error de perspectiva imputable a toda una generación que exagera la «modernidad» del siglo XVI y, a la vez, la ruptura con la Edad Media; en la actualidad se es más sensible, por el contrario, a la continuidad entre las dos épocas, y sólo más tarde, en el XVII, se situará el verdadero punto de partida de la «modernidad». El rechazo de la escolástica y de una teología libresca, colmada de fórmulas abstractas, así como el deseo de una vida religiosa más intensamente vivida, alimentada por la lectura y la meditación de la Biblia y de obras de espiritualidad, son muy anteriores al siglo XVI. Se quiere llegar a Dios por vías afectivas más que intelectuales, y esas aspiraciones van acompañadas a menudo por tendencias mesiánicas, proféticas o milenaristas particularmente acusadas entre los franciscanos, y que no hay que atribuir exclusivamente a los conversos. Los éxitos de la observancia —es decir, del estricto retorno a la regla primitiva— en los franciscanos y los dominicos, testimonian la amplitud de un movimiento que Cisneros alentó explícitamente, incluidas sus manifestaciones más equívocas. Debido a su impulso, se multiplicaron las traducciones de obras de espiritualidad a la lengua vulgar; estas obras estuvieron al alcance no sólo de los religiosos y religiosas, sino también de los laicos que, cada vez en mayor número, se preocuparon por vivir su fe.

Hay un auténtico impulso hacia la vida interior que el erasmismo retomará a su manera, pero que es anterior a él y en su comienzo nada le debe. También hay que tener cuidado en no atribuir esta tendencia a la interioridad, a los conversos principalmente, a aquellos «desarraigados del judaísmo», numerosos en España después de las conversiones masivas del siglo XV y el decreto de expulsión de 1492, conversos que tratarían así de romper completamente las amarras con el formalismo y el ritualismo característicos del judaísmo.

Sobre esta herencia medieval hay que situar los brotes de misticismo, que adquirirán formas compatibles con la ortodoxia católica tradicional o, por el contrario, se desarrollarán al margen de la Iglesia dando lugar a diversas sectas. Así pues, en la España del siglo XVI, el impulso hacia la vida interior se expande en múltiples canales, toma diferentes direcciones. Algunas de estas fórmulas no implican ninguna ruptura entre las instituciones eclesiales, el dogma y sus aspectos exteriores, por una parte, y la llamada a la interioridad, por otra. Es el camino que propone la tendencia al recogimiento tal como se expresa, por ejemplo, en el *Tercer abecedario espiritual* (1527), de Francisco de Osuna. En él se sugiere una técnica espiritual para preparar el alma a la unión con Dios. Esta técnica consiste en hacer el vacío dentro de sí, en separar todo lo que pueda parecer accesorio (criaturas, imágenes, ideas): «no pensar nada», es decir, despojarse de lo que no es esencial para ponerse más íntimamente en contacto con Dios, no ya por medio de conceptos o de imágenes, sino de una manera afectiva y en cierta forma experimental.

Este método, que anuncia el de los grandes místicos españoles de la segunda mitad del siglo (santa Teresa de Ávila, san Juan de la Cruz), no implica, una vez más, ninguna ruptura con la ortodoxia católica y la religión tradicional. Muy al contrario de lo que sucede con el iluminismo, la tendencia de los alumbrados, de los dejados a la inspiración divina sin control, sobre todo interpretando libremente los textos evangélicos. Los alumbrados pretendían estar movidos únicamente por el amor de Dios y recibir directamente de él su inspiración; no tienen voluntad propia: es Dios quien dicta su conducta; de esto se desprende que no pueden pecar. Los alumbrados rechazan la autoridad de la Iglesia, su jerarquía, sus dogmas, así como las formas de piedad tradicionales, en las que ven ataduras: prácticas religiosas (devociones, obras de misericordia y de caridad), sacramentos... Este conjunto de tendencias es el que la Inquisición persiguió enérgicamente a partir de 1525.

Franciscanismo e iluminismo presentan puntos comunes: el rechazo de las sutilezas escolásticas, el gusto por algunas obras de espiritualidad, el hábito de la oración mental, ciertas técnicas de contemplación. Parecería razonable ver en el iluminismo una forma desviada del franciscanismo. Al difundirse en ambientes ajenos a la disciplina monástica, la espiritualidad franciscana se diluye en corrientes que escapan a todo control. Los laicos, hombres y mujeres, empiezan a tener su propia concepción de la vida religiosa, a interpretar a su manera las lecturas; terminan por constituir sectas (conventículos) cercanas o rivales.

El franciscanismo constituye probablemente el tronco común del que parte la espiritualidad española del siglo XVI, a la vez en su versión ortodoxa, la escuela del recogimiento que continuará en la segunda mitad del siglo con la mística carmelita, y en las desviaciones heterodoxas, como las sectas iluministas. Esta «pululación mística» precede y acompaña al erasmismo, a veces toma sus fórmulas, pero lejos de confundirse con él, lo desborda por todas partes.

Alumbrados y erasmistas tienen en común su rechazo de la escolástica y de ciertas formas de piedad cercanas a la superstición. Fuera de esto, todo los separa: los erasmistas son humanistas preparados en las disciplinas universitarias, dotados de espíritu crítico; no pueden menos que sentirse chocados por las extravagancias de algunos alumbrados, en su mayoría gente simple que sólo ha recibido una formación elemental (son «idiotas», hombres sin instrucción o autodidactas).

Una parte de la elite intelectual española encontró en el pensamiento y en las obras de Erasmo una respuesta adecuada a sus aspiraciones: una religión marcada por un regreso a las fuentes del cristianismo primitivo, a los Evangelios, reducido a algunos dogmas esenciales, depurado del aparato exterior y de las devociones más o menos supersticiosas que se habían acumulado desde hacía siglos y en las que se complacía la piedad popular con la bendición o la indulgencia de la Iglesia. Pero esta elite no tenía nada en común con los alumbrados, más cercanos a los ambientes populares y aun al vulgo, con el matiz peyorativo que en la España del siglo XVI tenía la palabra vulgo. Además, muchos alumbrados rechazan el libre albedrío y cualquier responsabilidad personal y pretenden entregarse a la libre inspiración divina, nociones todas éstas profundamente ajenas a Erasmo y a sus discípulos españoles que desean una religión interior, en efecto, pero una religión ilustrada y sometida al control de la razón.

Así pues, debido a las persecuciones contra el iluminismo, erasmistas notorios caerán bajo el golpe de la Inquisición. Algunos erasmistas, en efecto, se comprometieron con los alumbrados. Los casos más típicos son los del doctor Vergara, secretario del arzobispo de Toledo, y de su hermano Bernardino de Tovar; también son cuestionados los hermanos Juan y Alfonso de Valdés. Inversamente, algunos alumbrados, detenidos por la Inquisición, se proclamaron erasmistas, a veces contra toda verosimilitud, como en el caso de Pedro Ruiz de Alcaraz. ¿Cómo explicar semejante actitud que termina por confundir las pistas y engañar no sólo a los inquisidores, sino también a los historiadores? Esto se debe a que en 1520 Erasmo no es objeto en España de condena oficial; muy por el contrario, se benefició de la protección de las más altas autoridades del Estado, mientras que la persecución de los alumbrados quedó abierta a partir del edicto de 1525. Por lo tanto, es menos peligroso remitirse a Erasmo que pasar por alumbrado. Es lo que José C. Nieto llamó el «erasmismo pantalla» o el «erasmismo máscara»: se invoca abiertamente a Erasmo para escapar de acusaciones mucho más graves: ser culpable de profesar ideas iluministas o, peor, luteranas.

Juan de Valdés, inquieto por su *Diálogo de doctrina cristiana* (1529), adoptó la misma línea de defensa: estaba muy unido a Alcaraz y le debía mucho al iluminismo: remitirse a Erasmo, entonces muy en boga en Alcalá, ¿no es una manera elegante y hábil de parar los golpes más peligrosos? La maniobra tiene éxito: Juan de Valdés salió bien del paso; tuvo la suerte de llegar a Italia, donde elaboró, lejos de la Inquisición, ideas religiosas que le hubieran costado caras si se hubiera quedado en España. Con la máscara del erasmismo, Valdés burló la vigilancia de la Inquisición, que no vio con claridad sus relaciones con el iluminismo ni sospechó cuánto le debía a Lutero; ahora lo sabemos, en el *Diálogo de doctrina cristiana* Valdés adaptó libremente y a veces tradujo casi palabra a palabra pasajes de Lutero.

Este descubrimiento reciente obliga a reconsiderar el problema del erasmismo español y refuerza la tesis de Nieto: algunos utilizaron a Erasmo como una máscara para confundir las pistas. Hay pruebas respecto a Alcaraz y Juan de Valdés; y probablemente no fueron los únicos que hicieron ese cálculo.

Así pues algunos no fueron tan erasmistas como se ha creído. Otros lo fueron demasiado o no suficientemente. Como ejemplo de quienes fueron más erasmistas que Erasmo puede citarse a Alfonso de Valdés. Nos preguntamos, en efecto, si Erasmo hubiera suscrito el programa político que Alfonso de Valdés sugirió al emperador después del saqueo de Roma (1527): ya que tiene al Papa a su merced, obligarlo a convocar un concilio e imponer la reforma de la Iglesia.

Alfonso de Valdés fue posiblemente más allá que Erasmo. Otros españoles se quedaron más acá, lo censuraron o traicionaron, como se quiera, o atenuaron su pensamiento sobre puntos importantes. Es el caso de los traductores. «*Monachatus non est pietas*», escribió Erasmo, y la frase suena como una provocación respecto de los monjes y la vida monástica. En la traducción española del *Enchiridion* se lee simplemente: «el hábito no hace al monje», lo que en absoluto significa lo mismo. No se limitaron a traducir el *Enchiridion*: se hizo una adaptación para los españoles, una adaptación que los españoles estaban en condiciones de aceptar, pero que no siempre estaba de acuerdo con el original.

Esta actitud es reveladora: algunos españoles están dispuestos a hacer una parte del camino con Erasmo, pero saben detenerse a tiempo ante ciertas audacias que les parecen que van demasiado lejos. Es que, se quiera o no, con razón o sin ella, Erasmo en España, y no sólo en España, por otra parte, pasa fácilmente si no como un precursor de Lutero, al menos como un precursor de lo que muy pronto se llamaría el protestantismo. No es sorprendente ver que Juan Maldonado, por ejemplo, moderara especialmente sus primeros fervores erasmistas y poco a poco se distanciara respecto de un pensamiento cada vez más sospechoso. Siguen admirando al humanista, pero se apartan del pensador religioso. Alrededor de 1530, se cree adivinar una separación entre Erasmo y algunos de sus admiradores españoles. La desaparición de Alfonso de Valdés y las persecuciones contra Vergara precipitaron el final del período triunfal del erasmismo español. De ser así, es más explicable su derrumbe después de la desaparición de sus protectores oficiales. El arzobispo de Toledo, Fonseca, murió en 1534, el inquisidor general Manrique en 1538. El erasmismo aparece, entonces, especialmente aislado.

Quedaría por hacer la lista de quienes —nada desdeñables en cantidad ni en calidad— fueron siempre alérgicos a Erasmo en la España del siglo XVI, empezando por los teólogos juristas de Salamanca, con Francisco de Vitoria a la cabeza, que afrontaron problemas de una actualidad candente: los de la conquista y colonización del Nuevo Mundo, por ejemplo; su actitud valiente contrasta con la prudencia, para no decir más, de algunos erasmistas españoles.

## 2. LOS ESTUDIOS BÍBLICOS EN ESPAÑA

La preocupación por la autenticidad que caracteriza el clima de Europa en vísperas de la rebelión de Lutero, incitó a los fieles a remitirse cada vez más a la Biblia. Ya que ese libro contiene la palabra de Dios, hay que dirigirse a él para conocer exactamente su voluntad, más que a las obras de los teólogos, colmadas de oscuridades y de controversias entre escuelas. Lutero y los reformadores alentaron este movimiento, pero la tendencia es muy anterior a 1517 y afecta a los ambientes más diversos. La imprenta permitió difundir ampliamente los textos y las traducciones en lengua vulgar, y España no fue ajena a esa corriente.

Hasta 1543 no apareció la primera traducción completa del Nuevo Testamento en castellano, realizada por Francisco de Enzinas e impresa en Amberes, pero esta versión fue inmediatamente prohibida en España, pues algunas anotaciones marginales la hacían sospechosa. Hacia la misma época comenzaron a alzarse voces contra una vulgarización excesiva de las Sagradas Escrituras para un público no versado. El Índice de 1559 es la consecuencia lógica de esta evolución. En adelante, en el marco más general de una recuperación autoritaria y del control estricto de toda la literatura espiritual, las traducciones integrales de la Biblia serían formalmente prohibidas; sólo se autorizarían las traducciones parciales; los autores que defendieron una amplia difusión de la Biblia fueron puestos también ellos en el Índice.

En el transcurso de ese mismo año, 1559, aparecieron en Amberes los *Comentarios sobre el catecismo cristiano* que le procurarían tantos problemas a su autor, el arzobispo de Toledo, Bartolomé Carranza. La introducción al lector contiene precisamente una larga puntualización de los problemas que plantea la difusión de la Biblia en lengua vulgar. Después de esbozar la historia de la cuestión, Carranza concluye que, como la lectura de la Biblia no es absolutamente indispensable para la salvación y que, por el contrario, muchos corren el riesgo de perder su alma al leerla mal, es preferible no abusar de ella. En suma, es una justificación anticipada del Índice de 1559, cuya primera víctima fue el *Catecismo* de Carranza.

El propósito de fray Luis de León al componer su tratado *De los nombres de Cristo* no es diferente. También para él se trata de aportar al público cultivado que ignora el latín una puntualización sobre ciertos temas importantes de la doctrina católica, utilizando numerosos pasajes de la Biblia. Lo más sencillo, en esas condiciones, ¿no sería poner la Biblia a disposición del vulgo cristiano? Después de todo, para fray Luis de León la Biblia no es sino la revelación de Dios, que quiso instruir a los hombres de ese modo y, como ese llamamiento se dirige a todos los hombres, Dios ha obrado de manera que todos puedan entenderlo; de ahí que las Sagradas Escrituras estén redactadas en una lengua que, en su época, era una lengua vulgar.

De hecho, en los primeros siglos del cristianismo la Biblia era accesible a todos, tanto a los instruidos como a los ignorantes. Los primeros explicaban a los segundos los pasajes dificultosos, aunque la lectura que cada cual podía hacer era constantemente explicada por una enseñanza que se impartía en público. Pero la época ha cambiado, nota fray Luis de León, y la Iglesia, después de maduras reflexiones y por la presión de los hechos, de alguna manera, ha llegado a prohibir al vulgo la lectura de la Biblia a fin de evitar los riesgos del error. La ignorancia y el orgullo son responsables de esta situación. El clero, que hubiera debido de instruir al vulgo, fracasó en su misión y se mostró incapaz de hacerlo correctamente. El vulgo, por su parte, se negó a dejarse guiar. A partir de ahí la luz se trocó en tinieblas; leer la Biblia se convertía en oportunidad de caer en el error y la Iglesia se veía forzada a prohibirla al vulgo.

Fray Luis de León parece justificar la sabiduría y la prudencia de las autoridades eclesiásticas, pero en *La perfecta casada*, publicada después de los *Nombres*, adopta una posición radicalmente opuesta. Las Santas Escrituras se comparan a un gran mercado público abierto a todos y donde se puede ir a aprovisionarse libremente de alimentos espirituales. En la práctica, el autor no se privó de traducir a la lengua vulgar textos que Carranza consideraba delicados, tales como el Libro de Job o *El Cantar de los Cantares*, y fue esta última traducción una de las principales bases de acusación en el proceso que la Inquisición instruyó en su contra en 1572.

Esta contradicción es el signo de una gran perplejidad frente al problema de la Biblia y, más allá de la Biblia, del acceso a la cultura: ¿hay que reservar la cultura a una elite intelectual, la única capaz de apreciarla y sacar beneficio de ella o, por el contrario, abrirla al mayor número y al mismo tiempo elevar el nivel de las mayorías, al precio de ciertos riesgos? Este debate es el núcleo de la historia cultural de España; parece resuelto, en un sentido restrictivo y paternalista, por el Índice de 1559.

Los humanistas plantearon otro grave problema a propósito de la interpretación de la Biblia. En principio, opinan que el método filológico es universal; se adecúa tanto a los textos profanos como a la Biblia, libro escrito por inspiración de Dios, pero redactado y transmitido por los hombres. En este sentido, la Biblia tiene que recibir un tratamiento idéntico al aplicado a otros textos de la Antigüedad. Se esforzarán, pues, por restituir lo más fielmente posible el texto original. Por cierto que Nebrija fingía modestia: se trata solamente de aportar correcciones menores en la ortografía y en la acentuación o de precisar el sentido de tal o cual palabra, pero los escolásticos no se engañaban. Más allá de la forma, el sentido mismo de la Biblia corre el riesgo de ser modificado; de ahí, la desconfianza de los tradicionalistas: Nebrija introduce una perspectiva laica en un ámbito que hasta entonces era exclusivo de los teólogos. Se trata, exactamente, de una profanación del texto sagrado, casi de un sacrilegio, y la querella, en este terreno, entre los humanistas y los teólogos, será interminable.

Con una perspectiva cercana, el cardenal Cisneros emprenderá la publicación de la Biblia políglota de Alcalá. Él mismo precisó el sentido de la empresa en la carta al papa León X que figura al comienzo del primer volumen. ¿Por qué publicar los textos originales de las Sagradas Escrituras? En principio, porque ninguna traducción es capaz de transmitir fielmente la fuerza y las características del original; y esto, que es verdad para cualquier lengua, lo es aún más para la lengua en la que se expresó Cristo; es bueno poder recurrir a la palabra de Cristo sin pasar por la mediación de un intérprete. Cisneros adopta, pues, plenamente, el punto de vista de los humanistas: nada reemplaza al texto original; las traducciones y las glosas no son inútiles, pero siempre es interesante remitirse a los textos.

Quienes desean consagrarse al estudio de la Biblia, continúa Cisneros, sólo disponen por lo general de traducciones que son como pequeños arroyuelos; han de poder apagar su sed bebiendo en la fuente misma de donde surge la verdad y, por eso, prosigue Cisneros, se decide a imprimir los textos originales, acompañados de sus traducciones.

Después de establecer el objetivo, revitalizar los estudios bíblicos, Cisneros define el método. En principio, constata que los manuscritos latinos de la Biblia presentan numerosas variantes entre sí y que existen buenas razones para creer que la ignorancia o la negligencia de los copistas frecuentemente alteró los textos. En la Biblia de Alcalá se corrigieron, pues, los libros del Antiguo Testamento según el texto hebreo, y los del Nuevo Testamento según el texto griego, pero nada se cambiará en las lecciones comúnmente atestiguadas por los manuscritos más antiguos. Esto resuelve el problema de las traducciones en uso hasta entonces en la Iglesia, la traducción griega del Antiguo Testamento, llamada de los Setenta, y la traducción latina de san Jerónimo, la Vulgata: se trata de ofrecer una edición crítica fiándose de los mejores manuscritos, no de hacer una nueva traducción griega o latina. ¿Era un buen método? Nebrija creía que no y tomó sus distancias, pero Cisneros lo había decidido.

La empresa exigía documentos: textos y manuscritos, a menudo raros y difíciles de localizar y reunir. Cisneros pensó en ello: las enormes rentas del arzobispado de Toledo permiten adquirir la bibliografía y el material de imprenta (caracteres especiales para el hebreo y el griego) necesarios. Eran necesarios también especialistas preparados. En 1502 comenzó a formarse un equipo; se completará a medida que se haga sentir su necesidad. Para los textos hebreos y siríacos, Cisneros se dirigió a los conversos, a Pablo Coronel en especial; su conocimiento de la tradición rabínica le pareció indispensable; otra iniciativa ésta que no debió de ser del agrado de todos en ese período en que la Inquisición acosaba implacablemente a los judaizantes, pero ¿cómo dudar de la buena fe de un inquisidor general?

Este trabajo de equipo dio sus frutos: el primer volumen apareció en enero de 1514, pero sólo el 10 de julio de 1517 el conjunto de los seis volúmenes salieron de las prensas de Alcalá. Los cinco primeros volúmenes contienen los textos originales del Antiguo y el Nuevo Testamento, acompañados, como estaba previsto, de las versiones griega o latina más autorizadas, cuidadosamente revisadas. El sexto volumen está constituido en su totalidad por un importante aparato crítico: una introducción al Antiguo Testamento, un diccionario hebreo-caldeo, un diccionario de nombres propios hebreos y griegos, una gramática hebrea, etc. Es una encomiable obra, un logro a la vez científico y tipográfico, pero la Biblia políglota de Alcalá no tuvo suerte. Cisneros murió unos meses después de la finalización de la empresa, y se necesitarían varios años para obtener la aprobación pontificia indispensable. Sólo en enero de 1522 los volúmenes pudieron, finalmente, ser puestos a la venta; además, una parte de los seiscientos ejemplares que constituyeron la tirada desaparecieron en el mar entre España e Italia con el barco que los transportaba.

Estas circunstancias explican que la Biblia de Alcalá no tuviera en la Europa intelectual del siglo XVI la repercusión que merecía, a lo hay que agregar la potente conspiración de silencio que, incluso en España, casi ahogó su difusión. ¿Por qué ese silencio? La principal razón posiblemente deba buscarse en la naturaleza de la empresa: recurrir a los textos integrales y originales, restablecerlos en su pureza e interpretar la Biblia sólo después de haber restituido con rigor el sentido literal, no podía más que suscitar la desconfianza de los escolásticos: la Biblia, hasta entonces, era exclusividad de ellos y en ese momento es entregada a los gramáticos y a especialistas que ¡no vacilan en consultar a los rabinos judíos en caso de duda! Era más de lo que podían soportar. Más adelante aparecerán otras pruebas de esta incomprensión mutua entre los humanistas y los escolásticos en materia de crítica bíblica, pero si fray Luis de León, converso, fue vulnerable a ciertos ataques, la obra de un Cisneros, cristiano viejo e inquisidor general, era intocable. Por lo tanto, se cuidarían de criticarla, pero evitarán citarla y hablar de ella; se la silenciará: esto también resulta eficaz y bastante logrado.

Una empresa de la misma naturaleza, esta vez financiada por Felipe II, fue la que dirigió Arias Montano, en la segunda mitad del siglo: la Biblia políglota impresa en Amberes por Cristóbal Plantino entre 1568 y 1572. Éste aseguró la dirección científica de ese monumento del humanismo. Realiza él mismo una traducción literal en latín del Antiguo Testamento, directamente a partir del hebreo, así como una traducción interlineal en latín del Nuevo Testamento del griego con el texto de la Vulgata al margen. Para el texto hebreo se utilizó una Biblia rabínica. La Biblia contiene también una versión siríaca así como un aparato crítico completísimo: particularidades del hebreo, gramática y diccionario griegos, gramática y vocabularios siríacos, diccionario siríaco-arameo, apéndices sobre pesos y medidas, vestimentas, geografía bíblica, disposición del templo, topografía de Jerusalén, etc. En total, son ocho volúmenes que salieron de las prensas de Plantino en 1573. La tirada fue mucho más importante que la de la Biblia de Alcalá: mil doscientos ejemplares, más trece en pergamino reservados para Felipe II.

Arias Montano pudo cumplir su proyecto porque se lo encargó Felipe II. Los biblistas de Salamanca —fray Luis de León, Gaspar de Grajal, Martín Martínez de Cantalapiedra, a los que hay que agregar a Gudiel, profesor en Osuna—, no tuvieron la misma suerte. La Inquisición los acusó en 1571 de arruinar la autoridad de la Vulgata y desacreditar a la escolástica.

Sobre el primer punto, la autoridad de la Vulgata, el acta de acusación contra fray Luis de León es explícita: se le reprocha haber dicho y sostenido que la Vulgata contiene numerosos errores. Ante sus jueces, fray Luis de León sostuvo el punto de vista que expuso públicamente en sus cursos: afirmar que existen diversas lecciones y que el texto de la Vulgata a veces está alterado es proclamar una evidencia; todos quienes han estudiado el tema están de acuerdo.

Pero no es eso lo más importante; cada vez que se corregía la Vulgata, los acusados habían de remontarse al texto original, sobre todo al hebreo para el Antiguo Testamento. Para sus adversarios, esto significaba otorgar sistemáticamente preferencia a las lecciones de los rabinos, por lo tanto, judaizar más o menos conscientemente, ya que se supone que los judíos alteraron deliberadamente la palabra de Dios a fin de persistir en sus errores, vieja acusación de las polémicas entre judíos y cristianos que resurge de nuevo y que emponzoña el debate.

Después de establecer el texto, había que realizar la interpretación según las técnicas de la filología. Fray Luis de León empieza por restituir el sentido literal, y sólo después de haber realizado esta crítica previa aporta su propio comentario. Este método choca a los teólogos escolásticos, entregados a la exégesis tradicional con sus cuatro interpretaciones sucesivas: el sentido literal, el sentido alegórico o simbólico, el sentido moral que se desprende de la lección del pasaje estudiado, y el sentido anagógico, es decir, su alcance en la perspectiva cristiana de los fines últimos. Los escolásticos desarrollan preferentemente los tres últimos sentidos; a falta de conocimientos precisos de griego o de hebreo, pasan rápidamente por encima del sentido literal, que los humanistas, por el contrario, señalan como previo a cualquier interpretación: antes de comentar un texto hay que saber qué quiere decir. En el curso de su proceso en la Inquisición, fray Luis de León se inquietó al ver a teólogos que no conocían una palabra de griego o hebreo proponer interpretaciones apresuradas o aventuradas.

Estas divergencias explican la desconfianza de los escolásticos. ¿Se tiene derecho, en nombre de la ciencia, a estropear las interpretaciones que ha consagrado una tradición milenaria? Ahora bien, ¿y si esas interpretaciones se basan en errores de transcripción o en contrasentidos?, replican los humanistas cada vez más desconfiados: el espíritu crítico conduce a la herejía. Esto era lo que presentía el humanista valenciano Pedro Juan Núñez en una carta al historiador Jerónimo Zurita, una decena de años antes: se pretende que nadie se interese en las humanidades a causa del peligro que se ve en ellas; el humanista que corrige un pasaje de Cicerón puede sentirse tentado a hacer lo mismo con un pasaje de la Biblia; al igual que se discuten los comentarios de Aristóteles, ¿por qué no poner en duda la autoridad de los doctores de la Iglesia?

3. EL STATUS DE LA LITERATURA

La escolástica se interesaba por la filosofía natural y, sobre todo, por la teología; las disciplinas preferidas de los humanistas son la gramática, la retórica, la poesía, la historia, la filosofía moral; buscan en los textos de los autores de la Antigüedad clásica rescatados, lecciones del buen decir, al mismo tiempo que de sabiduría, y la literatura que merece sus favores es la que vehicula un saber y una enseñanza moral. Por eso condenan casi sin apelación las ficciones mentirosas y fútiles, como las novelas de caballerías; sienten cierta debilidad por el *Amadís*, pero no saben cómo justificarlo. ¿Qué reprochan a esas novelas y, en general, a la literatura de evasión? Esencialmente dos cosas: son obras llenas de inverosimilitudes que no aportan nada beneficioso a los lectores, y son obras licenciosas. Todos los humanistas, desde Luis Vives a fray Luis de León, están de acuerdo: puritanismo estético y puritanismo moral se unen para condenar este tipo de literatura. Vives piensa que habría que prohibirlas pura y simplemente; la Inquisición debería poner orden, subraya el autor de *Viaje de Turquía*.

Es que a los ojos de los humanistas la literatura es algo serio y no una simple diversión para uso de ociosos. Ha de enriquecer al lector, aportarle conocimientos, enseñarle a bien vivir. El mismo movimiento que lleva a los humanistas —ellos, que profesaban tal desprecio por el pueblo ignorante y estúpido— a recoger piadosamente y a glosar los refranes populares, tesoros de verdadera sabiduría, los lleva a publicar misceláneas que se considera vulgarizan conocimientos de todo tipo, muy a menudo sin discernimiento y sin espíritu crítico. El modelo lo aporta la *Silva de varia lección*, de Pedro Mexía (1540), que tendrá un éxito prodigioso (Montaigne le debe mucho). Al final del siglo, la *Miscelánea* de Luis Zapata es uno de los últimos avatares del género: es un repertorio de anécdotas, detalles curiosos o pintorescos a la manera de Plinio el Viejo, una mina inagotable de hechos en los que es difícil discernir lo verdadero de lo falso y de lo inverosímil. No hay que ser excesivamente severo con esta clase de literatura: abrió el camino al ensayo y tal vez a la novela.

Los géneros preferidos de los humanistas fueron la historia y el diálogo. En ambos casos, vuelve a encontrarse el gusto por una literatura basada en la verdad y por una literatura de ideas.

La historia que agrada a los humanistas, desde Florián de Ocampo a Ambrosio de Morales, pasando por Juan Paéz de Castro, no siempre es la que más nos interesa. Se dedican preferentemente a los orígenes y a las «antigüedades» nacionales. Si bien hay algunas excepciones notables: Pedro Mártir de Anglería, Juan Ginés de Sepúlveda o también Calvete de Estrella, al contar éste la expedición contra el corsario Dragut, en el sudeste de Túnez, en 1554 (*Aphrodisio expugnato*, Amberes, 1555), pero escriben en latín para un público ilustrado. Es impresionante comprobar, por ejemplo, cuánto tiempo se necesitó para integrar el mundo americano en el marco mental de los más importantes espíritus del siglo XVI. Todavía en 1543, el doctor Laguna, en su *Discurso sobre Europa,* al describir el mundo habitable de su época, lo divide en tres conjuntos: Europa, Asia y Libia (es decir, la región situada frente a Italia: África); ¡ninguna mención a América! Es evidente que Laguna no ignora los descubrimientos y las conquistas de sus compatriotas, pero en el momento de componer una obra «seria», olvida simplemente ese continente que todavía no forma parte de manera definitiva de su universo cultural. Asombrosa dicotomía entre la vida y la cultura: algunas cosas son conocidas, pero no todavía asimiladas e integradas. En otros medios es donde los temas americanos son objeto de historia: entre los mismos conquistadores (Hernán Cortés, Bernal Díaz del Castillo) u hombres cercanos a ellos (Gómara, Gonzalo Fernández de Oviedo), como los misioneros, entre los cuales hay que mencionar en primer lugar a Las Casas. No cabe duda, a pesar de todo, de que el humanismo contribuyó mucho al desarrollo de los estudios históricos en España.

El género preferido de los humanistas fue el diálogo, género que la Antigüedad había consagrado (Platón, Cicerón, Luciano…) y que el éxito de los *Coloquios* de Erasmo vuelve a revalorizar. El diálogo asocia armoniosamente las dos exigencias mayores del humanismo:

— La preocupación moral: la búsqueda de verdades que ayuden a vivir correctamente, que lleven a la sabiduría.
— La preocupación estética: exponer esas verdades de manera tan clara y tan elegante como sea posible.

De manera contraria a los escolásticos, que actuaban por deducción (el silogismo) y, finalmente, se enorgullecían de demostrar cualquier cosa (de ahí la acusación de sofisma frecuentemente lanzada contra ellos), los humanistas usan un método más abierto: en el diálogo, se plantea un problema que los interlocutores examinan desde diferentes puntos de vista hasta llegar a conclusiones aceptables para todos. El pensamiento se modela así sobre el de los personajes vivos que tratan de convencerse unos a otros; presentan objeciones que se refutan una tras otra, procedimiento retórico cómodo que permite exponer opiniones audaces sin que el autor se comprometa realmente: «debajo de ajena persona osa escribir el escritor, amador de singularidad, lo que sin peligro no osaría escribir en su propia persona» (Alejo Venegas). En general, se ve claramente desde el comienzo adónde quiere llegar el autor, pero el juego de preguntas y respuestas permite agotar todo el problema.

Hernán Pérez de Oliva aborda, así, un tema filosófico general (la dignidad del hombre), Juan de Valdés expone sus ideas sobre la necesaria revisión de los valores religiosos (*Diálogo de doctrina cristiana*), fray Luis de León desarrolla una teoría de conjunto sobre el catolicismo (*De los nombres de Cristo*). Otros diálogos se refieren a temas políticos de actualidad: la rebelión de los comuneros (Juan Maldonado: *Movimiento de España*), el saqueo de Roma y la política imperial de Carlos V (Alfonso de Valdés: *Diálogo de las cosas acaecidas en Roma, Diálogo de Mercurio y Carón*). Juan de Valdés elige la forma dialogada para abordar los problemas lingüísticos, literarios y estéticos de la España de su época (*Diálogo de la lengua*), y también como diálogo se presenta esa obra compleja que es el anónimo *Viaje de Turquía,* donde se encuentra la mayor parte de los grandes temas debatidos en la época de Carlos V: la confrontación entre dos civilizaciones antagónicas, el mundo turco y la cristiandad, el status de la medicina, la búsqueda de un cristianismo más intensamente vivido y liberado de sus aspectos rutinarios y supersticiosos, etc.

El diálogo presenta, además, a los ojos de los que lo cultivan, otra ventaja, ésta de orden estético: se considera que transcribe una conversación familiar entre amigos; el vocabulario y el estilo se acercan a la lengua hablada; se hará un esfuerzo por descartar el hermetismo, la afectación, la pedantería (las bachillerías y gramatiquerías denunciadas por Juan de Valdés), adoptando un tono tan natural como sea posible, expresándose cada interlocutor según su temperamento, su edad, su situación social. Es la noción de «decoro» tal como la expone Juan de Valdés y que el padre Sigüenza no duda en extender al ámbito de la arquitectura y a la estética de El Escorial: un ideal que privilegia la coherencia interna, la lógica propia de cada tipo, debiendo adaptarse las partes a las conveniencias del conjunto evitando lo inverosímil, las incongruencias, las faltas de gusto y la ausencia de naturalidad.

El diálogo aparece así como un sustituto escrito del arte oratorio. Testimonia un compromiso: la superioridad de lo oral sobre el escrito, donde se afirma la originalidad del hombre, tema que vuelve a encontrarse en los numerosos elogios del *sermo* y de la *ratio* diseminados en los escritos de los humanistas. «Admirable artificio», escribe fray Luis de León: la naturaleza ha dotado a todas las cosas creadas de dos tipos de ser, un ser material que manifiesta su presencia en el mundo, y un ser inteligible que les permite ser aprehendidas por el espíritu. El lenguaje da a las conciencias la posibilidad de comunicarse entre ellas; abre a los hombres una posibilidad infinita de cambio, de evolución y de mejora. Gracias al lenguaje, el hombre no está encerrado de una vez para siempre, como los animales, en una naturaleza inmutable; tiene acceso a la cultura, es decir, al progreso. Por una contradicción de la que no sería difícil encontrar otros ejemplos, esos mismos humanistas que privilegian de este modo lo oral, también contribuyeron a desarrollar una ciencia libresca, una cultura que se adquiere esencialmente a fuerza de lecturas...

Hay que insistir en lo siguiente: los humanistas tienen una idea muy alta de la literatura que, para ellos, ha de ser ante todo una literatura de ideas. Su condena de las novelas de caballerías la extienden a toda la literatura de evasión, incluida la poesía cuando se complace en tratar asuntos frívolos como el amor. Luis Vives detestaba los «feos y sucios poemas»; para él, Ovidio mereció cien veces el exilio por haber osado escribir un libro como *El arte de amar*. Fray Luis de León no era menos severo con aquellos que «forzándola la emplean», a la poesía, apartándola de los únicos temas dignos de ella —Dios y lo relacionado con él—, prostituyéndola de algún modo en géneros livianos, en el doble sentido de la palabra: sin gravedad y lascivos. Los que se entregan a esas desviaciones, continúa, atentan contra dos cosas sagradas: la poesía y las buenas costumbres, porque la poesía nace siempre de una inspiración divina destinada a elevar al hombre por encima de su condición y a conducirlo al cielo; no es más que «una comunicación del aliento celestial y divino» (*De los nombres de Cristo*, capítulo «Monte»).

Esta concepción, cuyas fuentes platónicas son evidentes, es compartida por todos los humanistas, más o menos explícitamente. Para ellos, la *Odisea*, la *Eneida*, las *Metamorfosis,* no son simples poemas; son verdaderas enciclopedias que encierran un saber universal; son también obras eminentemente morales que enseñan sabiduría a los hombres. La poesía, sobre todo la poesía épica es, como escribía fray Luis de León, algo sagrado; aun cuando adopte el rostro de la fábula, contiene verdades profundas que hay que saber leer detrás de los mitos y las alegorías. Es, pues, verdad y no diversión; hay que tomarla en serio; muestra tanta ciencia como arte.

Cuando Francisco Sánchez de las Brozas, llamado *el Brocense*, quiso rendir homenaje a Garcilaso de la Vega (*Anotaciones* sobre Garcilaso, 1574), no encontró nada mejor que enumerar sus fuentes italianas y grecolatinas; Garcilaso es un gran poeta, igual a los mejores que supo asimilar e imitar; por lo tanto, tenía que ser un erudito. En el prefacio a la reedición de 1577 de sus *Anotaciones, el Brocense* se explica aún con mayor claridad: el buen poeta es el que es capaz de imitar a los excelentes poetas de la Antigüedad. ¿Por qué hay tan pocos en España? Simplemente porque se ignora la ciencia, las lenguas antiguas y el arte de la imitación.

No eran tales teorías las que podían alentar la creación artística y la ficción. Habrá que esperar a 1596 para ver aparecer de la pluma de un médico helenista, poeta mediocre pero crítico perspicaz, miras menos limitadas, perspectivas más abiertas a la especificidad de la obra literaria. La *Philo-*

*sophía Antigua Poética* de Alonso López Pinciano permanece fiel a la *Poética* de Aristóteles, pero la suaviza para acoger géneros y formas que no se recomiendan sólo por sus cualidades «científicas» o morales. Ya no se trata únicamente de enseñar, sino también de deleitar al lector. Al lado de la verdad desnuda, por decirlo así, privativa de la filosofía o de la historia, hay un lugar para lo verosímil y lo razonable, que es el ámbito de la poesía, una poesía en la que López Pinciano distingue cuatro subgéneros: la epopeya, la tragedia, la comedia y el ditirambo.

Así, se encuentran rehabilitadas las obras de ficción a condición de que respeten la exigencia de verosimilitud, a falta de lo cual ya no merecen el nombre de fábulas, sino el más infamante de «disparates». Las novelas de caballerías son una vez más condenadas como contrarias a la verosimilitud, al «decoro» tal como lo había definido Juan de Valdés, pero la poesía en particular ya no se considera que deba expresar únicamente verdades científicas o morales. López Pinciano no cree demasiado en los «furores divinos» de Platón ni en la esencia sobrenatural de la poesía; le confiere, por el contrario, un status específico: «el objeto [de la poesía] no es la mentira, que sería coincidir con la sofística, ni la verdad, que sería tomar la materia a la historia; y no siendo historia porque toca fábulas, ni mentira porque toca historia, tiene por objeto lo verosímil que todo lo abraza». Al indicar, por otra parte, que el objetivo de las obras de arte es a la vez enseñar y deleitar, Pinciano encuentra un punto de equilibrio entre concepciones antagónicas. Rehabilita las obras de ficción, que acceden así a la dignidad de obras de arte a condición de que respeten las reglas de la verosimilitud y que sus cualidades estéticas sean reales.

El libro de López Pinciano es el producto de una larga reflexión sobre la literatura, realizada por los humanistas que, a pesar de su interés por la lengua vulgar, seguían convencidos de que nada podría igualar las obras maestras de la Antigüedad clásica. Por lo tanto, privilegiaron géneros o formas —el diálogo— que tenían carta de nobleza y que se prestaban de maravilla a los debates de las ideas. Son raros los humanistas que, como Juan de Valdés, otorgaron alguna atención a las cualidades estéticas de los textos contemporáneos. La mayoría de los que se ocuparon de retórica o de teoría literaria tenían como mira a los grandes autores de la Antigüedad y descuidaron las producciones en lengua vulgar. Sólo a fines de siglo, con López Pinciano, la literatura, que los humanistas habían emancipado de lo sagrado, encuentra finalmente su status específico.

JOSEPH PÉREZ

## Capítulo II

## LA POESÍA LÍRICA:
## TRADICIÓN Y RENOVACIÓN

El primer Renacimiento español, ese primer «Siglo de Oro» de la escritura poética, ha sido definido por el impulso de una generación combativa, europea, que salió a la conquista de una lírica innovadora, una de cuyas cunas fue Italia.

Si bien es cierto que no hay generación inventiva y creadora que no esté basada en conflictos y confluencias diversas, en surgimientos decisivos, la poesía en la época de Carlos V no puede reducirse a una única figura por seductora que ésta sea, la del «príncipe de los poetas», Garcilaso. Lo que hay que considerar es toda la materia de la escritura, así como a tantos otros paladines, también decisivos aunque menos prestigiosos, como Cristóbal de Castillejo. La poesía española en la época de Carlos V confirma la alianza de lo tradicional y de lo nuevo, de lo popular y de lo culto. Sitúa en primera línea el debate métrico, y hace de él un parámetro esencial de la revolución lírica. Instituye la reserva de las escrituras vivas en el que abrevarán todos los géneros y todas las formas de la segunda parte del siglo XVI y XVII, y a la que volverán los grandes innovadores modernistas y los escritores de las «generaciones» que construyeron la lírica del siglo XX.

En resumen, la poesía de comienzos del siglo XVI establece, para todo el futuro de la escritura poética, esa alianza fecunda y siempre renovada de las «escuelas», de las «tendencias» y de las «corrientes», sin rupturas traumáticas ni manifiestos iconoclastas: la fusión de la historia y de la libertad.

## Cancioneros y romanceros

Como los viejos romances, la materia poética en la primera mitad del siglo XVI plantea difíciles problemas de transmisión, autentificación y atribución.

En su inmensa mayoría los textos poéticos producidos o reproducidos durante los reinados de Carlos V y Felipe II se han perdido. Los que conservamos nos han llegado por diferentes canales: volúmenes impresos de obras individuales, textos manuscritos, cuadernos poéticos, antologías colectivas, o cancioneros. Aún está por hacer la catalogación y la identificación del conjunto de los documentos para que pueda escribirse la historia de la poesía española antigua, aunque Antonio Rodríguez-Moñino y Alberto Blecua han establecido jalones esenciales.

Los volúmenes impresos de obras individuales son rarísimos, y el *Cancionero* de Juan del Encina, publicado a caballo entre los siglos XV y XVI, constituye una verdadera excepción. Impreso en Salamanca en 1496, fue reeditado cinco veces en vida de su autor. Casi siempre, la obra que no fue ordenada, ni revisada o corregida por su autor, se imprimió a título póstumo y a veces con siglos de diferencia. Los problemas se multiplican cuando esas ediciones póstumas se deben al entusiasmo de amigos o familiares, que publican con un solo nombre textos originales o recopiados en los que una única y misma grafía lleva a atribuir a una pluma única.

Los volúmenes manuscritos sólo raramente conciernen a obras individuales: recogen los poemas que un coleccionista reunió y copió pacientemente. Éste puede dar un orden a los textos y una unidad cronológica o temática a la recopilación: se tiene entonces un verdadero cancionero.

Las recopilaciones de poesías diversas agrupan, desordenadamente y sin ningún objetivo de organización preestablecido, las piezas —autógrafas o copias— que el aficionado reunió y salvó del olvido. Una misma composición puede atribuirse a veces a diez autores distintos, y el recopilador, que no siempre copia, sino que a veces confía en su memoria, modifica los textos o inventa los fragmentos que faltan.

Los pliegos sueltos impresos llevan a la calle, y a bajo precio, el patrimonio poético de los romances, coplas y villancicos. Esos pequeños cuadernos, asequibles a todos, estaban originalmente formados por una hoja de papel, doblada dos veces, de manera que ofrecía ocho páginas de lectura. Muy pronto, el cuaderno aumentó y pudo presentar treinta y dos o más páginas. Vehículo capital para la transmisión de los textos poéticos, esos pliegos raramente fueron conservados por sus consumidores inmediatos, y a menudo los coleccionaron los viajeros extranjeros. Rodríguez-Moñino censó cerca de 1.179, y parece que el siglo XVI español vio circular alrededor de un millón...

Desde fines del siglo XV, otra vía de conservación, las colecciones antológicas impresas, llamadas en principio cancioneros y luego, a partir de 1550, separadas en cancioneros y romanceros, permitieron la compilación de textos diversos y de romances, tardíamente considerados como «género» autónomo.

## 1.  LOS CANCIONEROS

Nunca se subrayará suficientemente la importancia de los cancioneros musicales que, desde fines del siglo XV, aseguraron la conservación de los cantos y de las canciones de la Edad Media. Hacia 1463, el *Cancionero de Herberay des Essarts* (estudiado en 1951 por Charles V. Aubrun) inauguró una larga producción de cancioneros musicales, el más conocido de los cuales es el *Cancionero musical de Palacio*, entre fines del siglo XV y comienzos del XVI, publicado por primera vez por Asenjo Barbieri, en Madrid, en 1890. Son los músicos de corte de los Reyes Católicos y de Carlos V quienes introducen las formas breves de la lírica tradicional en los ambientes cortesanos y cultivados.

Juan del Encina, por ejemplo, fue un músico que supo insuflar al antiguo virolai un lenguaje musical nuevo: al renunciar a las líneas melódicas medievales, inventó una nueva armonía sobre la base de acordes, fraseos breves, ritmos vivos, observables en los romances y en los villancicos. En cuanto a las formas poéticas, Encina estaba convencido —como afirma en su *Arte de poesía castellana*— que han alcanzado su culminación y que su papel personal es comparable al de Antonio de Nebrija en la gramática.

Junto a este poeta músico, hay que señalar que los músicos muy a menudo eran poetas; entre ellos recordaremos los nombres de Luis Milán, autor de un *Libro de música de vihuela de mano* (1535) y de un *Libro intitulado El Cortesano* (1561); Luis de Narváez, con *De los seys libros del Delphín de música de cifra para tañer vihuela* (1538); así como el de Alonso Mudarra autor de *Tres libros de música en cifra para vihuela* (1546); Juan Vázquez, con sus compilaciones de canciones, sonetos y villancicos (*Villancicos y canciones a tres y a cuatro*, 1551, *Recopilación de sonetos y villancicos a quatro y a cinco*, 1560); Miguel de Fuenllana, con su *Libro de música para vihuela, intitulado Orpheonica Lyra* (1554); y, finalmente, sobre todo, el nombre prestigioso del autor de *De musica libri septem* (1577), el músico ciego, compositor y profesor de música en la Universidad de Salamanca, Francisco Salinas, a quien fray Luis de León consagró una de sus odas más bellas (*El aire se serena...*).

Cuando en enero de 1511 Kofman, alemán de Basilea, imprimió en Valencia el *Cancionero general* de Hernando del Castillo, aportó a España un tesoro único en toda Europa, aparte de Portugal que, en 1516, dispondría a su vez del *Cancioneiro Geral* de Garcia de Resende, publicado en Lisboa. Hermosa muestra de la imprenta valenciana, el *Cancionero* es un gran volumen *in folio* con cerca de quinientas páginas a dos o tres columnas, que recoge en torno a ochocientas piezas rimadas de ciento cuarenta autores nombrados, aproximadamente, y el resto anónimos.

Nada se sabe del genial compilador excepto que era castellano, y que vivió en tierras levantinas al servicio del conde de Oliva. Hacia 1490, según se cree, decidió coleccionar todas las piezas en verso que caían en sus manos, desde la época de Juan de Mena (siglo XV) hasta la suya.

La voluntad de orquestar y ordenar la compilación se expresa firmemente en la presentación de la obra. Sin embargo, el volumen, que apareció en 1511, está lejos de respetar la clasificación anunciada.

Lagunas importantes parecen indicar que Hernando del Castillo no siempre estaba informado de las producciones tipográficas de comienzos del siglo XVI; en especial, ningún poema religioso de Encina (representado sólo por un romance) figura en su colección, a pesar de las cinco reediciones del *Cancionero*.

El *Cancionero general* es un precioso testimonio de los gustos de su autor: al lado de los grandes (el marqués de Santillana a la cabeza, Juan de Mena, Fernán Pérez de Guzmán, Gómez Manrique, Lope de Stúñiga, López de Haro, Juan Rodríguez del Padrón, en lo que concierne a la poesía de fines de la Edad Media) aparecen masivamente representados oscuros poetas. Después de las obras edificantes y religiosas y un grupo de doscientos textos clásicos por autores, la sección más interesante es la de las canciones: más de ciento cincuenta composiciones de los siglos XIV, XV y XVI, de don Juan Manuel, don Luis de Bivero, Soria, Tapia, Jorge Manrique, Diego de San Pedro, Cartagena, etc.

Las canciones se abren generalmente con una estrofa de cuatro o cinco octosílabos, que constituye la canción propiamente dicha, seguida de una estrofa más larga, de ocho o nueve octosílabos, que amplifica y glosa la primera.

La siguiente canción, del comendador Escrivá, testimonia el trabajo retórico, semántico y conceptista que ya caracterizaba a la lírica española.

*Partiendo su amiga*

Yo con vos, y vos sin mí,
con vos parto partiendo;
vos sin mí partís d'aquí,
yo sin vos quedo sintiendo
dolor que nunca sentí.

Assí que so yo el partido
para vos, do vos partís;
yo el que nunca tuvo olvido,
vos la que nunca sentís
mi dolor tan dolorido:
yo so el que nunca partí
do quedássedes partiendo,
vos la que partís sin mí;
yo so el que quedo sintiendo
dolor que nunca sentí.

Este tipo de canción culta, refinada, melancólica, se perpetúa, transformándose, en toda la literatura española de los siglos XVI y XVII, y a menudo subraya los momentos importantes de las comedias de un Lope de Vega, un Tirso o un Calderón. En ella aparece, en su despojamiento absoluto, la «pareja» fundamental de la canción amorosa, reducida a una pareja lingüística yo/vos de la que, por ejemplo, un poeta moderno, Pedro Salinas, sabrá reencontrar toda la fuerza significante:

Para vivir no quiero
islas, palacios, torres.
¡Qué alegría más alta:
vivir en los pronombres!

En las canciones más conceptistas se observa ya que ofrecen variaciones sutiles sobre una o dos palabras (partir, por ejemplo) o una idea compleja ('cuando partís, parto con vos y, al mismo tiempo, quedáis conmigo aunque partís…'): palabras e ideas que el poema declina, transforma y con las que juega, haciendo de la variación su trama.

La sección los romances, con o sin glosa, ofrece sólo 48 piezas. Sin embargo, la lectura del texto original, seguido de una o de varias glosas y de sus modificaciones diversas, proporciona, casi cinco siglos después de la composición de la obra, una percepción justa sobre cuál era la materia poética en la época de Carlos V: reelaborada, manipulada, amplificada, explicada, reinventada, la obra matriz era el pretexto para una nueva elaboración cada vez más ingeniosa, cada vez más sofisticada. Escribir era siempre escribir a partir de lo escrito. La paráfrasis queda, pues, en evidencia en sus variaciones sutiles y en su excelencia, en la comprensión y superación ingeniosa de los hallazgos del primer texto. Por ejemplo, el poema «Que por mayo era, por mayo...», formado de doce octosílabos, y glosado por Nicolás Núñez en una ampliación de seis decenas de octosílabos, en el que los dos últimos versos repiten de dos en dos los octosílabos originales:

> En mi desdicha se cobra
> nuevo dolor que m'esmalta
> d'un esmalte que no salta
> porque de pesar me sobra
> quanto de ventura falta;
> y deste mal que desmayo
> que no cresce a mi razón
> no es tan vieja su passión,
> *que por mayo era, por mayo,*
> *quando los calores son.*

Tan interesante como la sección de romances (que recoge preferentemente composiciones eruditas) es la parte epigramática, que presenta cortos textos de torneos y las densas e ingeniosas respuestas que suscitan. Éste es un ejemplo:

El duque Valentinoy

> Traýa en una capa bordadas unas cifras que eran hechas de dos letras, la primera del nombre d'él y la primera del nombre de su amiga, y dezía la letra:

> He dexado de ser vuestro
> por ser vos,
> que lexos era ser dos.

También se puede citar, entre las divisas así glosadas, una de las más repetidas, porque es una de las más bellas: «Yo sin vos, sin mí, sin Dios.» Las glosas sucesivas (de Alonso de Cartagena, de Jorge Manrique, de Lope de Vega) son, en realidad, ampliaciones en un segundo nivel, ya que una primera estrofa de cinco versos glosa en principio el lema, mientras que el cuerpo del poema amplifica y glosa la divisa.

La más hermosa, la de Jorge Manrique, modifica ligeramente la divisa inicial:

> Yo soy quien libre me ví,
> yo quien pudiera olvidaros;
> yo so el que por amaros
> estoy desque os conocí
> sin Dios y sin vos y mí.
>   Sin Dios, porqu'en vos adoro,
> sin vos pues no me queréys,
> pues sin mí ya está de coro
> que vos soys quien me tenéys:
>   Assí que triste nascí,
> pues que pudiera olvidaros,
> yo so el que por amaros
> estó, desque os conoscí,
> sin Dios y sin vos y mí.

La más potente y suntuosa de las glosas es la de Lope de Vega. Hay que decir que se beneficia de la perspectiva histórica, de la profundidad de su pasado, del enriquecimiento de la intertextualidad, y sobre todo de la eficacia dramática y dialógica. El joven conde Federico ama con pasión prohibida a Casandra, la esposa de su padre. La glosa de la divisa adquiere en ella una significación acrecentada, en el momento de la confesión:

> Pues, Señora, yo he llegado
> perdido a Dios el temor
> y al Duque, a tan triste estado,
> que este mi imposible amor
> me tiene desesperado.
> En fin, Señora, me veo,
> sin mí, sin vos y sin Dios:
> sin Dios, por lo que os deseo;
> sin mí porque estoy sin vos,
> sin vos porque no os poseo.

## 2. LOS ROMANCEROS

De todas las continuaciones del *Cancionero general*, compuestas a partir de las diversas secciones de la recopilación de Hernando del Castillo (sin indicación de lugar ni fecha, pero probablemente publicado entre 1524 y 1526, según la hipótesis de Rodríguez-Moñino), el *Libro en el cual se contienen cincuenta romances* agrupa por primera vez composiciones vulgarizadas por los pliegos sueltos y de los que sólo subsisten las primeras hojas. Habrá que esperar la publicación, en Amberes, hacia 1547-1548, del *Cancionero de romances* de Martin Nutius (Martín Nucio), para disponer finalmente de una verdadera antología del romancero viejo español. Esta recopilación está dirigida al público inestable y volante de los soldados provisionalmente establecidos en Flandes, al azar de las campañas militares. El volumen es de tamaño bolsillo y tiene quinientas páginas a una columna; reproduce los romances y canciones populares que Nucio había llevado de España en un paquete de pliegos sueltos. El propósito, claramente enunciado, es divertir y ofrecer como pasatiempo la lectura de historias variadas y breves, puestas en verso. El libro contiene también textos que evocan los doce pares y la historia de Francia, episodios de historia castellana, la aventura troyana, y poemas de amor. Martín Nucio se revela como un pionero, un filólogo, un compilador atento a las fuentes escritas y orales, un lector curioso, un editor muy cuidadoso a su vez de sus propios lectores, un hombre de orden y rigor.

La recopilación presenta 156 romances cuya procedencia ha determinado, casi exhaustivamente, Menéndez Pidal. Setenta y cinco proceden de los pliegos sueltos; aproximadamente 36, del *Cancionero general* de Castillo; en torno a 20, de manuscritos no determinados; y unos 10 proceden, al parecer, de la tradición oral; en cuanto a los restantes, no han sido identificados; se observa también la presencia de una glosa de Cristóbal de Castillejo y un romance de Juan del Encina. El *Cancionero de romances* fue reeditado, sin modificaciones, en Medina del Campo en 1550, y el mismo año en Amberes, por Nucio, que le agregó 32 piezas nuevas. La edición de 1550 sirve de modelo a las tres reimpresiones (Amberes, N. Nucio, 1555; Amberes, F. Nucio, 1568; Lisboa, M. de Lya, 1581). Jacob Grimm, gran lector del *Cancionero*, seleccionaría 69 de esos textos, publicándolos en Viena en 1815. En 1914, Ramón Menéndez Pidal reprodujo en facsímil el primer volumen de Nucio, reimpreso en 1945, y, en 1967, Antonio Rodríguez-Moñino reeditó el *Cancionero* de Amberes de 1550.

Esta edición permite descubrir romances de una extensión considerable, como el admirable «Romance del marqués de Mantua», verdadero pequeño *roman* octosilábico asonantado, de ochocientos versos; otros, de apenas veinte octosílabos, construyen querellas amorosas; series de romances recomponen el ciclo de la pérdida de España y del castigo del rey Rodrigo, o los ciclos de Bernardo del Carpio, del Cid o de Fernán González. Otros lloran la pérdida de Granada o cantan el juicio de Paris y la tristeza de Menelao, el incendio de Roma y la crueldad de Nerón. Los romances de Lancelot nos son familiares por la nueva elaboración cómica que ofrece de ellos *Don Quijote*, y los de «Rosafresca» o de «Fontefrida» figuran entre los poemas más hermosos del patrimonio hispánico.

Tradicional o erudito, el romance, generalmente asonantado en los versos pares y a veces aconsonantado en esos mismos versos, en algunos casos puede enriquecerse con un refrán o una copla lírica. Su reconocimiento, escrito y literario, da al octosílabo sus títulos de nobleza. Considerado patrón de medida de la prosodia española, ese metro adquiere una agilidad, una eficacia rítmica que lo consagran como el maestro del verso corto (arte menor) de la poesía. En cuanto a la composición, las redondillas (*abba*) o las quintillas (*abbab*, por ejemplo) son las que se constituyen en unidades o módulos estróficos elementales. Pero en dístico o aislado, el octosílabo de los romances, separado de su contexto, se convierte en un organismo autónomo, verdadera máquina de sugerencias, que produce amplificaciones en verso o en prosa, unido como está a una memoria a menudo perdida, notable embrión rítmico y de ficción. No es sorprendente que la prosa de *Don Quijote* esté salpicada de ellos, y que en los comienzos de algunos capítulos utilice su ritmo y su estructura significante como comentario o como catalizador de todas las posibilidades narrativas.

Recordemos, para evaluar en su medida cuantitativa la importancia de los cancioneros y de las recopilaciones de romances en la primera mitad del siglo XVI, que entre 1500 y 1560, aproximadamente, se han podido censar 35 ediciones de diferentes cancioneros, impresos en las grandes ciudades mercantiles de la Península o de Flandes.

Sus títulos se enriquecen a veces con gráficas transposiciones que definen más explícitamente el contenido de la recopilación: por ejemplo, el *Cancionero de obras de burlas provocantes a risa* (Valencia, 1519), el *Cancionero de galanes* o el *Espejo de enamorados* (sin lugar ni fecha). Ya se ha dicho que sólo a partir de 1547-1548 los romanceros son objeto de ediciones separadas y específicas; son las *Silvas de varios romances*, con una *Pri-*

*mera Parte* (Zaragoza, 1550, 1552), otra *Segunda Parte* (Zaragoza, 1550, 1552) y hasta una *Tercera Parte* (Zaragoza, 1551, 1552); en total, unas quince ediciones de romanceros entre 1548 y 1560, si se tienen en cuenta las tres reediciones del *Cancionero de romances* y las cuatro ediciones sucesivas de los *Romances nuevamente sacados de historias antiguas*. Estas recopilaciones reúnen los romances compuestos en el siglo XVI, en adelante llamados nuevos, para distinguirlos de los romances viejos tradicionales. Esta empresa será coronada, a fines de siglo, con la publicación del *Romancero general*. Baste con decir que en ellos la materia temática se diversifica considerablemente: morisca, pastoril, caballeresca, histórica, religiosa, satírica; el *Romancero nuevo* también puede ser rústico: *Don Quijote* ofrece romances campesinos muy artificiosamente toscos. La inspiración amorosa sigue siendo preponderante.

Podría compararse la importancia del romancero con la de una linfa que nutre, sin agotarse nunca, toda la literatura española.

Modelo narrativo, embrión novelesco (la primera frase de *Don Quijote* es un verso de romance, y los primeros comentarios del hidalgo ante sus primeras desventuras son fragmentos del romancero), proveedor de intrigas y de títulos de comedias, de proverbios, matriz de la moderna poesía española, siempre presente en la memoria colectiva y en la pluma de los creadores, el romancero sigue siendo esa reserva de escritura viva, siempre renovada, una de cuyas últimas transformaciones es el romancero de la guerra civil española. Puestos en escena y en situación dramática por Lope de Vega o Guillén de Castro, esos fragmentos de canciones o de romances, conocidos y reconocidos, llevarían sin duda al público que los oía cantar, a repetirlos a coro. En ese trabajo de recreación, el teatro del siglo XVII, sintomáticamente, otorgará preferencia a los romances nuevos, en detrimento del *Romancero viejo*, caído en desuso.

## El Renacimiento

La poesía española de la primera mitad del siglo XVI posee, en miniatura, el equivalente bibliográfico del museo de Orsay de Francia: la hermosa edición realizada por José Manuel Blecua (*Poesía de la Edad de Oro: I, Renacimiento*, Castalia, 1988). El descubrimiento de los poemas de Garcilaso produce allí, entre los textos de tantos poetas hoy olvidados, la misma felicidad que los cuadros impresionistas en medio de la pintura académica. Pero hay que decir, a la vez, que el libro (como el museo) permite al lector del siglo XX concebir con mayor claridad el paisaje poético de principios del siglo XVI, y sobre todo evaluar el peso cuantitativo y cualitativo de lo que realmente constituyó la producción poética de esa época.

Para condensar cosas bien conocidas, digamos que la poesía de este período se caracteriza por la coexistencia de dos direcciones paralelas y opuestas: la tendencia conservadora, unida al arte menor (metro corto) y sobre todo al octosílabo y a los temas y formas de la escritura poética medieval, cancioneril y romancística; y la tendencia innovadora, vinculada a la influencia italiana, aclimatada en España por Boscán primero, y luego y sobre todo por Garcilaso. Contra la introducción en la lírica castellana del metro italiano de arte mayor, el endecasílabo, la crítica ha incrementado notablemente la diatriba llamada reaccionaria y nacionalista de un Cristóbal de Castillejo. Ahora bien, si la existencia de esas dos corrientes es innegable, su oposición, por el contrario, en términos de conflicto radical y de dicotomía rígida entre nacionalismo e italianismo, ha dejado de interesar a la crítica más reciente y más lúcida. José Manuel Blecua y Rafael Lapesa en España, y Maxime Chevalier en Francia, han mostrado de manera evidente que esas divisiones radicales no daban cuenta adecuadamente de la realidad compleja, movediza, contradictoria de la escritura. En realidad, la tendencia Castillejo y la tendencia Garcilaso sólo son dos caras de una misma moneda, el doble rostro de un Jano poético.

Cada época tiene su leyenda, y la historia, aun la literaria, sufre estilizaciones eficaces y tanto más seductoras por cuanto reducen y clarifican las contradicciones. Dos acontecimientos marcaron la poesía española en la época de Carlos V: el famoso encuentro en Granada, en 1526, de Boscán y Navagero, y la no menos célebre *Reprehensión contra los poetas españoles que escriven en verso italiano*, de Cristóbal de Castillejo, tardíamente publicado en 1573, cuando nadie cuestionaba la supremacía del endecasílabo.

Pero tampoco se cuestionaba la permanencia del metro corto. Cualquier antología —la de Blecua es un excelente ejemplo— muestra que la introducción definitiva del endecasílabo coincide con la total expansión del octosílabo; esta expansión se une, a su vez, al redescubrimiento del hexasílabo y del heptasílabo, asociado este último al endecasílabo en la lira, tipo de canción inventada por Garcilaso. El heptasílabo, exiliado del campo poético por generaciones de poetas, tiene además un nuevo impulso a partir de la anacreóntica de Gutierre de Cetina. Éste, uno de los representantes de la «escuela» de Garcilaso, consagra este metro en su poema «De tus rubios cabellos», anterior a la «Chanson du vanneur de blé» («Canción del cribador de trigo») de Joachim du Bellay, que se considera el origen de la restauración del heptasílabo en Francia.

Por otra parte, Rafael Lapesa ha demostrado magistralmente que un mismo tema no tenía la misma configuración ni el mismo sentido si se desarrollaba en el molde octosilábico o en el endecasilábico. La secuencia acentual impuesta por el octosílabo debe, para ser eficaz, entrar en resonancia con el acento de las palabras. No se puede, pues, hacer entrar cualquier vocablo, y el más largo de los metros de arte menor está constantemente asociado con una combinación léxica —y por lo tanto temática— variable y ligera, pero, sin embargo, dependiente de sus propias limitaciones rítmicas y necesariamente uniformada por ellas.

## 1. DE CASTILLEJO A BOSCÁN

Uno de los representantes más ilustres y más vigorosos de esta poesía de metro corto fue, en efecto, Cristóbal de Castillejo, cuyo lugar en el desarrollo de la poesía española ha sido tan felizmente evaluado que, después de Menéndez Pelayo y Marcel Bataillon, que lo consideraban un poeta del Renacimiento, Maxime Chevalier pudo ver en él a un innovador: Castillejo fue el primero en incorporar en el discurso poético anécdotas y pequeños cuentos tradicionales que antes estaban excluidos aun de los cancioneros de obras de burlas.

Cristóbal de Castillejo (Ciudad Rodrigo, 1490/1494? - Wiener Neustadt, 1550), primero paje o soldado del archiduque Fernando, hermano de Carlos V, fue monje cisterciense hasta 1525, antes de convertirse en secretario de su antiguo señor, entonces rey de Bohemia. Se ha hablado de amores, tal vez platónicos, con Anna von Schaumburg, y de una relación más concreta, en Viena, de la que habría nacido un hijo. Numerosos viajes, una salud y una situación económica precarias, marcan su vida en la corte: antes de morir en Viena, en 1550, recibe finalmente los doscientos primeros florines de la renta que el rey le había asignado en 1548.

Abierto a todas las novedades, Castillejo estuvo en contacto con los ambientes erasmistas de la capital austríaca. Nutrido por un ideal humanista, recogió una herencia erudita y al mismo tiempo incorporó los tesoros del folclore. Defensor de la lengua nacional, comprendió que la poesía de cancionero estaba estrangulada en un callejón sin salida, y le dio nuevo aliento recuperando la vena popular y colocando el acervo medieval en el marco moderno del Renacimiento.

Su obra, alimentada en la fuente de los cancioneros, está animada por una originalidad y un vigor que recordarán los grandes poetas del barroco, y Lope de Vega, en especial, le rendirá homenaje en «Laurel de Apolo». Dos de sus obras, publicadas en vida: *Sermón de amores* y *Diálogo de mugeres*, le crearon la reputación de escritor misógino, licencioso y picante, además censurado por el Santo Oficio. Sus *Obras* completas se dividen en tres partes: «Obras de amores», «Obras de conversación y pasatiempo», y «Obras morales y de devoción». Castillejo tradujo, en octosílabos, algunas fábulas de las *Metamorfosis* de Ovidio: el «Canto de Polifemo», la «Fábula de Acteón», la de Píramo y Tisbe, abriendo así el camino a las fábulas mitológicas, serias y burlescas, del siglo XVII.

Cristóbal de Castillejo, no cabe duda, fue un virtuoso del metro corto: la estructura estrófica que sirve de base al *Sermón de amores* y al *Diálogo de mugeres* es la cuarteta octosílaba seguida de un tetrasílabo que rima con la cuarteta siguiente. Los dos textos desgranan, pues, una larga cadena de redondillas entre las cuales el pie quebrado marca la caída y al mismo tiempo dinamiza el encadenamiento de las estrofas, cuando es percibido como anticipación de las redondillas, una de cuyas rimas anuncia (1-4). Los 2.890 versos del *Sermón*, a veces calificado de sermón de la alegría, construyen una teoría del amor concebido como fuerza y deseo irresistibles. Conforme a una larga tradición, el poema asimila a Eros con la muerte: al igual que ésta, afecta tanto al rey como al obispo, al rico como al pobre, al campesino como al ciudadano. El amor abrasa chozas, palacios y conventos; pero el matrimonio lo mata, mientras que la unión libre lo exalta. Esta vitalidad asombrosa del *Sermón* está sostenida por la vivacidad del tono, tanto emotivo como burlón, por la elocuencia y el humor, y por la eficacia rítmica del metro y de su composición estrófica. En cuanto al *Diálogo de mugeres*, que toma de Boccacio y del arcipreste de Talavera una inspiración ferozmente misógina, se inscribe en la corriente denigrante y ritualmente destructiva de la escritura sobre las mujeres. Es a la vez una suma y una hazaña: una variación poético-moral sobre las ogros, diablas y otras prostituidas que persiguen al hombre y lo condenan a la desdicha.

Aparte de estos tratados rimados, algunos poemas de amor de Castillejo señalan perfectamente la transición entre la poesía cancioneril y el futuro llamado barroco de la escritura lírica. Ése es el caso de la traducción de Castillejo del «Canto de Polifemo» de las *Metamorfosis* de Ovidio, sabiamente agreste y alegre, si se lo compara con las suntuosas octavas del «Polifemo» de Góngora o los endecasílabos más emotivos de «La Circe» de Lope de Vega. La transposición de los hexámetros de Ovidio a octosílabos

castellanos se apropia de la herencia culta deslizándola en el molde de los
ritmos familiares. La traducción del texto de Ovidio aparece a veces salpicada por palabras occitanas (como el adjetivo *esparrancadas*, aplicado a las
patas de las ovejas alabeadas por sus ubres demasiado pesadas), que le con-
fieren un sabor rústico y familiar.

Por último, tratemos los dos textos polémicos de Castillejo. El primero
lo hizo célebre, como un vaciado, podría decirse, porque en él se opuso a
los italianizantes. El otro, menos conocido, plantea las cuestiones fundamentales que conciernen a la relación de la escritura con lo real. Castillejo
se levanta *Contra los encarecimientos de las coplas españolas que tratan
de amores*:

> Garci-Sánchez y otros ciento
> muy gentiles caballeros,
> que por esos cancioneros
> echan sospiros al viento…

Saturado de poesía cancioneril, ya no soporta la falta de sinceridad y, a
pesar de la perfección del estilo, de una elegancia y una excelencia formales sin igual, le reprocha haberse convertido en un juego de lenguaje estéril a fuerza de reproducirse indefinidamente a partir de sus propias variaciones. Lo que necesita la poesía, y en esto Castillejo no reacciona contra
la modernidad, es autenticidad, porque las lágrimas que sólo son de tinta y
papel terminan por bastardear el texto. Lo que se necesita es «arder de la
cabeza a los pies», pero teniendo en cuenta que el destinatario de tanta pasión literatizada y poetizada es analfabeto y no entenderá.

Castillejo era muy consciente de que la poesía de cancionero se parali-
zaba en su reproducción exangüe: habría deseado que un rimador de genio
la hubiera revitalizado en octosílabos. Pero un gran poeta, Garcilaso, la
hará renacer y evolucionar en endecasílabos. Y es en este sentido que la
diatriba que compone contra los poetas que escriben en metro italiano
marca los límites de la clarividencia innovadora de Castillejo. Si bien su
obra ha captado y transmitido las aspiraciones de una generación creadora
y conquistadora, no supo superar los marcos que la retenían sujeta y pri-
sionera. A este respecto, representa probablemente el lado oscuro y nutri-
cio de lo que hay que llamar la revolución garcilasista.

Si hubiera que definir con una palabra esta «revolución» aun antes de
abordar la obra del príncipe de los poetas, ésta sería sin duda «claridad»,
que condensaría de la manera más eficaz las conquistas múltiples de la lí-

rica española: claridad de la lengua, luz de los paisajes, armonía de las músicas, lustre de la herencia antigua (*clarus,* en latín), e «ilustre y clara gravedad» de la imperial Toledo, la claridad es un catalizador poético notable. El adjetivo claro funciona aquí tanto como figura etimológica como por su semántica esclarecedora y por la calidad fónica del acorde musical en que termina por convertirse en los grandes poemas garcilasianos.

Pero la luz y la música necesitaba un espacio en el que expandirse y difundirse: rimado por sus tres acentos (1-2-3-4/6-8/10), el largo endecasílabo despliega el espacio adecuado para acoger nuevas prosodias. Por otra parte, cabe preguntarse si la utilización de palabras proparoxítonas, tan característica de la poesía barroca (púrpura, cándido, Júpiter, hidrópica, etc.), no está directamente unida al recorte del acento de un metro conocido de antiguo en España, pero que sólo alcanzará su expansión cuando estalle el corsé del léxico tradicional.

El largo endecasilábico retrasaba la aparición habitualmente rápida de la rima, y esa lentitud no dejó de chocar a los poetas castellanos de los años 1520-1530. La famosa carta de Juan Boscán Almugáver a la duquesa de Soma que abre el segundo libro de sus poesías (*Sonetos y canciones al itálico modo*) es capital para apreciar justamente la revolución que se produjo en ese momento de la historia de la poesía española. Boscán, que conocía perfectamente los endecasílabos del ilustre Ausias March, pero ignoraba manifiestamente los de los castellanos (Francisco Imperial, sobre todo), aparece en él como un verdadero innovador; dice ser el primero en haber empleado el endecasílabo italiano, y más aún el de Petrarca, que sus detractores no sabían distinguir si era verso o prosa...

Juan Boscán Almugáver, conocido sobre todo por su notable traducción al castellano de *El cortesano* de Baltasar Castiglione, ha sido justamente calificado como poeta de transición.

Nacido en Barcelona, entre 1487 y 1492, en una gran familia catalana, Boscán fue preceptor del duque de Alba y amigo de Garcilaso. Sus poemas fueron publicados después de su muerte —en 1542— por su viuda, doña Ana Girón de Rebolledo, conjuntamente con los de Garcilaso. Estaban distribuidos en tres libros. Destacan, sobre todo, noventa y dos sonetos, en el segundo libro, y las composiciones largas del tercero, entre ellos el poema mitológico «Hero y Leandro».

La función transicional de Boscán se debe al hecho de que supo fusionar el soneto petrarquista con la muy antigua y tradicional técnica de la glosa. Pero Boscán fue antes que nada uno de los protagonistas de lo que hay que llamar el legendario encuentro de Granada, adonde Garcilaso fue acompañando a la corte para celebrar el matrimonio de Carlos V con la infanta Isabel de Portugal. En Granada se encontraban también Boscán, Castiglione (el autor de *El cortesano*) y el nuncio del Papa, el humanista Andrea Navagero. Poeta exigente (se dice que destruía sus poemas), Navagero persuadió a Boscán para que adaptara el soneto y los metros italianos a la lírica castellana. Boscán confiesa que lo intentó con alguna dificultad, y luego con pasión, alentado en ese camino por Garcilaso, a quien le habría transmitido la proposición de Navagero.

> Es evidente que sin esa conversación granadina, la poesía en lengua castellana hubiera tenido exactamente el mismo destino, y la anécdota sólo se recuerda para confirmarlo. Porque Petrarca estaba lejos de ser un desconocido para los poetas cancioneriles, aunque su influencia se había diversificado con las diferentes etapas de la historia de la poesía: son ciertos aspectos de su obra, condensados en el *Canzoniere,* los que retuvieron Boscán y Garcilaso, aspectos que habían sido descuidados por los poetas del siglo XV, más atentos a sus *Trionfi.*

## 2.   GARCILASO DE LA VEGA

Corresponde, pues, a Garcilaso de la Vega el haber sabido dar a la escritura poética castellana un giro decisivo: un giro que compromete no sólo durante todo el siglo XVI, tanto a la poesía sagrada como a la profana, sino también durante el siglo XVII y aún más allá.

> El príncipe de los poetas y el emperador Carlos V nacieron con el siglo XVI, el primero en Toledo en 1501, el segundo en Gante en 1500. El destino del imperio y el de la poesía iniciaron juntos una misma trayectoria, y la carrera de Garcilaso está estrechamente unida a la persona del emperador. Nombrado guardia de corps en 1520, Garcilaso participó en todas las campañas y en todos los viajes: La Coruña, Valladolid, la represión de los comuneros, que contaba entre sus filas con su hermano Pedro Lasso de la Vega. En septiembre de 1522, es la expedición de Rodas contra los turcos, en 1523 la campaña de Navarra contra Francia, recompensada con la orden de Santiago, y en 1525 el matrimonio con doña Elena de Zúñiga, dama de la hermana de Carlos V, a quien Garcilaso tuvo el honor de recibir en su casa en Toledo. En 1526, está en Granada para las bodas de Car-

los V y la infanta Isabel de Portugal. Durante seis meses frecuenta a Navagero y conoce a doña Isabel Freyre, que será la Elisa de sus églogas. Casada con don Antonio de Fonseca en 1529, Isabel Freyre murió de parto entre 1533 y 1534. En 1529, Garcilaso está en Zaragoza, luego en Barcelona, donde redacta su testamento antes de embarcarse para Italia; allí reside en Bolonia con la corte con motivo de las fiestas de la Coronación. En 1532, asiste, a pesar de la prohibición imperial, al matrimonio secreto de su sobrino, el hijo del comunero. Exiliado en una isla del Danubio, compuso allí una de sus más bellas canciones, la tercera. En 1532, parte para Nápoles, donde es recibido por la Accademia Pontaniana, en la que aún resuena la voz de Sannazaro, muerto en 1530, y donde encuentra a humanistas españoles, como Juan de Valdés, y a poetas italianos. En 1534, concede a su esposa —con la que tiene cuatro hijos— poderes totales sobre sus bienes, y en octubre realiza un peregrinaje a Aviñón a la tumba de la Laura de Petrarca. Herido durante la expedición a Túnez, en 1535, escribe la elegía a la muerte del hermano del duque de Alba, don Bernardino. Nombrado maestre de campo del emperador, en 1536, tiene tiempo de componer su obra maestra, la égloga III, antes de entrar en Francia con las tropas españolas. El 19 de septiembre es gravemente herido en el asalto a la fortaleza de Le Muy. Murió en Niza el 11 de octubre y sus restos fueron llevados a Toledo en 1538.

Ninguna obra del poeta se publicó durante esta corta vida, dividida entre la espada y la pluma. Habrá que esperar a 1543 para que sus obras aparezcan en Barcelona junto con las de Boscán, su editor y ejecutor testamentario (*Las obras de Boscán y algunas de Garcilaso*). En 1569, en Salamanca, la obra de Garcilaso se edita sola, ya liberada en adelante del peso de la de Boscán.

La obra de Garcilaso tuvo tal éxito que fue inmediatamente objeto de exégesis y comentarios. El redescubrimiento de la belleza plástica de la poesía latina y la integración en el texto garcilasiano, en diversas formas, de versos de Virgilio y de Ovidio, por ejemplo, pero también de fragmentos italianos —lo que se llama la *imitatio*— producen, en efecto, una poesía alimentada de intertextualidad clásica, muy erudita y muy límpida a la vez. El vaciado musical, rico en ecos eruditos, suscita en 1574 una nueva edición de Garcilaso, acompañada de notas y comentarios sobre sus fuentes latinas e italianas, que su autor, el gramático Francisco Sánchez de las Brozas (*el Brocense*), completa con seis estancias y cinco sonetos inéditos. Reeditada cinco veces, aumentada con tres sonetos y convertida en obra de referencia, la edición de *el Brocense* es seguida, en 1580, por la publicación del «monumento» de la crítica garcilasista: las *Anotaciones* del poeta sevillano Fernando de Herrera, verdadero tratado de retórica y de poética, ejemplo asombroso de análisis textual y de reflexión sobre el trabajo literario. Constituyen, sin duda, la más excepcional defensa e ilustración de la lengua y de la poesía españolas. Cuando, en 1622, Tamayo de Vargas publicó su *Garcilaso de la Vega, natural de Toledo*, quedó muy lejos por debajo de las «divinas» anotaciones de su predecesor. En 1765, finalmente, una nueva edición con notas, la de José Nicolás de Azara, servirá de modelo para numerosas reediciones. Señalemos, además, la publicación en Granada, en 1575, de la transposición sagrada, a lo divino, de Sebastián de Córdoba. *Las obras de Boscán y Garcilaso, trasladadas en materias christianas y religiosas*, serán una transición entre los poemas del amor profano y los del amor espiritual que nos dejaron, entre otros, san Juan de la Cruz.

La obra de Garcilaso está estructurada generalmente en tres conjuntos: las canciones y sonetos (cinco y cuarenta, respectivamente); las dos elegías y la epístola; y las tres grandes églogas. A esto se agregan las coplas castellanas, representativas de la primera etapa del proceso genésico de la obra. Este proceso, llamado por Rafael Lapesa «trayectoria poética», es una espléndida demostración de la complejidad intertextual que el tejido poético garcilasiano resuelve en una nueva factura: en él se evocan no sólo los aportes cancioneriles, el vigor de Ausias March, los versos de Petrarca, sino también el modelo horaciano y las reminiscencias de Ovidio y de Virgilio, en adelante sometidos a técnicas de escritura que integran los descubrimientos de la óptica y la plástica pictórica.

Si las coplas siguen estando próximas a la poesía de cancionero del que surgieron, y si los primeros sonetos aplican variaciones conceptistas sobre el léxico y una arquitectura alegórica del paisaje sentimental y del viaje vital, la tradicional queja de amor a veces es transpuesta en fábulas mitológicas que la metaforizan y deleitan la imaginación, tanto por la letra como por su extensión significante.

Ése es el caso del soneto XIII que, al evocar la progresiva metamorfosis de Dafne en laurel, convierte el dolor de Apolo en la figura de la pena amorosa que se alimenta de su propio e inextinguible dolor:

> A Dafne ya los brazos le crecían
> y en luengos ramos vueltos se mostraban;
> en verdes hojas vi que se tornaban
> los cabellos qu'el oro escurecían;

de áspera corteza se cubrían
los tiernos miembros que aun bullendo'staban;
los blancos pies en tierras se hincaban
y en torcidas raíces se volvían.

Aquel que fue la causa de tal daño,
a fuerza de llorar, crecer hacía
este árbol, que con lágrimas regaba.

¡Oh miserable estado, oh mal tamaño,
que con llorarla crezca cada día
la causa y razón por que lloraba!

El toque genial está totalmente en el verbo vi, que parece poner en pie de igualdad el dolor lírico y la fábula mitológica.

A Garcilaso le tocó cumplir el deseo de Castillejo, insuflando una poderosa autenticidad al fondo común del tesoro mitológico y poético heredado. Porque, ciertamente, es a propósito de lo que llamamos el «caso» Garcilaso que se plantea por primera vez el problema del carácter autobiográfico de la poesía en primera persona. Este problema, como ya hemos visto, nunca se plantea a propósito de la poética del cancionero, ego-centrada, es cierto, pero cuya primera persona no implica ningún contenido, ninguna reciprocidad (véase Jean Canavaggio, *Historia de la literatura española. Edad Media*, cap. VIII, Ariel, Barcelona, 1994). Con Garcilaso, la voz autobiográfica se deja oír, pero es paradójica: cuanto más se aparta la forma poética de las referencias en primera persona, más sincera y más próxima parece a la experiencia vivida, como si el distanciamiento metafórico constituyera la condición de la sinceridad. A partir de Garcilaso, razonablemente puede pensarse que se percibe como autobiográfica toda escritura poética cuya fuerza innovadora está asimilada a una sensibilidad vital real. La excelencia de la escritura y la emoción que desencadena se consideran la transposición de una cualidad humana literalmente estética que garantiza de manera absoluta la de los textos.

Las cinco canciones ilustran la evolución de la escritura garcilasiana y las contradicciones que la impregnan antes de la armoniosa resolución final. Las dos primeras y la cuarta fueron compuestas entre 1526 y 1532, y la cuarta, la más larga y la más atormentada, también la más extraña, según la crítica, mezcla combates alegóricos (la derrota de la razón en la estacada del tormento amoroso), alusiones mitológicas (Venus y Marte, Tántalo), teoría del amor, por elección o por destino, violación de la ley cortesana del secreto, analogía entre la rudeza de la desdicha y la dureza del canto. Una de las más armoniosas es la tercera que, partiendo de la peripecia autobiográfica del exilio en el Danubio, lo transpone en libertad frente a la prisión de amor. Compuesta en 1532, se inicia en un paisaje de agua y de luz:

> Con un manso ruïdo
> d'agua corriente y clara
> cerca el Danubio una isla que pudiera...

Pero la más decisiva sigue siendo la canción V, «Ode ad florem Gnidi», que inaugura, en endecasílabos y heptasílabos alternos, un tipo nuevo de estrofa de cinco versos que practicaron los poetas de la segunda mitad del siglo, especialmente fray Luis de León. Compuesta en 1536, la canción se presenta como una queja poética en primera persona, para doblegar la ingratitud de doña Violante Sanseverino (*florem Gnidi*), insensible a la pasión de Mario Galeota, amigo del intercesor. Compuesta por cuadros que ilustran el desasosiego del enamorado, la canción desemboca en el ejemplo mitológico de Anajárete, cuya alma arde en el mármol de la estatua en que se ha convertido. La primera estrofa del poema dio su nombre a la invención poética de la lira:

> Si de mi baja *lira*
> tanto pudiese el son que en un momento...

En cuanto a la «Epístola a Boscán», octubre de 1534, y a las dos elegías, agosto-octubre de 1535, se definen como horacianas en su factura y contenido. Claramente relacionadas con la vivencia autobiográfica, son un modelo de escritura culta y familiar, impregnada de saber clásico y de decoro moral y cortés. La elegía II a Boscán transparenta lasitud y desengaño frente a la ambición o la cobardía de los compañeros del viaje a Sicilia; pero pronto se recupera:

> Mas ¿dónde me llevó la pluma mía?
> que a sátira me voy mi paso a paso,
> y aquesta que os escribo es elegía.
> Yo enderezo, señor, en fin mi paso
> por donde vos sabéis que su proceso
> siempre ha llevado y lleva Garcilaso...

Cualquiera que sea la calidad de la escritura de ciertos grandes sonetos, cualquiera que sea el interés que presentan las canciones, la epístola y las elegías, que hemos evocado rápidamente, es innegable que la revolución garcilasiana se llevó a cabo esencialmente en las tres églogas.

El «género», ciertamente, no era nuevo, y el resurgimiento de lo pastoril como convención todavía está unido al esfuerzo de los humanistas por restaurar los textos clásicos, de los *Idilios* de Teócrito hasta las *Bucólicas* de Virgilio. Es sabido que la atmósfera pastoril no siempre estaba asociada a la belleza del *locus amoenus*, ni al ideal amoroso de los pastores-poetas. También alimentó muchas farsas medievales y, en la historia de las literaturas modernas, no se elevó, en sus primeras manifestaciones preteatrales, a las cumbres de *La Arcadia* de Sannazaro, que tendrá un impacto decisivo en la escritura garcilasiana. También en esto innovó Garcilaso; más exactamente, inclinó lo pastoril hacia un más allá que florecerá en la *Diana* de Montemayor, las *Arcadias* de Lope de Vega, la *Galatea* y varios episodios de *Don Quijote* de Cervantes, para no hablar de la espléndida elaboración de Góngora en las *Soledades*. Por otra parte, y al igual que los antiguos, Garcilaso asoció lo pastoril con la historia mítica o nacional, con las fábulas mitológicas y con el contexto de su propia experiencia, a veces evocada en las estrofas del comienzo y de la dedicatoria. La *imitatio*, que en la actualidad se une a la intertextualidad, le ofrece las resonancias y los ecos de las palabras, de los ritmos, de las imágenes «citadas» e incorporadas a la música y a las cualidades prosódicas del endecasílabo.

La égloga II (1533-1534) es la primera que se compuso. Compleja, densa, muy larga (1.885 versos), conserva todavía una estructura de diálogo que la asocia con las églogas preteatrales de un Encina, por ejemplo. A veces juzgada heteróclita —cuenta la locura de amor de Albanio y luego su curación y la historia épica de la casa de Alba—, ha sido definida como verdadera «antología de motivos medievales y de temas propios del Renacimiento» (Elías Rivers). Es el crisol donde se forjan muchos descubrimientos garcilasianos, sobre todo el de las técnicas de encabalgamiento de las representaciones plásticas dentro de la representación poética.

La égloga I estiliza y condensa en sus dos lamentos (el del pastor Salicio que llora la infidelidad de Galatea, y el de Nemoroso que llora la muerte de Elisa) todas las invenciones de la nueva escritura; encuadra entre la salida y la puesta del sol la amplificación musical y visual de la pena de amor. Compuesta entre 1534 y 1535, es el poema más conocido de Garcilaso y el que suscitó la mayor cantidad de lecturas autobiográficas.

La égloga III, finalmente, compuesta en 1536, es la obra maestra del poeta. Muy distanciada, pone en escena a cuatro ninfas que, a las orillas del Tajo y al pie de la imperial Toledo, representan tres tragedias amorosas mitológicas y el idilio destruido de Nemoroso y Elisa. Termina con el canto amebeo de dos pastores, Tirreno y Alcino, que escenifican poéticamente dos tipos de paisaje y dos tipos de escritura amorosa.

La poesía de Garcilaso se inscribe en el marco más general de una estética de la representación plástica del espacio, unida a los recientes descubrimientos de la óptica, es decir, a las reglas que aporta el análisis experimental y a los sentidos. Ya no se trata de hacer del paisaje un símbolo intelectual o espiritual, sino de descubrir los instrumentos plásticos, verbales o sonoros de su transposición pictórica, poética o musical. Rafael Lapesa ha demostrado que este resurgimiento de la naturaleza pasaba también por la reactualización de la poesía bucólica clásica o italiana, mientras que Margot Arce de Vázquez, por su parte, insiste en la fascinación que los ritmos del endecasílabo de Petrarca debieron de ejercer en Garcilaso.

Al mismo tiempo, y a medida que los paisajes alegóricos del alma se mutan en lugares bucólicos transfigurados por las lamentaciones armoniosas, el uso del tiempo se hace también más ligero y más fluido: finalmente liberado del discurso «poético» en presente, que no implica ninguna cronología verdadera, un pasado fabuloso puede insertarse en el marco transformado y mitificado de los alrededores de Toledo. A esa liberación espacial y temporal se agrega una redefinición del papel de la persona gramatical en el discurso poético que, sin duda, plantea anticipadamente las premisas de la escritura autobiográfica.

Por ejemplo, se observa que la égloga II es la única de las tres que no presenta estrofas de «dedicatoria» a cargo de una primera persona que designa la función-poeta. Por el contrario, en la égloga I, el yo-poeta anuncia que va a «imitar» las dulces lamentaciones de dos pastores, mientras que en la égloga III las siete estrofas de apertura manifiestan explícitamente que el poeta toma sus distancias en relación con los accidentes de la fortuna, para dejar hablar a Apolo y a las Musas. En todas las églogas, la primera persona, que designa también al enamorado en las canciones, desaparece para ser transpuesta en voces poéticas que son nombres. La égloga II ofrece una «puesta en escena» teatralizada de la ruptura amorosa; ya pone en acción los nombres de Salicio y Nemoroso, pero sin confiarles todavía el papel de meditación autobiográfica que tendrán en la égloga I. Allí, en efecto, Salicio, cuyo nombre designa como figura etimológica al sauce, deplora la ingratitud de la amada:

> No hay corazón que baste,
> aunque fuese de piedra,
> viendo mi amada hiedra
> de mí arrancada, en otro muro asida,
> mi parra, en otro olmo entretejida...

(estrofa 10)

mientras que Nemoroso, cuyo nombre designa las frondas del bosque, llora su muerte, y pide a la divina Elisa que recorra con él los paisajes del cielo:

> y en la tercera rueda
> contigo mano a mano,
> busquemos otro llano,
> busquemos otros montes y otros ríos,
> otros valles floridos y sombríos
> donde descanse y siempre pueda verte
> ante los ojos míos,
> sin miedo y sobresalto de perderte...

(estrofa 29)

La exclusión de la primera persona y el uso de nombres poéticos que son verdaderos catalizadores de imágenes permiten una objetivación que privilegia el discurso poético en todos los niveles de su elaboración. Y corresponde a la égloga III aportar la demostración más perfecta.

Después de la dedicatoria a doña María Osorio Pimentel, veintinueve octavas construyen el paisaje encantador y la representación poética de cuatro cuadros que, a su vez, representan escenas mitológicas y un episodio funesto que todavía no es legendario: las cuatro historias trágicas de Orfeo y Eurídice, de Apolo y Dafne, de Adonis y Venus, de Elisa y Nemoroso, que llevan la mitología a la experiencia de lo real y mitifican el drama personal. Además, la égloga III remite directamente a la primera, tejiendo así una serie de ecos dentro de la poesía de Garcilaso. Finalmente, las cuatro representaciones pictóricas florecen en las orillas del Tajo y al pie de Toledo, representadas en la tela de Nise:

> Estaba puesta en la sublime cumbre
> del monte, y desde allí por él sembrada
> aquella ilustre y clara pesadumbre
> d'antiguos edificios adornada...

(octava 27)

Es esta notable serie de poemas dentro del poema la que hace eclosionar al final de la égloga III un canto amebeo entre los dos pastores Tirreno y Alcino, cuyas estrofas alternas muestran la dulzura del vergel y el horror de la selva salvaje, asociadas a la ternura de Flérida y a la violencia de Filis. Ese canto amebeo ya no es la transposición metafórica de la experiencia dolorosa, sino la exaltación de la poesía por sí misma, por sus variaciones y sus logros. La égloga II construía la locura de amor en el espejo de una fuente y hacía del Tormes, desbordado de su curso, el chantre de la epopeya, abriendo al interior de sus espacios imaginarios el espacio del espejo y la profundidad de la memoria. La égloga I, por su parte, abría un espacio acústico de sonoridades, de ecos, de acordes melódicos, que prolongaban —designándola continuamente— la dulzura del *dulce lamentar*. En cuanto a la égloga III, es a la vez fiesta visual y fiesta musical, espectáculo y armonía. La ninfa Nise graba en ella un epitafio cuyos signos escritos repiten los ecos del nombre de Elisa:

> Elisa soy, en cuyo nombre suena
> y se lamenta el monte cavernoso,
> testigo del dolor y grave pena
> en que por mí se aflige Nemoroso
> y llama «Elisa»; «Elisa» a boca llena
> responde el Tajo, y lleva presuroso
> al mar de Lusitania el nombre mío,
> donde será escuchado, yo lo fío.

(octava 31)

Precedidas por tres octavas que miman el acercamiento progresivo de dos flautas, después la percepción cada vez más clara de las voces de los pastores, las nueve octavas del canto alternado son un himno a la poesía y al lenguaje poético, cuyos procedimientos retóricos y estéticos son admirablemente sacados a la luz.

La influencia de la escritura garcilasiana en toda la poesía posterior es comparable a la que había ejercido la poesía del cancionero. De su confluencia surgen los versos de un san Juan de la Cruz, de un fray Luis de León, mientras que muchos fragmentos de las *Soledades* de Góngora retoman los desafíos garcilasianos, Cervantes lo cita en la prosa y en los versos del *Quijote*, Pedro Salinas pone como título a uno de sus libros un verso de la égloga III (*La voz a ti debida*) y toda una generación de epígonos se inspira directamente en el nuevo espíritu que insufló a la poesía lírica. Citemos entre ellos a Gutierre de Cetina (1520-1557?), poeta delicado, conocido por un célebre madrigal (*Ojos claros, serenos...*); Hernando de Acuña (1520?-1580), poeta y soldado como Garcilaso: sus églogas recuerdan las de Virgilio y las del príncipe de los poetas, pero es sobre todo conocido por sus sonetos; Diego Hurtado de Mendoza (1503-1575), cuyo trabajo poético integró tanto los metros italianos como los tradicionales, y que dejó una *Fábula de Adonis*, las epístolas de factura horaciana, y composiciones satíricas a veces audaces. Citemos, finalmente, al poeta portugués Sà de Miranda (1485-1558): entre sus poemas compuestos en castellano, cabe destacar la égloga «Nemoroso», que escribió a la muerte de Garcilaso.

Vemos así a la poesía española dotada en adelante de una herramienta que determinará su configuración durante mucho tiempo. La poesía de cancionero y las innovaciones de Garcilaso confluirán armoniosa y duraderamente: en primer lugar, en la segunda mitad del siglo XVI, para alimentar la inspiración ascética de un fray Luis de León y la escritura mística de un Juan de la Cruz; luego para expandirse suntuosamente con los tres poetas mayores del siglo XVII: Lope de Vega, Góngora y Quevedo.

NADINE LY

CAPÍTULO III

## HISTORIAS Y FICCIONES

La literatura en prosa de la época de Carlos V sufrió durante mucho tiempo del brillo de las letras españolas del siglo XVII. Sin embargo, es rica y digna de ser conocida. A grandes rasgos, se pueden distinguir tres conjuntos. Por una parte, una literatura de ideas, de orientación didáctica, donde se debaten los problemas cruciales del momento: libros de espiritualidad, como los del franciscano Osuna, coloquios de inspiración erasmista, como los de Alfonso de Valdés, que abordan temas político-religiosos, o también tratados de carácter político y moral, como los de Antonio de Guevara. Por otra parte, una literatura con finalidad informativa, aunque la impregnación moral es evidente en ella: misceláneas, de las cuales la *Silva* de Pedro Mexía nos ofrece un ejemplo representativo, relaciones de sucesos, ampliamente difundidas —son las gacetas de la época—, y crónicas. Finalmente, una literatura hecha más para la diversión, pero donde la intención ética no está ausente: prolonga, renovándolas, las formas heredadas de la Edad Media («novela» sentimental, continuaciones de *La Celestina*, libros de caballerías); abre, también, nuevos caminos con la epístola y, sobre todo, en los últimos años del reinado del emperador, con el *Lazarillo de Tormes* y la naciente «novela» pastoril. (Sobre las continuaciones de *La Celestina*, véase el cap. IV; sobre los libros de caballerías, los de pastores y el *Lazarillo*, véase el cap. V.)

En este vasto panorama, la obra de Guevara se destaca por la enorme difusión que tuvo. A la inversa, un coloquio tan apasionante como el *Viaje de Turquía*, el más hermoso producto de la influencia de Erasmo en Castilla, quedó sin publicar hasta comienzos del siglo XX. Paralelamente, las crónicas testimonian, sin lugar a duda, el esplendor de una época, la de

Carlos V; pero proporcionan asimismo la medida de los problemas con los que se vio enfrentado ese momento histórico a causa de la expansión del humanismo, pero también de los progresos del protestantismo, del repliegue crispado de la Iglesia en los ideales de la Contrarreforma y de las diferentes manifestaciones del descubrimiento y conquista del Nuevo Mundo. Frente a una situación nueva, todos esos textos, incluso los que aparentan pretensiones históricas, inventan otras formas narrativas, jugando con las interferencias entre realidad y ficción.

## Antonio de Guevara

### 1. DEL HOMBRE A LA OBRA

Antonio de Guevara (1480?-1545), nacido en las Asturias de Santillana, pertenecía a una rama menor de la gran familia española de los condes de Oñate, emparentados con la alta aristocracia castellana. Al parecer fue el hijo de un bastardo y por sus venas corría sangre judía. En cuanto a su familia directa, tenía rentas bajas, pero la rama de la que formaba parte supo, por los servicios prestados a los Habsburgo, preparar el ascenso del clan, con la llegada a España del nuevo rey, convertido en 1519 en el emperador Carlos V.

Destinado a hacer carrera en la corte, el joven se vio obligado a cambiar de orientación. Se hizo franciscano, probablemente en 1506. Empieza entonces para él un largo período de formación intelectual y de maduración: aprende el arte de predicar y ocupa diferentes funciones de confianza. Cuando se produce la revolución de las Comunidades, en 1520-1521, se encuentra en el campo real con los de su linaje, pero trata de lograr la paz entre las dos partes. Después del fracaso del levantamiento, es recompensado por su fidelidad. En 1523 se convierte en predicador real y en 1526 en cronista imperial: en calidad de tal redactará una crónica, perdida, pero en parte reconstruida. Mientras tanto, en 1523-1526, el monarca le encargó una importante misión con los moriscos valencianos y granadinos. En 1529, vino a ser obispo de Guadix y luego de Mondoñedo en 1537. Concilió entonces sus tareas pastorales con sus obligaciones en la corte, donde él, escritor célebre, brillaba por sus dotes de conversador, aunque el religioso experimentaba algunos remordimientos por prodigarse en esas futilidades. En 1535 acompaña al emperador en la expedición de Túnez y luego recorre Italia con él. Después de 1539-1540, viejo y enfermo, se divide entre Valladolid (donde salen sus diversas obras) y Mondoñedo, donde muere en 1545.

Consejero oficial de Carlos V, predicador y cronista del monarca, hermano del poderoso doctor Guevara, miembro del Consejo real, Antonio de Guevara ejerció sin duda sobre el emperador una influencia nada desdeñable. Además, en estrecho contacto con la corte, y conocedor de los problemas de su tiempo, fue un testigo privilegiado de su época. Testimonia el surgimiento y el papel dirigente de Castilla en el conjunto hispánico, la formación de un Estado centralizado y de un nuevo estilo de príncipe, las numerosas transformaciones de una España en pleno crecimiento, así como las diferentes situaciones conflictivas que ha de afrontar en la Península y en América (debidas especialmente a la coexistencia de varias comunidades): las de un país que ha de hacer frente a las opciones de la modernidad. Testimona igualmente la aparición de una nueva cultura urbana y de un público más amplio de lectores.

La obra de Antonio de Guevara es múltiple y presenta facetas diferentes, aunque la orientación siempre es didáctica. Pero abre caminos nuevos, sobre todo en el plano narrativo.

## La crónica perdida

Contrariamente a lo que la crítica ha repetido hasta la saciedad, el franciscano trabajó seriamente en su crónica de Carlos V, por lo menos hasta 1536. Sólo nos es conocida por los textos de dos cronistas posteriores, Santa Cruz y Sandoval. Pero lo que han tomado de ella es tan explícito que podemos hacernos cierta idea de esta crónica. Debía de tener dos grandes núcleos: las Comunidades y los acontecimientos de los años 1525-1528. El autor parece inspirarse en los métodos de Tito Livio y seguir los pasos de Hernando del Pulgar: respeta la «esencia de los hechos», pero no duda en alterar su presentación mediante cartas o arengas puestas en boca de personajes cuyas acciones relata.

Guevara merece, pues, recuperar su lugar en la historiografía del reinado de Carlos V.

## Las obras político-morales

En 1528 apareció, de manera subrepticia y sin nombre de autor, el *Libro áureo de Marco Aurelio*, que tuvo en seguida un éxito fulgurante.

Se trata de una vida novelada del gran emperador filósofo, retratado en su cotidianidad: enfrentado a los problemas del gobierno, pero también a los de su vida familiar, el monarca ha de hacer frente es particular a las desviaciones de la conducta de su propia esposa, la ligera Faustina. Por ello, es gracias a la «filosofía» como supera su amargura y trata de remediar tal situación. Esta vida contiene dos discursos muy célebres: el de Marco Aurelio a Faustina, embarazada, que le pide la llave de su gabinete de trabajo —una diatriba antifeminista— y el del villano del Danubio (que tendrá una rica descendencia en Europa), verdadera sátira de la guerra de conquista.

La segunda parte de la obra se compone de diecinueve cartas apócrifas, la mayoría atribuidas a Marco Aurelio, mientras que las otras son respuestas a misivas del emperador. Se refieren en su mayor parte a temas morales, pero varias de estas epístolas están relacionadas con el universo amoroso y algunas con los amores del joven y fogoso Marco Aurelio. Se trata de un calco parcial de las cartas incluidas en el *Tratado de Arnalte y Lucenda*, una de las «novelas sentimentales» de Diego de San Pedro, publicado en 1491.

La obra de Guevara, adornada con un estilo brillante, actualiza una Antigüedad revalorizada por el humanismo, al unir preceptos estoicos (a los que podía muy bien acomodarse el cristianismo), vida familiar y problemas de gobierno y al unir el gusto contemporáneo por los discursos y las epístolas, en especial por las cartas de amor.

El *Libro áureo de Marco Aurelio* dio lugar a una amplia modificación en tres partes. Sin embargo, lo esencial fue conservado, sobre todo los célebres razonamientos antes citados. Se acentúa el carácter católico del conjunto, de modo que las «cartas de amor» han desaparecido de la edición príncipe del nuevo texto (pero los editores volvieron a introducirlas poco después). El libro apareció en 1529, con el título *Relox de príncipes*, y un frontispicio que subrayaba que el autor es el mismo que el del *Libro áureo*. El éxito fue inmediato.

El *Relox* es un auténtico tratado del príncipe cristiano, destinado a Carlos V. Se alimenta de diferentes corrientes llegadas de la Antigüedad, de los Padres de la Iglesia, de los teóricos medievales, de la tradición castellana de las *Partidas*, a la vez que ofrece numerosos puntos de contacto con el pensamiento de Erasmo o de Vives. Sin embargo, no se pierden de vista las realidades contemporáneas. Pero, al igual que el humanista de Rotterdam, Guevara subordina la política a la moral, lo que lo sitúa en las antípodas de Maquiavelo.

Marcado por el levantamiento de las Comunidades, sostiene nítidamente la supremacía del príncipe —modelo de todas las virtudes—, representante de Dios en la tierra. Pero lo somete al peso de la razón universal. Será un rey justo y pacífico. Teniendo como mira el bien común, rechazará la guerra, negación del mensaje evangélico, y sólo la tolerará si es defensiva. Se opondrá categóricamente a las expediciones de conquista, fuente de las injusticias más flagrantes: detrás del caso general, por boca del villano del Danubio, se enfoca el imperialismo español en las Indias.

La unión entre el príncipe y su pueblo, basada en un amor recíproco, será el cimiento de la república. Ésta es vista como un cuerpo cuya cabeza es el soberano, de manera que las partes vitales de ese cuerpo —correspondientes a los tres «estados»: nobleza, clero, estado llano— tienen funciones que no pueden ser modificadas sin causar la enfermedad y luego la muerte del conjunto orgánico. El franciscano admite cierta movilidad vertical, pero ha de reservarse a una elite que, por sus méritos y por los servicios prestados a la república, y no gracias al dinero, puede agregarse a la aristocracia, una aristocracia que debe reformarse seriamente para ser digna de sus antepasados. Guevara revaloriza también la familia —la mujer debe representar en ella un papel nuevo—, entendida como una muralla contra el desorden moral y social debido al empuje del poder del dinero.

Conservador en ciertos aspectos, muy moderno en otros, el pensamiento del franciscano traduce las contradicciones de una época rica en múltiples cambios. Se desarrolla en un texto que refleja los entusiasmos, pero también las preocupaciones de un público mucho más amplio que el de los cortesanos para los que la obra fue concebida originalmente. En efecto, Guevara amalgama hábilmente elementos antiguos y contemporáneos, ejemplos, sentencias, anécdotas, relatos intercalados, cartas y discursos, todo con un brillante estilo retórico. Supo encontrar una fórmula que empleará también en sus otras obras, aunque la dosificación de esos componentes es susceptible de variar.

Durante cerca de diez años el prelado no publicó nada. Luego, en 1539, a su regreso de Italia, y cuando acababa de ser promovido a obispo de Mondoñedo, apareció en Valadolid una recopilación con un título significativo, las *Obras*, que se abren con *Una década de Césares*.

Este último texto prolonga, en amplia medida, la vena del *Relox de príncipes*. Se apoya en la biografía —más o menos fiel— de diez emperadores romanos que sirven de ejemplo positivo o negativo. Utiliza los datos de la fisiognomia clásica para relacionar las particularidades físicas de los soberanos con su manera de gobernar. La *Década* lo lleva, en una perspectiva moral, a sacar conclusiones aplicables a la manera de actuar de los príncipes y de los hombres de su época.

En esta misma recopilación de obras se encuentra igualmente un texto vinculado a la vida de corte, *Aviso de privados y doctrina de cortesanos*, fruto de la experiencia del escritor. Éste da consejos útiles, aun respecto de pequeños detalles de la vida corriente. Indica también la actitud a observar para ganar el favor del príncipe. Este tratado es, pues, muy diferente del de Castiglione. Sin dejar de considerar las leyes de la moral, tiene sobre todo una finalidad práctica, en especial para el hidalgo sin dinero que va a hacer carrera a la corte.

## Menosprecio de corte y alabanza de aldea

El *Menosprecio de corte y alabanza de aldea*, que integra esa recopilación, se inscribe en la tradición de desprecio del mundo que ilustran tanto Séneca, Boecio, la tradición franciscana o el *Comtemptus mundi,* al igual como Luciano, Piccolomini o Ulrich Hutten. También la segunda parte del texto remite a otra tradición, la del *Beatus ille* y de la *aurea mediocritas*, hechas célebres por Virgilio, Horacio y Petrarca.

El libro de Guevara, publicado en 1539, tuvo también una vida independiente, tal vez porque respondía a una finalidad muy precisa. En efecto, el siglo XVI castellano se caracterizó por un importante crecimiento económico, pero los años 1535-1540 corresponden a un momento de recesión agrícola pronunciada, mientras que las necesidades de las ciudades aumentan. Ahora bien, el desarrollo de la sociedad urbana de corte provocó a partir de los años 1530 una migración hacia la ciudad de los pequeños hidalgos rurales.

La crisis corría el riesgo de acentuarse si ese movimiento migratorio no se invertía. Por eso en la pluma de fray Antonio de Guevara, y frente a las dificultades de la vida cortesana, surge la exaltación de la vida rústica, con una descripción precisa y «realista» de las actividades agradables y naturales que incumbían al hidalgo campesino. Se trata de preconizar el regreso a la tierra de esos hidalgüelos, verdaderos mandos rurales, subrayando que nobleza y trabajo agrícola armonizaban perfectamente.

Más allá de la doble tradición literaria a la que remite, el texto de Guevara adquiere, pues, un alcance económico y político, de acuerdo con el papel representado por el prelado y su hermano, al servicio de Carlos V.

## Las Epístolas familiares

Las *Epístolas familiares* se publicaron en 1539 (primera parte) y en 1541 (segunda parte) y alcanzaron en seguida un gran éxito. Es verdad que la epístola está en el centro del sistema literario de Guevara desde el *Libro áureo* (junto con el discurso, la otra modalidad retórica) y aparece en todas sus obras posteriores antes de dar lugar a una obra completa.

No se puede separar la producción del franciscano del auge del género epistolar en el Renacimiento. Las necesidades de una Europa en plena expansión dieron nacimiento, en efecto, a una verdadera civilización de la carta. Es utilizada tanto por el mundo de la diplomacia y de la corte como por el del comercio. En cuanto al humanismo, es inseparable de la epístola. Se trata, ciertamente, de imitar las cartas antiguas, ampliamente difundidas (en especial las *Epistolae ad familiares* consagradas por Cicerón y Petrarca), pero sobre todo de permitir la comunicación entre las elites, en el marco de una nueva sociedad urbana. Sin embargo, paralelamente al circuito erudito de las epístolas en latín, se desarrolla otro circuito en lengua vernácula, del que Italia ofrece el ejemplo (*lettere volgari*) con la recopilación de las cartas del Aretino, en 1538, seguida de otras muchas. De esta manera se crea una verdadera afición europea.

En este contexto se inscriben las *Epístolas familiares* de Guevara, cuyo modelo corresponde probablemente a las cartas del Aretino, aunque el ejemplo de las de Hernando del Pulgar, de fines del siglo XV, ha desempeñado también su papel.

Mezclando hábilmente temas antiguos y cristianos, problemas generales, novedades de la corte y biografía personal más o menos verídica, y adoptando a menudo un tono festivo, en el marco de una relación epistolar con diversos personajes, pero sobre todo con los aristócratas y prelados más notorios de unos años antes, las epístolas de fray Antonio de Guevara —a menudo apócrifas y mal fechadas— han seducido a un público muy amplio.

En efecto, sin descuidar el objetivo didáctico de base, el obispo de Mondoñedo sabe interesar y divertir a sus lectores. Y, como narrador, da toda la medida de su talento. Cuenta, por ejemplo, la leyenda del «suspiro del moro» de Granada, relacionada con el exilio de Boabdil, o la historia de Andrónico y el león, tomada de Aulo Gelio y relatada en primera persona, o también la humorística anécdota de las tres prostitutas antiguas representadas en un cuadro, y que uno de sus amigos tenía por santas y veneraba como tales.

Guevara abre, así, nuevos caminos narrativos que seguirán el autor del *Lazarillo* y el de *Don Quijote*.

## Las obras ascético-morales

Las obras ascético-morales, muy difundidas, corresponden a los últimos años de la vida de Guevara. El *Oratorio de religiosos y exercicio de virtuosos* apareció en 1542, la primera parte de *Monte Calvario*, en 1545, poco antes de su muerte, y la segunda, incompleta, apareció a título póstumo en 1549.

El *Oratorio* tiene una finalidad práctica, dicta reglas de comportamiento a los religiosos y a un público más vasto, a semejanza, en un ámbito diferente, del *Relox de príncipes* y del *Aviso de privados*. En cuanto al *Monte Calvario*, comenta los misterios de la muerte de Cristo (primera parte) y las siete «palabras» pronunciadas por Jesús en la Cruz (segunda parte), de manera muy personal.

Las dos obras se integran en una corriente didáctico-ascética y espiritual, aunque el autor, en las antípodas del misticismo, sigue utilizando la fórmula que le dio éxito, amalgamando materia religiosa, elementos antiguos, anécdotas y sentencias, desarrollándolo todo con su prodigiosa capacidad de invención y su retórica específica.

2.  EL SISTEMA DE INVENCIÓN GUEVARIANA

Guevara se sitúa en una tradición didáctica que tiende, agradablemente, a la instrucción moral del lector. Utiliza para ello toda su herencia cultural, pero también el arsenal del humanismo (temas y procedimientos retóricos). Se inspira, sobre todo, en la Antigüedad, pues cree que la sabiduría de los antiguos puede concordar con los preceptos del cristianismo. Sin embargo, el mundo antiguo, aunque eminentemente ejemplar, es para él, en amplia medida, utópico y acrónico. Lo resucita, pues, a su manera, manejando las fuentes y las autoridades con cierta desenvoltura, no dudando en imaginar los elementos que le faltan y en trasplantar a ese universo toda una serie de datos, nociones, costumbres culturales de la época de Carlos V. Así los personajes adquieren una dimensión humana familiar, y los problemas evocados una singular actualidad. Y esto es aún más cierto cuando se trata de las *Epístolas familiares*, donde dominan las referencias al contexto contemporáneo.

El franciscano es consciente de la importancia que ha adquirido un público más amplio, no erudito, que busca un ambiente nuevo, en especial el «exotismo» del mundo romano puesto de moda por el humanismo, a la vez que desea reencontrar sus centros de interés inmediato. Al liberarse de las presiones que limitan su capacidad de evocación, Guevara permite que su imaginación creadora tome libre curso. Al hacer esto, abre el camino a los grandes creadores posteriores y, muy especialmente, a Cervantes.

## La epístola

La epístola aparece de manera significativa desde el *Marco Aurelio*. En adelante será incorporada a toda la obra del franciscano y dará lugar a las *Epístolas familiares*.

Indisociable de la estructura de los textos de Guevara, aparece también algunas veces con la otra modalidad equivalente (unida teóricamente a la oralidad): el discurso (o el sermón). Permite un verdadero intercambio con los corresponsales —es «la mitad de un diálogo», según la fórmula de Ángel Policiano— y más allá, con los lectores, que son sus verdaderos destinatarios. Se encuentran así directamente implicados por su contenido y por lo que el autor revela sobre sí mismo. Además, gracias a su plasticidad, la carta permite todas las audacias sin dejar de dar la impresión de una clamorosa verdad, la que manifiesta el *yo* a través del acto de escritura.

Puede constituirse así una especie de libertad creadora que autoriza todos los *juegos* y todas las invenciones literarias, como lo ilustra Guevara. El obispo de Mondoñedo aparece como uno de los precursores de la «novela» moderna y del ensayo (basta con leer la carta sobre Andrónico y el león o la que se refiere a la amistad).

## La ironía de Guevara

La finalidad doctrinal de los libros del franciscano da a menudo a sus escritos un tono serio. Sin embargo, el humor dista de estar ausente. En especial, si bien en algún pasaje del *Libro áureo* Guevara sabe manejar la ironía, ésta impregna un texto como *Arte de navegar*, la cuarta de las *Obras* de 1539. El lector ve repetida en ella divertidamente un refrán inventado: «La vida de la galera, dela Dios a quien la quiera», parodia de otro refrán conocido: «La vida de la aldea, dela Dios a quien la quiera.»

Pero la inspiración de Guevara se manifiesta sobre todo en las *Epístolas familiares*, donde el autor no duda en burlarse de sus corresponsales, de sí mismo o del mundo que lo rodea.

Por ejemplo, con un tono festivo, evoca la entrega del capelo cardenalicio al arzobispo don Juan Tavera, en octubre de 1531, así como el festín que siguió a la ceremonia. Agrega con malicia que los maravillosos vinos de Castilla hicieron tropezar a más de un convidado, sugiriendo así la visión de algún grave prelado derrumbándose al hacer una genuflexión ocasionada por el culto rendido a Baco y no a Cristo.

## 3. La escritura de Guevara, su fama

El propósito moral lleva al franciscano, siguiendo la teoría de los tres estilos, a emplear sobre todo el «alto estilo» del que habla constantemente, aunque utilice los otros dos, el medio y el bajo (sobre todo en las *Epístolas*).

Pero no hay que olvidar que Guevara recibió una formación de orador sagrado. Su estilo es, pues, fundamentalmente, el de un predicador convertido en predicador de corte, que aprendió su arte en las *artes praedicandi*; se trata de convencer al oyente, de alejarle del mal y de acercarle al bien, sirviéndose de todos los medios del discurso organizado.

De ahí viene esa estructura estilística tan característica: un dualismo omnipresente cuya forma privilegiada es la antítesis, reforzada por las repeticiones y las acumulaciones, por el empleo de la paronomasia y de la consonancia, cuando no de la rima verdadera. De ahí también una red organizada de correspondencias equilibradas que originan un ritmo esencialmente binario. Paralelamente, una marcha en dos tiempos que se apoya en la ciceroniana generalización de la causa y en la sentencia. Esto es lo que muestra el título del primer texto de Guevara, el *Libro áureo*, según la edición príncipe, la de Sevilla de 1528: *Libro áureo de Marco Aurelio emperador y eloquentíssimo orador*. Este título muestra algunas de las tendencias indicadas, magnificando la condición de *orador* del emperador: dualidad, simetría, acentuación enfática, utilización de paronomasias y de consonancias (áureo/Aurelio; emperador/orador).

Las particularidades de este estilo se acentúan aún más después de 1523 con la llegada del predicador a la corte: para un público cortesano, había que acentuar la ornamentación del estilo. Esto es lo que muestra el *Relox de príncipes* si se le compara con el *Libro áureo*.

El éxito de este estilo fue grande. Los lectores se dejaron llevar por esa prosa brillante y equilibrada, aunque algunos humanistas denunciaron, su énfasis y aun su ampulosidad.

*Una fama europea*

La obra del obispo de Mondoñedo tuvo una difusión enorme en el Siglo de Oro, en España y en el extranjero.

Esto no quiere decir que el franciscano no fuera criticado, empezando por el gramático Rhúa quien, en 1549, publicó tres cartas donde pasaba revista a una parte de la obra del obispo, desvelando ciertos errores e invenciones. Pero la admiración prevaleció durante mucho tiempo: se imitó a Guevara. También se le parodió (Cervantes, por ejemplo). Sin embargo, habrá que esperar al siglo XVIII para encontrar un verdadero cuestionamiento de sus escritos.

A partir de entonces, el obispo de Mondoñedo sufrirá un claro abandono. Es después de comienzos del siglo XX, y más directamente en el curso de las últimas décadas, cuando se ha producido un nuevo interés por la obra de Guevara, pues se ha reparado en la importancia de este gran escritor que ha abierto caminos literarios nuevos.

## El *Viaje de Turquía*

### 1. LA CONFIGURACIÓN DEL *VIAJE*

El *Viaje de Turquía* fue escrito probablemente entre 1553 y 1557. Pero este texto audaz y anónimo no fue publicado hasta comienzos del siglo XX.

*Problemas de composición, de contenido y de atribución*

Se conocen varios manuscritos del *Viaje* (ninguno autógrafo), y los relatos difieren más de una vez entre sí. Por otra parte, el texto íntegro nunca fue publicado, y algunos trozos fueron suprimidos por los distintos editores que se sucedieron.

Durante mucho tiempo —hasta los trabajos de Marcel Bataillon— se ha creído que el héroe principal del libro contaba verdaderamente su cautiverio en Turquía. Se trata, en realidad, de una ficción que tiene tal carácter de verdad que ha engañado a lectores y críticos.

> Un sacerdote que vive de engaños, Juan de Voto a Dios, engaña a los fieles que le confían su dinero gracias, sobre todo, a pretendidas peregrinaciones a Jerusalén. Con su cómplice, Mátalascallando, encuentra en el ca-

mino de Compostela a uno de sus antiguos compañeros de estudios, Pedro de Urdemalas. Éste regresa de Turquía, donde vivió en cautiverio y se convirtió en médico. Le cuenta las peripecias de su vida de prisionero y, después, de su fuga, y le da una serie de informaciones sobre el mundo otomano. De paso, y en contraste, destila numerosas críticas sobre las instituciones y la religión españolas, pero con tal humor y tal ironía que las denuncias adquieren aún más peso.

Se han planteado interrogantes sobre la personalidad del autor, fiel discípulo del humanista de Rotterdam, cuyos escritos utiliza constantemente, en particular los *Coloquios*. Se han propuesto diferentes nombres, y la hipótesis más plausible sigue siendo la que defiende Marcel Bataillon: el autor del *Viaje* sería el doctor Andrés Laguna, médico humanista de origen judío, nacido en Segovia, que viajó por Europa, se doctoró en Bolonia, escribió varios tratados, tradujo diversas obras de autores griegos y latinos, y estuvo relacionado con el entorno del humanista Diego Hurtado de Mendoza, ex embajador español en Venecia, uno de los puertos abiertos hacia Turquía.

## Del diálogo a la falsa autobiografía

Más allá del debate escolástico, el diálogo del Renacimiento reanudó la tradición platónica y ciceroniana, y sobre todo la de Luciano, que le aportó un matiz crítico y hasta satírico con un tono de ironía a menudo mordaz. Erasmo lo adoptó con miras a la restauración de una religión auténtica, de un cristianismo en espíritu.

Así pues, los erasmistas utilizaron el diálogo de manera privilegiada, en especial el autor del *Viaje*. El intercambio verbal permite, en efecto, dar la ilusión de la vida, recreando la red de la oralidad cuyas normas, según Castiglione y Juan de Valdés, son las mismas que las de la escritura. Este intercambio permite, además, hacer variar los puntos de vista, posibilitar el debate disimulando la personalidad del autor.

El *Viaje* es, en realidad, un «triálogo», ya que conversan tres hombres: Pedro de Urdemalas, el cristiano de filiación erasmista, Juan de Voto a Dios, el seudoteólogo deshonesto, apegado al ritualismo de la religión católica, y Mátalascallando, personaje intermedio, que aviva la discusión y plantea preguntas más o menos ingenuas a las que Pedro responde a menudo irónicamente, cuestionando las manifestaciones de la religión común y las trapacerías de Juan.

Por otra parte, este texto contiene la autobiografía de Pedro. Ésta permite sin cesar echar otra mirada sobre las experiencias vividas y recordar el papel de testigo ocular representado por el ex cautivo. Ahora bien, la ficción autobiográfica aparece en España alrededor de 1550, y tanto Guevara como los autores del *Lazarillo*, de *El Crotalón* o del *Abencerraje* la utilizaron. La autobiografía debe relacionarse con la moda de la epístola, que es la mitad de un diálogo, pero también con la de las relaciones de sucesos (forma primitiva de las gacetas), que a menudo cuentan un «caso» a un personaje importante presentándolo como una experiencia vivida.

Además, la técnica autobiográfica supone un interlocutor y se inserta fácilmente en el diálogo, tanto más cuanto que «yo es otro», lo que permite todos los juegos especulares dentro del relato.

Sin embargo, aquí se trata de una autobiografía parcial, contrariamente al *Lazarillo*, ya que la narración empieza *in medias res*.

Por otro lado, el hecho de correr el riesgo de un naufragio, de ser apresado por piratas berberiscos —en este caso los turcos—, de recorrer varios países siendo prisionero, todo parecería anunciar un comienzo de novela bizantina, a semejanza de *Las Etiópicas* de Heliodoro. Pero la ausencia del amor como resorte muestra que se trata de una simple posibilidad narrativa, abandonada por un autor cuyo propósito es incuestionablemente reformador.

Lo importante en la técnica autobiográfica del *Viaje de Turquía* es que, sin la transformación fundamental de Pedro, verdadera conversión operada por la gracia, el cambio no habría afectado la existencia del narrador. Esta transformación ofrece materia para un discurso narrativo que tiene al *yo* por sujeto y por objeto, y así permite una reflexión sobre sí mismo y sobre los otros. De ahí la importancia de ese *yo* que sirve de unión entre las diferentes partes del relato, que las autentifica y les da un sentido. Los folcloristas, por su parte, conocen «cuentos de embustes» en primera persona. Y Mata, precisamente, no se deja engañar por el juego autobiográfico. Desde el comienzo, habla de ficción y posteriormente pregunta a Pedro: «¿Tanto pensáis mentir?»

La autobiografía crea, en resumidas cuentas, una ilusión realista a partir de historias ligadas, circunstancialmente, a los diferentes momentos de una existencia literaria individualizada.

## 2. EL CAMINO DEL FOLCLORE

Los tres interlocutores del coloquio tienen nombres folclóricos. Según las teorías platónicas, y según la tradición judeocristiana, el nombre es un

signo o, retomando las palabras de fray Luis de León, «como imagen de la
cosa de quien se dice».

Es un hecho que Pedro de Urdemalas evoca inmediatamente al experto
en engaños de todo tipo. Y Correas, el gran coleccionista de refranes de comienzos del siglo XVII, subraya que el nombre Pedro a menudo se toma en
mal sentido.

> En efecto, diversas particularidades de su santo patrón, que renegó del
> Señor y lo engañó, se incorporaron al folclore de Pedro. Esto es lo que
> prueban varios cuentos populares españoles en los que Pedro el *malo* (en
> los dos sentidos del término) actúa mal, y es preso de la lubricidad, y a fin
> de cuentas es castigado. El recorrido folclórico de este personaje se carac-
> teriza, además, por diferentes transformaciones y actividades que le per-
> miten enarbolar un arte consumado de la trampa, en relación sobre todo
> con las prácticas de la devoción, lo cual Cervantes ejemplificará en una de
> sus comedias.

Gracias a esas mañas y engaños, Pedro consigue burlar a su maestro y
a sus semejantes; es un verdadero Proteo.

El autor del *Viaje* conoce muy bien esta tradición, de manera que el personaje de Pedro debiera habérsele impuesto para evocar una serie de engaños relacionados con la religión.

> Parece como si al comienzo el escritor siguiera, efectivamente, el ca-
> mino del folclore: Pedro llega disfrazado, mal vestido de monje griego, con
> una barbaza de ermitaño. Recuerda a uno de esos peregrinos que se enca-
> minaban a Santiago de Compostela mendigando. Tiene un aspecto tan triste
> que Mata y Juan, al verle, lo identifican en seguida con el diablo.
> De las características folclóricas de Pedro, el autor conservó las peregri-
> naciones del personaje y su capacidad de inventiva, que le permiten cambiar
> de lugar, de vestimenta y de actividades. Ha conservado igualmente ese arte
> consumado de utilizar la trampa, la habilidad, la mentira, esa aptitud nota-
> ble para «urdir». Pero la profesión que en su cautiverio le valió renombre y
> lo salvó de más de un mal trance es la de médico. También en esto tiene su
> papel la tradición folclórica: en uno de los cuentos de Pedro de Urdemalas,
> el héroe es precisamente médico y utiliza un libro de medicina que ha en-
> contrado, exactamente como lo hace Pedro.

Pero el Pedro que vuelve a España no coincide ya con su primera imagen. Ya no es, en efecto, el tramposo, el mistificador, ese hombre que «em-
pleaba *mal*» —diabólicamente— su habilidad. Los peligros y sufrimientos

con los que se enfrentó entre los turcos, porque era cristiano, fueron para él pruebas iniciáticas que lo llevaron a un cambio radical. Pedro se ha despojado del hombre viejo y se ha transformado en un hombre nuevo que ha descubierto «la teología de Christo, que es el Nuevo Testamento». Se ha convertido en un *auténtico* cristiano, que rechaza los formalismos, las ceremonias inútiles en beneficio de una religión en espíritu.

El camino del folclore se ha invertido, pues, y Pedro, al convertirse en un personaje opuesto al que había sido, puede expresar la doctrina erasmista del autor. Gracias a la técnica de la autobiografía, puede decir ahora cierto número de verdades para bien de la república cristiana, reflexionando con discernimiento sobre la Turquía y la España de mediados del siglo XVI.

Se pueden así confrontar ambos universos y, a pesar de los defectos atribuidos a los otomanos, la oposición que establece Pedro entre *allá* (el imperio de Constantinopla) y *acá* (España) pone en evidencia, muy a menudo, la superioridad de allá sobre acá. No carece de audacia porque, desde 1550, los turcos representaban un peligro constante para la cristiandad en el Mediterráneo y en Europa central.

Pero si Pedro ya no es el tramposo, ese papel ha de corresponderle a Juan de Voto a Dios.

En efecto, si Pedro se ha convertido en un hombre nuevo, Juan es el hombre viejo. Se trata una vez más de un motivo folclórico que el autor del *Viaje* invierte, pues Pedro es normalmente el malo, el hombre del diablo, mientras que Juan es el bueno, el hombre de Dios. Esto es lo que ilustran algunos refranes reunidos hacia 1550. Es verdad que san Juan Evangelista fue el discípulo bienamado de Jesús, y san Juan Bautista el precursor de Cristo. Sin embargo, Juan es de tal bondad que a menudo viene a ser  tonto, lo que subraya Correas.

Pedro *el Listo* y Juan *el Tonto* forman una pareja folclórica de personajes opuestos y complementarios que aparecen en los relatos populares, en los que son generalmente hermanos. Esta pareja lleva en sí misma su propia reversibilidad, de manera que, en algunos cuentos, Pedro de Urdemalas se convierte en Juan de Urdemalas. Lo mismo sucede en el *Viaje*.

Sin embargo, si Juan, el sacerdote y el teólogo, es el hombre del Diablo, aparentemente, por su función y su nombre, es lo contrario. El texto establece así una equivalencia semántica blasfema: Dios = el Diablo. En realidad, significa que la religión de Juan no tiene nada que ver con la de Dios: sólo es diabólica superstición y engaño demoníaco.

Es entonces fácil comprender por qué Juan posee las características del Pedro tradicional. Él es quien les saca el dinero a los fieles gracias a una serie de mistificaciones ligadas al universo de la religión. Es el hipócrita religioso, el que ha blasfemado contra el Cielo y por lo tanto puede llamarse Juan de Voto a Dios.

Pero el nombre de este personaje recuerda también el de Juan de Dios, el fundador de la orden hospitalaria que lleva su nombre, y, precisamente, sus discípulos, alrededor de 1555, no tenían buena reputación, pues se les reprochaba apropiarse de una parte de las limosnas recibidas por los hospitales, como sucede en el *Viaje*. Esas críticas se inscriben de hecho en el vasto debate sobre la pobreza, la mendicidad y la asistencia de los indigentes: un debate suscitado, en los años 1545-1558, por la proliferación de mendigos, vagabundos y falsos peregrinos. Participan de la orientación reformadora defendida por Alejo Venegas y Juan de Medina que, inspirados por Vives, preconizaron la inserción de los mendigos con buena salud en el circuito de la producción manufacturera.

Además, el personaje del coloquio no se llama Juan de Dios, sino Juan de Voto a Dios. Ahora bien, ése es el nombre que lleva el judío errante, el zapatero que, habiendo blasfemado contra Cristo en la Pasión, habría sido condenado a errar hasta el fin de los tiempos. Su leyenda entra en Castilla hacia 1530, y desde entonces diversos mistificadores la utilizarán para engañar a las gentes crédulas y robarles su dinero, simulando sobre todo desplazamientos a Jerusalén, al igual que el sacerdote del *Viaje*. También es cierto que el autor usa críticamente una obra del franciscano Antonio de Aranda que, en 1533, había publicado, dentro de la línea de devoción más tradicional y supersticiosa, una *Verdadera información de la Tierra Santa*, que aportaba una multitud de informaciones (a menudo erróneas) a los simuladores.

El erasmismo del autor se alimenta de este juego dialéctico entre folclore e historia, lo que podría confirmar el estudio del tercer personaje, Mátalascallando.


3.  INTENCIÓN REFORMADORA E INVENCIÓN LÚDICRA

El autor del *Viaje*, alimentado por el pensamiento erasmista, evocará los problemas de España en una perspectiva reformadora, a partir de la oposición entre mundo turco y mundo español.

Lo que en principio se critica son las formas de la religión tradicional, con sus prácticas externas y anquilosadas que se imponen en detrimento del espíritu vivificador: culto de las reliquias, peregrinaciones, vana pompa de las ceremonias, plegarias interesadas, cuestaciones cuyo producto se desvía, indiferencia o, por el contrario, desconfianza respecto de los pobres, frente al ejercicio de una auténtica caridad. También se denuncia la manera en que los ministros del culto dan ejemplo, y la vida poco cristiana que llevan a menudo.

Acceder a una religión depurada implica una sana formación intelectual y espiritual. El autor es sin duda el contemporáneo de esos humanistas que, como Erasmo o Vives, se preocuparon por el hombre y por su educación. En el coloquio condena la manera en que se enseñan los fundamentos del saber y de la reflexión. Acusa sobre todo a la gramática latina de Nebrija, el debelador de la barbarie y el restaurador de las buenas letras. Pero la obra, colmada de múltiples escolios debido a los agregados posteriores, se ha convertido en un enorme tratado indigesto e incomprensible. La formación de base de los españoles es, pues, particularmente deficiente, y el espíritu crítico se resiente por ello.

Este gran defecto afecta particularmente a la medicina, muy a menudo influida por la tradición libresca (aunque se remita a Hipócrates y Galeno), cuando debería apoyarse en la experimentación y la observación directa de la naturaleza, objeto de examen para un espíritu libre y ávido de saber. De la misma manera, la teología está encerrada en comentarios vacios y en debates escolásticos, mientras se abandonan los Evangelios y las explicaciones inspiradas de los Padres de la Iglesia. No es asombroso, pues, que la palabra de los predicadores tenga tan poco alcance.

Otro aspecto del problema requiere la atención en el *Viaje*: es el empleo bastardeado de la lengua castellana. El autor pertenece a esa generación de humanistas que manifestaron un interés firme por la lengua vernácula, como lo prueba el *Diálogo de la lengua* de Juan de Valdés, de 1535, y el florecimiento de gramáticas castellanas publicadas desde mediados del siglo XVI. De manera más general, exalta las diferentes lenguas porque permiten descubrir al Otro con simpatía: las peregrinaciones de Pedro incitan a relativizar la importancia de la visión castellana del mundo, que necesita abrirse a otras civilizaciones.

A fin de cuentas, el autor podría hacer suyo el famoso adagio de Rabelais: «Ciencia sin conciencia sólo es ruina del alma.»

La autonomía de un pensamiento libre encarnado por Pedro y por el escritor que se oculta tras él, los lleva también a observar críticamente las instituciones: justicia corrompida, ejército formado por soldados viciosos y codiciosos, universidad incapaz de dar al Estado los hombres eminentes que necesita, etc.

Es verdad que el rey está mal informado, que su política deja que desear, que el Consejo real nada hace para remediar esa situación, al igual que los corregidores. Pedro asiste a la expansión del poder del dinero que acompaña a la actividad económica creciente de España, mientras que las Indias permiten a los colonos reunir indebidamente enormes fortunas. Al mismo tiempo, abundan los indigentes: indirectamente, el *Viaje* da cuenta de la crisis de 1556, al comienzo del reinado de Felipe II. Los turcos, por el contrario, utilizan al máximo a los artesanos de diferentes países en sus arsenales y, dando muestras de tolerancia, saben acoger en Constantinopla a los activos mercaderes de otras religiones.

En cuanto a la política exterior de España, también es acusada. Lo que dominan son los conflictos entre cristianos, verdaderas guerras civiles. Y si aparentemente se preconiza la guerra contra los otomanos, no por eso Pedro deja de subrayar que Solimán es el heredero del imperio cristiano de Constantinopla: como afirma el sofí de Persia, «el gran Turco es medio christiano y desciende de ellos [los cristianos]». Así pues, ¿no es posible que los dos imperios —el de Carlos V y el de Solimán— que, por *translatio imperii*, descienden del de Roma, en lugar de enfrentarse, puedan concertarse y establecer un nuevo equilibrio en un Mediterráneo que poco a poco pierde su importancia en beneficio del Atlántico? Gracias al diálogo, ¿no es sugerida de manera velada una nueva geopolítica marcada hasta cierto punto por el sello del pacifismo erasmiano? El coloquio permite, en efecto, el descubrimiento y aceptación del Otro que, en más de una ocasión, aparece nítidamente superior a los españoles.

A fin de cuentas, el *Viaje* es la obra de un hombre que no duda en decir su verdad para mayor bien de la república española y de la república cristiana: un espíritu libre que, por eso mismo, está en el diapasón de su maestro Erasmo.

## Placer lúdicro e ironía en el Viaje

Uno de los encantos del *Viaje* es el diálogo particularmente vivo: los personajes se divierten, profieren exclamaciones, también se instruyen, descubren mundos ignorados. Las reflexiones cáusticas de Mata en una lengua gráfica, las intervenciones humorísticas de Pedro, el asombro calculado de Juan, prueban que los protagonistas se enfrascan en el juego y saborean el placer de la conversación.

Por otra parte, como sucede a menudo en los escritos de la época, el autor, *vir doctus*, sabe igualmente ser *vir facetus* —según la fórmula de Pontanus—, particularmente apto para animar el diálogo e interesar al lector. Y así se integran en el relato una serie de burlas y anécdotas tradicionales que actualiza uniéndolas a la experiencia personal de los interlocutores.

> Por ejemplo, Pedro, como testigo de vista, prosigue por su cuenta un esquema de burla que se vuelve a encontrar en otras partes: cuenta cómo los esclavos cristianos engañan a los turcos ingenuos reemplazando, ante sus ojos, una bolsa llena por otra vacía, pero aparentemente llena. Los manejos que Pedro inventa como médico para subsistir, aprovechándose de la credulidad de algunos pacientes; sus divertidos recuerdos de escenas de despioje o de ese hablar utilizando una "ensalada de lenguas", etc., maravillan a sus dos compañeros y a los mismos lectores. ¿No cuenta la historieta de ese joven castellano que, de regreso de una breve estancia en Francia, en el curso de la cual no había pasado de Toulouse, olvidó el español hasta el punto de no chapurrear más que el francés?

De esta manera irónica Pedro se burla, según las circunstancias, de Juan o de Mata.

> Para no citar más que un ejemplo, cuando se refiere a las virtudes del cordón de santa Rosa de Viterbo, que logra que las mujeres estériles queden embarazadas, y despierta una gran devoción, Pedro afirma que la eficacia de ese cordón aumenta muchísimo si la mujer está sola y desnuda en la celda del monje más joven del convento. Pedro, el erasmista, puede así burlarse, mejor que con un discurso, de las supersticiones relacionadas con la devoción tradicional.

Ese tono gracioso es siempre la expresión de un espíritu libre, que pasa lo que observa por el tamiz de la razón. Desde este punto de vista, anuncia las bromas del siglo XVIII.

De este modo, el *Viaje de Turquía* aplica diversas técnicas narrativas, mezcla con humor ficción y verdad, y, en una época dominada por la exclusión, se abre al descubrimiento de otro lugar valorizado y de un Otro aceptado como tal, para el bien de España y de la cristiandad. Este rico coloquio es, sin duda alguna, una de las más hermosas creaciones del erasmismo español.

## Historiadores y cronistas

En la época de Carlos V se produjo un auge del género de la crónica. Clave de la política imperial, España —y más directamente Castilla— se extiende cada vez más hacia el otro lado del océano y da nacimiento así a una gesta nueva, la de los conquistadores. Es también la época en que los informes llegados de las Indias y las «relaciones de sucesos», esas «gacetillas» que cuentan un suceso, una victoria, se amplían y llegan a un gran público.

La concepción de la historia peninsular sigue indiscutiblemente influida por los cánones de la retórica y por la tradición de las épocas precedentes. Pero no deja de estar vivificada por el redescubrimiento de los historiadores de la Antigüedad debido al humanismo. Si se afirma la necesidad de «decir verdad», de situarse como «testigo de vista» y de utilizar fuentes fiables, dista mucho la práctica de corresponder a la teoría. La amplificación retórica, conforme a los objetivos de Tito Livio, permite transformar la presentación de los hechos sin cambiar «su esencia», y por lo tanto redactar discursos y epístolas; la utilización a veces desconsiderada de escritos de algún predecesor, e incluso la incorporación pura y simple de relaciones, favorecen la amalgama entre verdad y ficción. Asimismo, el deseo, ampliamente difundido, de exaltar el papel de Castilla, las acciones imperiales y la política europea de Carlos V, se afirma en detrimento del espíritu crítico y contribuye a falsear las perspectivas. En cuanto a la apertura hacia el mundo americano, una vez pasado el movimiento de curiosidad creado por el descubrimiento, parece haberse atenuado mucho. Lo que se perpetúa de manera innegable es la técnica de la crónica, a menudo centrada en los hechos del monarca, de un personaje poderoso, o también de esos nuevos héroes, los conquistadores, que no siempre pertenecen a la nobleza. Sólo con Jerónimo Zurita, en la época de Felipe II, empiezan a aparecer los métodos históricos que anuncian los del siglo XVIII.

1.  LA VISIÓN DEL MUNDO CONTEMPORÁNEO

La importancia de la España imperial va acompañada por un aumento de los cronistas oficiales de la corona de Castilla: de dos al comienzo del reinado, pasan a cuatro en torno a 1550.

Juan Ginés de Sepúlveda (1490-1573), uno de los colegas de Antonio de Guevara, estudió derecho en el colegio de los Españoles de Bolonia y presenció el saqueo de Roma en 1527. Fue un humanista que editó a Aristóteles, aunque es conocido sobre todo como el adversario de Las Casas, por haber defendido el derecho de conquista de los españoles en las Indias. Sin embargo, escribió en latín, en el ejercicio de su cargo de cronista, un *De rebus gestis Carolis Quinti*, así como dos obras incompletas, una sobre las Indias (que quedó en embrión) y otra sobre Felipe II. Su crónica de Carlos V quiso ser un compendio de las acciones de un gran monarca que vivió en una gran época. Aunque las informaciones son frecuentemente de segunda mano, se interesa por todo, como verdadero humanista: en particular por la geografía, la economía, la historia de las ciudades y de otros pueblos, por los temas militares, etc., sin dejar de exaltar al soberano. Sin embargo, la importancia del reciente descubrimiento de las Indias está poco destacada en su crónica.

Florián de Ocampo, involucrado en la revolución de las Comunidades, trabajó sobre todo en la *Crónica general de España* de Alfonso X, que revisó y continuó. Insiste en el origen mítico de los habitantes de la Península, fundamento de su superioridad, y exalta la acción de los soberanos castellanos, sin vacilar en recurrir a diferentes supercherías que hacen su texto poco fiable. Se ocupó también de historia contemporánea en sus biografías de hombres ilustres de su tiempo, inspiradas en las de Hernando del Pulgar, y en notas breves que han quedado manuscritas. Pero también en esto muestra una real miopía respecto del Nuevo Mundo.

En cuanto a Pedro Mexía (1499-1551), matemático, astrólogo, humanista original, estuvo relacionado con Vives y Erasmo, pero su posición ecléctica está lejos del erasmismo. Autor de diversas obras de éxito, entre ellas una vasta miscelánea (la *Silva*), dejó una historia incompleta de Carlos V (hasta 1530), que sólo se publicó en nuestra época. La parte más interesante concierne a las Comunidades. Espíritu ponderado, su obra se resiente, sin embargo, de una admiración sin límites hacia el soberano al que sirve y por una visión reducida del mundo, característica de un hombre que pasó toda su vida en Sevilla. Aunque esa ciudad es la puerta de las Indias, en su crónica no le dedica una línea a las tierras recientemente descubiertas, como si ignorara su existencia.

Pero fue sobre todo Alonso de Santa Cruz, también sevillano, primer cosmógrafo de Carlos V, quien dejó la historia más completa del reinado del emperador, aunque nunca fue cronista oficial. Su crónica no fue editada hasta el siglo XX. Introdujo en ella todo lo que recopiló, sin excesivo espíritu crítico, aunque afirma —oportunamente— que, habiendo estado cerca del emperador, fue testigo de una buena parte de lo que cuenta. La información de Santa Cruz es amplia y abarca tanto los acontecimientos de Italia o de Alemania (con la Reforma) como los de las Indias, pero de una manera bastante sucinta: es poco sensible, a fin de cuentas, a los problemas del Nuevo Mundo.

## 2. El descubrimiento del Nuevo Mundo

La difusión, a partir de 1493, de la carta en la que Cristóbal Colón hace el relato de su primer viaje, evocando las tierras recientemente descubiertas y los hombres que las habitan, fue el punto de partida de un verdadero cambio cultural. Pero éste tardó algún tiempo en imponerse a lo largo de la primera parte del siglo XVI. El espacio y el tiempo adquirieron otra dimensión, a la medida de la travesía oceánica. Apareció un nuevo «exotismo», se manifestó otra alteridad, con aspectos absolutamente desconocidos hasta entonces. Una gran curiosidad, una sed de conocimiento, un impulso misionero empujaron a algunos religiosos a ocuparse de las Indias con interés y a *descubrir* otras civilizaciones. Por otra parte, el espíritu de aventura, la atracción de lo desconocido, pero también de las riquezas, llevaron a hombres emprendedores a lanzarse a la conquista de ese Nuevo Mundo que le había caído en suerte a Castilla. Sus acciones dieron un aliento heroico a la narración de encuentros y batallas, de hazañas presentadas a menudo como sobrehumanas, a semejanza de los libros de caballerías, en un marco desconocido hasta entonces. Estas dos migraciones suscitaron toda una serie de crónicas que contrastan con las del emperador, porque dan una visión nueva del héroe sobre el trasfondo de inmensos espacios y de civilizaciones diferentes. Pero el asombro ante una naturaleza extraña, ante el esplendor del imperio de los aztecas o de los incas da paso, a menudo, a los relatos de las hazañas de los «nuevos hombres ilustres». Con el transcurso del tiempo, los acontecimientos particulares se insertarán en un claro designio apologético. Verdad y ficción se mezclan una vez más.

A la primera tendencia pertenecen, por ejemplo, los franciscanos que fueron a las Indias, como fray Toribio de Motolinía (1490-1569) que, hacia 1530, empezó a escribir su *Historia de los indios de Nueva España*, donde describe la vida y las costumbres de los indígenas, aunque insiste en los progresos debidos a la evangelización. Sucede lo mismo con fray Andrés de Olmos que, en 1539-1540, redactó un *Tratado de las antigüedades mexicanas* cuyo texto se ha perdido. Pero es esencialmente fray Bernardino de Sahagún (1499-1590) el que realizó una verdadera obra de etnólogo y de lingüista, aprendió náhuatl y redactó, alrededor de 1565-1570, su *Historia general de las cosas de Nueva España*.

Algunos humanistas creyeron ver en las Indias un nuevo paraíso, un lugar privilegiado donde aún reinaba la edad de oro. Esto es lo que afirma, sobre todo, Pedro Mártir de Anglería, historiógrafo de Carlos V entre 1520 y 1526, fecha de su muerte, en su primera *Década*, aparecida en 1504. El conjunto de las *Décadas*, publicadas en Alcalá en 1530, con el título *De orbe novo*, constituyen un relato del descubrimiento y de los comienzos de la conquista. Bien informado, Pedro Mártir testimonia una innegable apertura de espíritu cuando evoca otras tierras, otras producciones, otras religiones, así como el enfrentamiento de civilizaciones diferentes, como si presintiera los problemas y las exacciones futuras.

El caso de Gonzalo Fernández de Oviedo (1478-1557) es particularmente significativo. De la corte de los Reyes Católicos pasó a las Indias en 1514. Vivirá allí permanentemente, a excepción de algunas estancias en España, y ocupará diversos cargos administrativos. Su primera publicación, *Sumario de la natural historia de las Indias* (1526), es un texto breve, escrito en castellano, que aporta una visión de esa América que los españoles están conquistando. Pero él también, como Mártir de Anglería, no duda en hablar de los excesos que se cometen.

La importancia del Nuevo Mundo explica, por otra parte, la creación del Consejo de Indias, y el cargo de «cronista de Indias», atribuido por primera vez, en 1533, precisamente a Oviedo. Desde entonces, éste trabaja en su gran *Historia general y natural de las Indias*. Los diecinueve primeros libros aparecieron en 1535, y el vigésimo, póstumo, en 1557. Es una historia que considera todos los aspectos del Nuevo Mundo visto desde dentro, ya que el autor vivió las diferentes fases de la conquista. Nada se le escapa: geografía, productos, costumbres de los habitantes, religiones, arquitectura, etc. Es capaz de entusiasmarse y más de una vez manifiesta simpatía hacia los indios, no dudando en criticar algunas injusticias. Lo que, sin embargo, le importa, es la exaltación de los grandes hechos españoles, las hazañas de esos hombres que lograron vencer todos los obstáculos y dar a España un nuevo mundo.

También Francisco López de Gómara (1511-1562), de formación humanista, dejó una *Historia general de las Indias*. Publicada en 1552, reeditada y traducida varias veces, su historia es una introducción a *La conquista de México* y el autor exalta el papel de Cortés, a quien estaba vinculado. Para Gómara, el descubrimiento de las Indias es el acontecimiento más importante de la humanidad, después de su creación y redención. Evoca con cierta comprensión esas nuevas tierras, las costumbres y la religión de los indios, critica los abusos cometidos por los conquistadores, pero celebra la obra evangelizadora y colonizadora de los españoles.

Otro texto importante, impreso en 1632, es la *Historia verdadera de la conquista de la Nueva España*, escrita por Bernal Díaz del Castillo (1495-1565), soldado a las órdenes de Cortés antes de convertirse en colono. Preocupado por la gesta de sus compañeros de armas, quiso eternizar sus proezas antes de que cayeran en el olvido. La mayor parte de la obra se refiere a la exploración, descubrimiento, conquista y población de la Nueva España. Contiene una notable evocación de México y de la empresa de Cortés, escrito todo de manera punzante, en una lengua sabrosa, que es uno de los encantos del texto.

Por último, Agustín de Zárate (1514-1575?) que ocupó diversos cargos administrativos, fue enviado a Perú para verificar las cuentas de los representantes de la corona y estuvo implicado en las guerras civiles de ese país. Dejó una *Historia del descubrimiento y de la conquista del Perú*, en la que toma partido por la Corona. Pero aunque su relato sea tendencioso, no por eso deja de ofrecer una visión evocadora de la realidad americana. Su crónica, impresa en Amberes por orden de Felipe II, tuvo una gran difusión y fue traducida a diversos idiomas.

Sólo mencionaremos aquí brevemente a fray Bartolomé de las Casas, el defensor de los indios, que denunció los abusos de la conquista y luchó con sus escritos por la justicia. En relación con su empresa, compuso también una *Historia de las Indias*, publicada sólo a fines del siglo XIX. Su *Brevísima relación de la destrucción de las Indias*, publicada en 1552 y abundantemente traducida, ha sido uno de los textos en los cuales la opinión europea basó el proceso a la colonización española en las Indias, uno de los aspectos fundamentales de la «leyenda negra».

3. DE LOS INFORMES A LAS RELACIONES DE SUCESOS

La corona suscitó toda una serie de informes sobre las Indias, relaciones de «méritos», etc., pero también justificaciones por parte de quienes habían participado en tal o cual expedición.

Ya hemos mencionado la primera carta de Colón, que tuvo varias reediciones y reveló el Nuevo Mundo. Las cartas de Cortés, el conquistador de México, dirigidas a Carlos V de 1519 a 1526, dan una idea de la visión que un colonizador podía tener de las tierras recientemente descubiertas y conquistadas, así como de la imagen que se formaba del Otro. Describe con cierta admiración la vida de los indígenas, sus costumbres, sus ceremonias, sus ciudades, etc., a pesar de que borra en parte su papel de primer plano. Por desgracia, los informes de este tipo, impresos en la época, no parecen haber sido muy numerosos, por un lado, porque la Corona vigilaba todo lo que concernía a las Indias, y por otro, porque España, una vez pasado el primer entusiasmo, veía a América más bien con una actitud negativa, como un lugar de corrupción y de perdición.

Es un hecho que las relaciones de sucesos (esas «gacetillas» de dos o cuatro hojas ampliamente difundidas) son prácticamente inexistentes por lo que se refiere al Nuevo Mundo, mientras que abundan sobre los acontecimientos, las batallas y las acciones llevadas a cabo por el emperador en Europa. Es que, si bien el espacio económico, en la época de Carlos V, se desplazó del Mediterráneo hacia el Océano, la vieja Europa continuaba siendo el centro de las preocupaciones de los españoles.

Augustin Redondo

# Capítulo IV

# NACIMIENTO DEL TEATRO

## El teatro primitivo

No se puede comparar la escenografía del «círculo mágico» del teatro religioso francés con la del teatro litúrgico castellano de fines del siglo XV. A falta de textos suficientemente numerosos como para desarrollar un estudio de la práctica escenográfica, los especialistas se apoyan por lo general en el teatro catalán, valenciano y mallorquín (representaciones y consuetas).

El mismo problema se plantea para las obras de Encina y para las que ilustran el teatro castellano llamado primitivo. Sin embargo, a partir del análisis interno de los textos, se intentó un esbozo de la escenografía de este teatro. A partir de indicaciones implícitas (objetos, accesorios, banderas, trajes), se adelantaron hipótesis que hacen aún más plausibles indicaciones explícitas, como el *Ecce Homo* que Lucas Fernández hace aparecer tres veces en su *Auto de la Pasión*, o bien los cuatro evangelistas, con su figura emblemática, que Pedro Manuel de Urrea coloca también en una *Pasión* en los cuatro ángulos de un cuadrado. Esta técnica de cuadros vivos le permite instalar a san Pedro y sus llaves en el centro del cuadrado para significar que sólo la Iglesia está habilitada para comentar los Evangelios. Pero, a medida que se avanza en el tiempo, las indicaciones escénicas se hacen más numerosas: en Gil Vicente, entre otros ejemplos, o en Diego Sánchez de Badajoz, que como precursor del auto sacramental menciona que su teatro se representaba sobre carros cubiertos de follaje y adornados con diversos accesorios, en el que colocaba objetos, como una silla, casi omnipresente en sus obras para significar que el que la ocupaba era el encargado de hacer oír la voz de la autoridad. Ciertamente, a la falta de decorados convencionales como los del teatro italiano, el teatro profano francés del siglo XVI tendrá los mismos problemas que el teatro castellano, que no siempre se representaba en la casa del canónigo o en palacio, como dice una imitación de *La Celestina* o el canto VI de *El Crotalón*. Al tener que evocar lugares múltiples, los autores lo harán mediante el discurso, llevando así el teatro hacia fórmulas próximas, tragicomedia por un lado y comedia por el otro.

Después del silencio de la Edad Media, tres autores, Juan del Encina, Torres Naharro y Gil Vicente, abrirán el camino a un teatro de gran vitalidad. Al no tener nada que perder, tenían todo por inventar para ser los patriarcas de esta asombrosa creación cultural que es el teatro castellano del Siglo de Oro. Y un poco después se agregaría ese epígono de Encina que fue Lucas Fernández.

La biografía de esos autores presenta puntos comunes, el más evidente de los cuales es que pertenecieron a aquel momento de la historia en el que nació la modernidad, a la que aportaron una respuesta personal. Encina, Lucas Fernández y Torres Naharro, los tres españoles, estudiaron en Salamanca ciudad en la que Lucas Fernández en la catedral y en la Universidad hará una buena carrera de poeta músico. A veces se reúne a los dos rivales, Encina y Fernández, con el nombre de «salmantinos». Gil Vicente, después de haber sido «mestre de balança», fue músico, empresario de espectáculos y «comediógrafo» oficial en la corte de los reyes de Portugal. Este último detalle lo emparenta con Encina y Torres Naharro, beneficiarios del mecenazgo que los grandes de este mundo practicaban en Europa occidental. Hasta la publicación de su *Cancionero* (1496), Encina gozará de la protección del duque de Alba, en cuyo palacio de Alba de Tormes hizo representar sus primeras piezas. Una desdichada rivalidad con Lucas Fernández lo llevó en 1499 a Roma, donde será protegido por Alejandro VI, Julio II y León X. De esos protectores obtuvo cargos y beneficios en España. Pero su ausencia fue para él una fuente de conflictos con las iglesias de las que era beneficiario.

No parece que Torres Naharro obtuviera el mismo provecho de sus protectores. Un humanista francés menciona que fue soldado y prisionero en África, y hace de él un retrato físico y moral elogioso. Se sabe que sirvió a grandes personajes, pero que sufrió por su condición servil respecto del cardenal Carvajal, su compatriota. Lo dice claramente en el prólogo de su *Propalladia,* aunque lo exprese con la traducción de un verso de Persio: «...Toda mi vida siervo, ordinariamente pobre, y, lo que peor es, *ipse semipaganus.*» Volverá a su país, donde escribirá probablemente sus dos últimas comedias, y terminará su vida como sacerdote en Plasencia. Este hecho lo acerca a Encina, que fue ordenado sacerdote en 1519. Para este último será la ocasión de realizar un peregrinaje a Jerusalén del que traerá una especie de diario de viaje versificado, la *Trivagia*. Después de la muerte de León X, Encina renunció a los encantos de Roma y regresó a León, donde ejerció un cargo de prior hasta su muerte.

Encina y Torres Naharro tienen en común una formación humanista que hace de ellos teóricos. Encina traduce las *Bucólicas* de Virgilio y Torres Naharro frecuenta a los gramáticos de la baja latinidad. El primero redacta un *Arte de trobar* orientado, ciertamente, hacia las reglas de la gaya ciencia; el segundo propone en el prólogo de la *Propalladia* un notable tratado sobre la práctica del teatro. Es la primera teoría en español, y él mismo subraya su originalidad con una ironía reconfortante: «Quiero ora dezir yo mi parescer, pues el de los otros he dicho.» Los otros eran, en este caso, Cicerón, Horacio, Acrón, a quien cita, y Donato, al que se refiere implícitamente.

## 1.  EL TEATRO RELIGIOSO

*Juan del Encina (1468?-1530?).*    Su teatro neotestamentario, recogido en la primera edición de su *Cancionero* (1496), se compone de églogas cuya filiación virgiliana sólo se justifica para la primera y la novena.

En las dos primeras, Juan y Mateo son personajes ambiguos. En la primera, Encina-Juan arregla sus cuentas con Fernández-Mateo, oponiendo su poesía compuesta según «el arte» a la del otro, que asimila a las actividades del pueblo. En la segunda, Juan y Mateo son los evangelistas que se unen a los otros dos. Esta segunda égloga y las dos siguientes estilizan los grandes momentos de la vida de Cristo: Natividad (II), Pasión (III), Resurrección (IV). Testimonian una gran fidelidad a los Evangelios, cada evangelista remite con precisión al suyo. Sin embargo, la égloga III, centrada en Verónica y el episodio del velo, se refiere a una tradición apócrifa tardía. En la cuarta es Lucas el que relata el encuentro de Jesús y los peregrinos de Emaús. La escena acoge personajes nuevos, José de Arimatea y Magdalena. Como Verónica eclipsa a la Mater Dolorosa, las dos églogas no conservan el patetismo que los franceses habían heredado de la iconografía italiana.

Este teatro tiene que ver, pues, con el arte del retablo o de la viñeta, y su discurso es el de la poesía religiosa de la época, empezando por la del mismo Encina. Los personajes no aparecen en él por una necesidad dramática, sino por las exigencias de la tradición. En este teatro intemporal no puede haber más unidad que la del relato bíblico, ya que el tiempo no existe para personajes que frente a ellos tienen la eternidad.

*Lucas Fernández (1474-1561).*   Su teatro religioso es, sin duda, más rico que el de Encina, con dos églogas o farsas y un *Auto de la Pasión*. Las églogas muestran las disputas, las pullas de los pastores en un mundo grosero y a veces literario; así uno de ellos le dice al otro que «¡Quán gran puta vieja es ella! Peor es que Celestina». Los textos recogen los motivos pastoriles de la poesía religiosa, sus intermedios rústicos marcados por el habla convencional de los pastores o sayagués, y sus referencias escriturales. En el teatro religioso primitivo, el *Auto de la Pasión* de Lucas Fernández es el único que recuerda, siquiera de lejos, las «pasiones» francesas, pues pretende representar la vida de Jesús «mediante personajes». Pedro, Dionisio, Mateo evocan en él las lecciones del Nuevo Testamento. Por fidelidad a los evangelios canónicos, Lucas Fernández no convoca a Verónica, sino a Pilatos, que aporta el proceso de Jesús que Encina no había considerado. Como buen músico sabe también variar las tonalidades, y su teatro religioso testimonia un fervor mariano ausente en el de Encina. También es el primero en introducir un *Ecce Homo* en los lugares estratégicos de la representación.

*Bartolomé Torres Naharro (1489-1520).*   No es de emoción religiosa fácil. Su *Diálogo del Nacimiento* es paradójicamente un elogio a dos voces de la grandeza militar de España, elogio inesperado en una obra en que sólo aparece la vocación religiosa en sus últimos versos, con una especie de sermón sobre el demonio, la Trinidad y la muerte de Jesús. Una *Adición del Diálogo* tiene más de parodia que de exaltación de María.

*Gil Vicente (1460-1536?).*   Su teatro religioso fue escrito en castellano. Si los tres primeros autos son piezas cortas por encargo, el *Auto de la sibilia Casandra* es una obra maestra del teatro religioso castellano. Salomón, tres sibilas, Isaías, Moisés, Abraham, se movilizan contra Casandra, que se niega al matrimonio porque sabe que una virgen llevará un niño en su seno y cree que esa virgen será ella. El alegato de estos tres personajes implica referencias escriturales múltiples. El de las sibilas está acompañado por un intermedio musical en el que se canta la gloria de Dios. El tema central de la obra no es la exaltación del Hijo, sino la de la Madre, que una teología simplificada permite situar entre las más bellas creaciones de la literatura mariana.

El *Auto de los cuatro tiempos* reúne, en un sincretismo poético, las jerarquías del cielo, los dioses del Olimpo y David, que convidan a las cuatro estaciones a adorar al Niño y a la Madre. Esta disposición da lugar a un discurso poético muy diversificado en las evocaciones de la naturaleza, sus referencias mitológicas, su geografía cultista a la manera de Juan de Mena, o las lecciones de David sobre los Salmos. El *Auto de la barca de la gloria* se sitúa en la misma perspectiva escatológica que las otras dos *Barcas* (del Infierno y del Purgatorio) escritas en portugués. Se alimenta del gran diálogo entre Justicia y Misericordia, que marca el discurso moral de la Edad Media y sirve a la vez de introducción a las «pasiones» francesas. El barquero, en este caso el diablo, muestra la influencia del *Diálogo de los muertos* de Luciano, fundamental en el siglo XVI. Y el diablo protesta porque los poderosos se han salvado en las *Barcas* precedentes (y también se salvarán en ésta). Esta obra debe su equilibrio a la jerarquía de las danzas macabras, una jerarquía modificada por Gil Vicente, que separa la civil de la religiosa e invierte su orden habitual. Y, finalmente, cada diálogo está acompañado de glosas sobre el oficio de muertos.

## 2.  EL TEATRO PROFANO

*Juan del Encina.*  La división de su teatro en dos períodos —salmantino y romano— no es convincente, a excepción de la última égloga. Se hablará, pues, de églogas de circunstancias (V y VI), de las que ofrecen variaciones sobre el discurso amoroso (VI, VIII, IX y XIV) y de otras dos (IX y X), que casi son pequeñas obras maestras.

La primera de las dos églogas llamadas de Carnaval toma como pretexto la partida del duque de Alba a la guerra y respeta el desarrollo inmutable del elogio del hombre probo: fuerza y sabiduría. La segunda inscribe en su centro la venerable batalla entre Cuaresma y Carnal, y narra los trabajos y los días de los pastores, evocados en un sayagués pintoresco. A menudo se ha acusado a los pastores de glotonería. Bien mirado, los de Encina y de Lucas Fernández no son exigentes: ajo, cebolla, un poco de tocino y vino, y siempre pan y leche. Son los amos los que se hartarán («hasta traque y retraque»). De estas églogas se desprende ya una constante: el pastor es un personaje cómico que se muestra a un público aristocrático.

Así pues, las églogas VII y VIII forman los dos paneles de un díptico «campo-palacio». A menudo se ha comparado la primera a la pastoril francesa, sin preocuparse por los desenlaces divergentes que plantea ésta, ni por los personajes. Un caballero no desposa a una pastora, un escudero sí en *Encina*, porque es un personaje subalterno, aunque simbolice la ciudad o el palacio frente al pastor tosco, de tupida greña y cerrado a los bellos sentimientos. Esta égloga plantea un conflicto, la rivalidad de Mingo y del escudero por Pascuala, que favorece la dramatización y los progresos del diálogo. La VIII propone una versión antigua del «tímido en palacio», en la que Mingo y su mujer Minga, que tiene pretensiones ridículas de elegancia, serán manejados como marionetas. Sin embargo, si bien el escudero defiende un arte de amar cortesano, el *rusticus* sabe también evocar los amores y encantos de la vida campesina con un discreto lirismo.

En la *Égloga del triunfo de Amor*, la imagen de la querella que opone a Amor y Pelayo, el rústico, es la fuente de una escena de farsa, cuando los pastores socorren a Pelayo, herido por la flecha de Amor. Luego aparecerá un escudero y prolongará la lección clásica dada por el dios. *Cristino y Febea* ya es más culta. Las referencias a parejas célebres, la presencia de un confidente y de una ninfa, los nombres de los protagonistas, la desaparición del sayagués, muestran que la égloga ha entrado en un marco y un discurso nuevos. También es una nota nueva la del confidente que se burla toscamente de la vocación azarosa de Cristino, que quiere hacerse ermitaño.

La égloga XIII, de *Fileno, Zambardo*, es la dramatización de la querella sobre la mujer que se da en Europa occidental a fines de la Edad Media.

Fileno es el loco de amor frente al sufrimiento del cual Zambardo se adormece en un sueño simbólico (este rasgo volverá a encontrarse en los pastores de la última égloga de Encina). Cardonio, de nombre petrarquiano, es el confidente, el «amigo verdadero» de Fileno. Entre ellos dos tiene lugar el inagotable debate a favor o en contra de la mujer. Cada uno se refiere a su dama: Fileno a la cruel Cefira, cuyo nombre, que evoca la dulzura, designa por antífrasis a la «belle dame Sans mercy»; Cardonio a Oriana, la dama de Amadís y la del buen amor. Pero en la obra ellas son sólo puras ausencias. El debate termina bruscamente. Fileno se mata, primer ejemplo de suicidio de un protagonista en la escena del teatro español, en una época donde no faltaban en la literatura los émulos de Dido.

*Plácida y Vitoriano*, la égloga XIV, representada en Roma en el palacio de un cardenal español en 1512, abre el camino a la futura comedia.

Está precedida por un introito o prólogo en el cual, por primera vez, dos personajes son designados por su función: el galán y la dama, en lo que Encina llama comedia, por primera vez también, subrayando de esta manera la función capital de la pareja en un teatro que será el de la modernidad. La dama silenciosa de la poesía del siglo xv habla por fin en un monólogo inicial. Desvía en su provecho la «querella del amante». La intriga revela así la búsqueda que emprenden Vitoriano y Suplicio, el amigo fiel, y en la que intervienen de modo accesorio dos pastores definitivamente fijados en su papel cómico y en su oposición a la ciudad y al palacio. El remedio ovidiano al amor, cambiar de amante, propuesto por Suplicio a Vitoriano, da lugar a un intermedio celestiniano que se creyó puramente decorativo, mientras que, al confirmar la fe de Vitoriano en el amor de Plácida, justifica la búsqueda que constituye lo esencial de la acción. Plácida se suicidará. Vitoriano intentará hacerlo. En esos dos episodios, los detalles del texto atestiguan el recuerdo de Píramo y Tisbe. Episodios seudotrágicos, ya que Venus y Mercurio, los dioses taumaturgos, resucitarán a Plácida que, presente en todas las primeras escenas, sólo reaparece en el desenlace.

La novedad de esta última obra de Encina es la aparición del monólogo introspectivo, especialmente los de Plácida, propicios a la creación de una atmósfera sentimental que debe mucho a Boccaccio, a Piccolomini y a la pasión de Melibea (al Boccaccio del *Filostrato* en especial, donde Venus protege y salva a Flores y a Blancaflor). Esta comedia prometedora se ve, sin embargo, comprometida por su falta de unidad, un sincretismo excesivo, tanto en sus cualidades prosódicas como en la confrontación de los dioses evemeristas con una parodia del oficio de muertos. La *Égloga de las grandes lluvias* y el *Auto del repelón*, ilustran uno de los aspectos más originales del teatro de Encina. La primera es una natividad por su desenlace, pero casi su totalidad remite a un hecho histórico: inundaciones reales, la muerte de un sacristán, chantre de la catedral de Salamanca (que introduce en la égloga la rivalidad entre los dos salmantinos), y sobre todo el sufrimiento de los campesinos cubiertos de fango provocado por dos meses de lluvias continuas. En una palabra, la aparición de un realismo eficaz y tal como es recreado a veces por la pintura primitiva. La segunda égloga relata las vejaciones de los estudiantes a los campesinos que acuden al mercado. Es, sobre todo, la primera de las farsas en castellano.

Por una parte, está el tema de esta última, el abusador abusado, el estudiante que va a zurrar a los campesinos y que es zurrado por ellos. Tiene los personajes, los dos campesinos, uno calmo y prudente, el otro cobarde y fanfarrón. Tiene su estilo familiar e insinuante, cuando trata de una esposa a la que dejan sola en su casa. Y, finalmente, tiene los rasgos obligados: los puntapiés en buen lugar o la tunda de palos. No hay que buscar una interpreta-

ción político-moral de la égloga, aunque este auto evoque la dura realidad
campesina que traducen las exacciones de los estudiantes, la falta de ganancia, la pérdida de los frutos del trabajo, la asna escapada, y el conflicto futuro con el amo.

La deuda de Lucas Fernández con Encina es tanto más reconocible por
cuanto en sus farsas se refiere explícitamente a las églogas de su rival. Sus
*Comedias* que tratan sobre los amores de Beringuella y Pravos, contrariados por un abuelo, tienen poco que ver con el teatro. La huida de una joven, la búsqueda de un caballero, preceden a la intervención de un campesino indecoroso que será duramente reprendido. Esta fina urdimbre impone
el recuerdo de las Églogas de *Plácida y Vitoriano* en la primera farsa. La
segunda evoca amores pueblerinos en los que interviene un soldado, que
ejerce su magisterio con los pastores en una lección sobre el amor.

*Bartolomé Torres Naharro.*   Es el verdadero padre del teatro español,
como afirmaron Timoneda (muerto en 1583) y Bances Candamo (1662-
1704) un siglo después. Definió la práctica del teatro, que tiene en cuenta
los temas, su división en cinco jornadas, lo que implica entreactos, y un número razonable de personajes. Antes, Juan de Valdés había definido el concepto de «decoro» (lo verosímil), prueba del placer que procura el teatro.
Sus personajes son los del teatro latino, el *durus pater* (el padre noble), el
*servus fallax* (el servidor desleal) y la criada, a falta de la *lena* (la alcahueta). El introito de las comedias, a cargo de un pastor, y compuesto por
un monólogo y un argumento, opone la obscenidad y el sayagués del primero al estilo conciso del segundo. La división bipartita que expone el prólogo o proemio de la *Propalladia*: *comedia a noticia*, que se basa en la historia, y *comedia a fantasía*, que se basa en la ficción, aparece de nuevo con
bastante claridad en las ocho comedias de Torres Naharro.

Entre las primeras comedias, *Trophea*, aunque es una ficción político
moral, se inspira en circunstancias históricas precisas para celebrar la gloria de los reyes de Portugal. Un personaje nos ofrece, en forma simbólica,
emblemática, reflexiones sobre las cualidades que debe tener un soberano,
en el mismo momento en que Maquiavelo escribía *El Príncipe*. *Jacinta* es
una obra satírico moral que Torres Naharro llamó comedieta por estar des-
provista de intriga. Un animador, Pagano, criado más «filósofo» que pastor,
anima tres discursos en tres actos: el de Jacinto sobre los amos, el de Precioso sobre la amistad traicionada, el de Fenicio sobre los mandamientos
divinos. El cuarto acto reúne a los cuatro personajes en un debate sobre la

mujer. En el quinto, alrededor de Divina, la dama misteriosa a la que sirve Pagano, pasan revista a algunos temas, entre ellos Roma y su corrupción, pero también sus arquitectos y monumentos.

En *Soldadesca*, la mira es el ejército a través del reclutamiento, sus problemas de subsistencia, resueltos por algunos con pequeños hurtos y un reclutamiento paralelo de mujeres, frenado por los que opinan; «no carguemos de mugeres / como franceses de flascos». Numerosos personajes imponen temas diferentes: odio entre italianos y españoles, sátira anticlerical, reflexiones sobre el rico y el pobre, elogio también de los jefes prestigiosos.

*Tinelaria* es la anticrónica del tinelo, la sala donde se reunía la numerosa servidumbre de Bacano (el cardenal Carvajal).

En el nivel inferior, el cosmopolitismo de Roma es el de las «naciones», donde cada una tiene su especialidad (el francés es cocinero). Esta *Tinelaria* impone un tema único, cualquiera que sea la jerarquía: la sisa, cuyo producto se vuelve a encontrar entre las muchachas. También aquí Torres Naharro describe una realidad que conocía muy bien. En esta comedia, temas múltiples y serios forman una mezcla detonante con un diálogo hábilmente grosero y obsceno.

En esta obra, al igual que en la *Soldadesca*, el «estilo bajo» es mucho menos convencional que en Encina.

Las cuatro comedias que prefiguran el teatro futuro son *a fantasía* y escenifican una historia de amor.

En la *Comedia Seraphina*, Floristán está casado clandestinamente con la valenciana Seraphina, y legítimamente con la italiana Orphea. En un diálogo en cuatro niveles (castellano, valenciano, italiano, latín), un criado insolente mueve las cosas e impone una intriga secundaria con una sirvienta espabilada. Finalmente, un hermano, caído del cielo, se casa con Orphea todavía virgen, desenlace inverosímil para una comedia cuyo mérito es plantear el problema del matrimonio clandestino.

Siguen dos obras de inspiración novelesca, que elogió Juan de Valdés. La *Calamita* se sitúa entre *La Celestina* y sus imitaciones. Una pareja de amantes, una carta alcahueta, un criado de comedia («buen tercero»), una doncella emprendedora que engaña a su marido campesino, el cual, curiosamente, es un personaje sermoneador. El opuesto es el viejo Empticio, que prefiere ver a su hijo muerto antes que mal casado. Su viejo amigo Trapano llegará a tiempo para arreglar un desenlace bien armado. Juan de Valdés gustaba de este texto por su simplicidad y su ausencia de afectación, aunque le reprochaba pecar a veces contra la castidad. La *Aquilana* acentúa aún más el carácter novelesco de la *Calamita*.

Aquilino, hijo del rey de Hungría, se hace pasar por un escudero y se enamora de la princesa Felisina, convirtiéndose así en el primer «príncipe disfrazado» del teatro primitivo castellano. Ante el rechazo de la princesa, Aquilino cae en letargo. Cual nueva Melibea, Felisina, desesperada por un amor que no ha querido confesar, quiere arrojarse desde una alta ventana. La doncella Diletta arregla también aquí un desenlace feliz. La obra es rica en detalles cómicos, especialmente una consulta de médicos llamados a la cabecera del príncipe. Los niveles de estilo aclaran la confrontación de los personajes nobles y bajos, en la cual el criado Faceto es totalmente el doble degradado de su amo, igual que luego en el teatro clásico.

La intriga sin peripecias, el número reducido de personajes (siete) conferirían a la *Himenea* el carácter de diseño acabado si los criados no tuvieran en ella un papel cómico y crítico. En el último acto de esta comedia, el Marqués sorprende a su hermana Phebea con Himeneo, que huye, pero regresa en el momento en que el hermano va a sacrificar a la hermana por el honor de la familia. Es el primer golpe teatral de la escena española.

En el equilibrio de las situaciones paralelas, la *Himenea* ofrece un dinamismo inédito. Dos grupos, Himeneo y sus criados, el Marqués y el suyo, se persiguen a través de los actos y terminan por encontrarse en el último. La influencia de *La Celestina* es constante en esta obra. No sólo las relaciones entre Himeneo y sus dos criados reproducen las de Calixto con los suyos, sino que también en el acto III plagia cerradamente una escena del acto XII del modelo. Torres Naharro posee en el más alto grado esa cualidad de economía y de concentración que imponen al dramaturgo las necesidades de la representación. Dos escenas cortas bastan para el rechazo y luego el abandono de Phebea. Las cuatro escenas de seducción de la *Himenea* (dos entre los amantes, y dos entre la doncella y el criado de Himeneo y el del Marqués) ejemplifican el decoro respetando las exigencias de la intriga y las de la intriga secundaria. Así, la última escena entre la doncella y el criado del Marqués termina con una disputa grosera, coronada por un gesto obsceno. Torres Naharro es también el primero que introdujo el discurso sobre el honor, reducido a la fama, y que pertenece sólo a la clase hegemónica. Es tan verdad que en la obra todos lo justifican, el juez y los acusados. El desenlace feliz coloca a este teatro en la ortodoxia moral. Melibea se negaba a cualquier matrimonio después de haberse entregado a Calixto. Phebea, todavía virgen, proclama que Himeneo es su esposo. Donde Melibea se pierde, Phebea se salva.

Esta *Himenea*, tal vez más que *Calamita* y *Aquilana*, las dos últimas comedias de Torres Naharro, hace de él un hombre de teatro sensible a los equilibrios y a las exigencias de la representación. Por otra parte, es consciente de la originalidad de su teatro. Lo dice en el introito de *Tinelaria*. Menéndez Pelayo ya había subrayado que, hasta Lope de Vega, nadie podía disputarle sus intuiciones y su maestría.

*Gil Vicente.* Sólo once piezas en castellano sobre las cuarenta y cuatro portuguesas o bilingües. Ésta es una indicación preciosa sobre el contenido novelesco de las comedias o tragicomedias representadas en la corte de Portugal.

Dejaremos de lado la *Farsa de los Gitanos*, especie de intermedio musical donde el personaje del gitano se unirá al vasco y al negro, personajes obligados de los intermedios cómicos. La *Comedia del viudo* se inicia con una lamentación en el estilo de las famosas *Coplas* de Jorge Manrique. Esta pieza de elocuencia epidíctica es seguida por el consuelo que un religioso aporta al viudo. En la escena siguiente, el viudo continúa el elogio de la difunta y, en un sabroso contraste, su compadre maldice a la mala esposa que vive a su lado. Empieza entonces la historia del príncipe de Huxonia, ese otro «príncipe disfrazado» que quiere ser amado por él mismo y se niega a elegir entre las dos hijas del viudo. El que elegirá será el rey. Casará a Rosvel con la mayor y a la menor con un Galiberto caído del cielo de los desenlaces felices. En este caso, ese rey casamentero no es otro que Juan III, espectador y actor ocasional, al que Gil Vicente le hace un cumplido (la anécdota nos ofrece un punto de vista nada desdeñable sobre ese teatro de corte).

La *Tragicomedia de Amadís de Gaula* y la *Tragicomedia de don Duardos*, que es anterior, muestran un plagio de las novelas de caballerías, plagio fácil en la primera, más difícil en la segunda, pues se limita a un punto de partida muy débil y a algunos personajes del *Primaleón* (1522).

Del *Amadís*, lo que retiene Gil Vicente es el trío de la historia de amor: Amadís, Oriana, Mabilia y los personajes que gravitan alrededor de ellos. En el relato, el «adyuvante» es Mabilia y el «oponente» un enano heredero de esas criaturas deformes que colman la novela bretona. Es también el traidor para el que llega la desdicha. Provoca la sospecha y los celos de Oriana y el retiro de Amadís a la «Peña pobre». En una palabra, una historia conocida por todos con el rey Lisuarte y sus caballeros, Corisanda y la doncella Dinamarca. El lirismo nuevo del diálogo y de los soliloquios recrea la atmósfera de la novela de caballerías y renueva así el breviario de amor, pero con menos brillo que en la *Tragicomedia de don Duardos*.

Los lugares míticos son los que en principio definen a *Don Duardos*; la corte del emperador Palmerín en Constantinopla, la huerta, el vergel simbólico y el mar cuando los dos amantes satisfechos bogan hacia Inglaterra. La corte es el lugar de los desafíos. Es allí donde don Duardos combatirá con Primaleón ante los ojos de la infanta Flérida. Combate sin resolución, pero que provoca en el corazón de la infanta una «guerra oscura» cuyos efectos teme. En la obra, la maga es Olimba, que define una estrategia, la metamorfosis del príncipe en jardinero, y ofrece la copa de oro en la que Flérida beberá agua helada. La huerta será el lugar de encuentro del príncipe jardinero y de la infanta, lugar de preguntas, de confidencias, de soliloquios apasionados hasta el desenlace.

Este desenlace es anunciado por un episodio al comienzo de la obra de la que se ha criticado su extensión y a veces también su espíritu. El gigante Camilote desafía a todos los caballeros de la corte de Palmerín por el servicio de su dama Maimonda (la más inmunda), y son los dos la contraimagen de la dama y el caballero. En lo más fuerte de la crisis sentimental que desgarra a los dos amantes, don Duardos volverá a Constantinopla, vencerá a Camilote y podrá desvelar su identidad. En la huerta se produce el encuentro de Julián el jardinero y de la infanta, que da la medida de la fuerza del amor. Al igual que Lanzarote encuentra a Ginebra al borde del arroyo, Julián se queda petrificado hasta el punto de que se lo amenaza, por juego, con arrojarlo a un estanque. Pero habla, y su discurso desmiente su humilde vestimenta. Y también produce intriga. Flérida y sus doncellas se preguntan quién es, porque sus palabras ocultan un secreto que presiente la princesa y que guarda celosamente el «príncipe disfrazado». Cuando Artada, la doncella, dice que esas palabras no son las de un villano, no hace sino esbozar lo que será el *leitmotiv* de las escenas del jardín.

De ahí el *tempo* muy lento de esta obra, el análisis introspectivo de los soliloquios inteligentemente graduados, las confesiones que ponen en práctica los pensamientos (la imaginación amorosa). De ahí los discursos del príncipe, que por su elegancia y su misma naturaleza invitan a la princesa a levantar una barrera que cree que no podrá franquear. En todo esto se reconoce el amor del caballero según Chrétien de Troyes, la real «reserva» que la heroína toma de la novela sentimental y de la retórica de fines del siglo XV. Pero toda esa herencia es transfigurada por el nuevo lirismo de un gran poeta. Hasta el mundo rústico de los seudoparientes de Julián es idealizado; nos burlamos de él, es cierto, pero es portador de una poesía fresca y colorida.

Despúes de Dámaso Alonso, se ha repetido que la huerta era el tercer personaje de la obra. Es el lugar de la pasión conjugada de los amantes. Es el de las músicas que concuerdan con el lirismo del discurso amoroso. Es también el de las efusiones y las lágrimas, el lugar donde se cultiva un sentimiento nuevo de la ausencia: «tres días ha que no viene». Se la apostrofa y se la quisiera hacer arder en un fuego que para los amantes todavía es fuego metafórico. Es ella finalmente la que plantea el problema de la dignidad de la persona contra la del rango. Pero es un falso problema desmentido por toda la obra y por el lugar de su representación, la corte de Portugal. La afirmación repetida de que Julián no es un villano, concuerda con su aristocrática belleza, la que Molière otorga a don Juan («el más hermoso es el amo», dice Mathurin), y con su discurso, cuya calidad desmiente la humilde vestimenta de jardinero. En un último análisis lo que se dignifica no es el valor moral, sino la «sangre noble». La advertencia de Flérida: «Deves hablar como vistes, o vestir como respondes», significa a fin de cuentas que sólo puede hablar así el que muestra los caminos nobles de la Aventura y del Amor. Hay en esta obra única un efecto de distanciamiento inmediato. El público de la realeza sabe que Julián no es Julián. La época clásica no podía arriesgarse a desmentir la sangre noble. Sólo Lope de Vega, en el desenlace de *El perro del hortelano*, casa a una auténtica condesa con un secretario fraudulentamente ennoblecido.

Estos autores, sobre todo Torres Naharro, tendrán discípulos que asegurarán la continuidad del teatro. Hay algunos cuyas obras precisarán cada vez más el contenido de un teatro teológico, y otros para quienes la pieza maestra del teatro profano seguirá siendo el galán y la dama de una historia de amor llevada hacia un desenlace feliz.

La obra de López de Yanguas se resume en una *Égloga de Navidad* y en tres farsas caracterizadas por la ausencia de elementos cómicos y la presencia de personajes alegóricos. Son obras didácticas cuyo estilo, tributario del verso de arte mayor, le valió a su autor el reproche de Juan de Valdés de ser «demasiado latino», después de hacérselo a Juan de Mena. Tres representaciones y un entremés de Sebastián de Horozco se emparentan con la farsa, en el sentido que tuvo esa expresión en francés, pues están literalmente *farcis* (llenos) de episodios cómicos y a veces anticlericales. Los temas bíblicos de esas obras —los obreros de la undécima hora, la historia de Ruth— llevan a ese teatro hacia el auto sacramental, sobre todo la segunda, reelaborada por los grandes autores del siglo XVII.

Diego Sánchez de Badajoz, el más fecundo de los tres, también encuentra temas en el Antiguo Testamento, a los que agrega los que le inspira la tradición teológica y litúrgica (la penitencia, los enemigos del hombre, los «Gozos» de la Virgen, etc.). Pero su obra está realmente «llena» de episodios cómicos que llevan a la escena personajes tipo: pastores, soldados, fanfarrones, negras, prostitutas, ensalmadores o brujas, y en episodios que muestran fuentes antiguas como las de los *Trois Aveugles de Compiègne*, o del *Franc Archer de Bagnolet*. La misma dualidad se encuentra en una *Farsa teologal*, en la que un ermitaño y un teólogo discuten incidentalmente problemas tanto morales como teologales. Más que López de Yanguas, Sánchez de Badajoz es el precursor del auto sacramental por sus personajes alegóricos: Ciencia, Razón y, sobre todo, Libre Albedrío, el personaje obligado del teatro religioso del siglo XVII. Pero también es notable por lo licencioso y la fuerza cómica de sus obras, cuyas contradicciones eran las de un contemporáneo de Rabelais.

Una *Tragicomedia alegórica del parayso y del infierno* anónima nos remite a Gil Vicente, y presenta también una vieja fiel a las artes de Celestina. La *Comedia pródiga* (1556) de Luis de Miranda es una nueva versión de la parábola del hijo pródigo, la primera de las cuales es, sin duda, *El Courtois d'Arras* (siglo XIV), comedia reelaborada en latín en un teatro colegial cercano al de Miranda y que se prolonga hasta *El hijo pródigo* de Lope de Vega. La comedia de Luis de Miranda copia casi palabra por palabra en su argumento el incipit de *La Celestina* y coloca en su centro a los personajes de la celestinesca con criados razonadores y la vieja Briana.

Entre las obras recogidas en los pliegos góticos de la Biblioteca Nacional de Madrid, destacaremos cuatro comedias cuyo estrecho parentesco atestigua que *La Celestina* presidió el nacimiento de un teatro que supo dramatizar la historia de amor, lo que Torres Naharro había hecho antes que ellas.

La *Comedia Radiana* de Agustín Ortiz, la *Comedia Vidriana*, la *Comedia Tesorina* de Jaime de Huete, y la *Comedia Tidea* de Francisco de las Natas, más tardía que las otras, que se sitúan entre 1528 y 1532, reelaboran por su cuenta el desarrollo y la retórica de la seducción de la obra modelo, pero también el juego crítico de los criados. La *Tidea* no sólo reproduce el argumento de *La Celestina*, sino que otorga un lugar destacado a la vieja Beroé. Finalmente, hay que mencionar la *Comedia Roselia*, reducida a tres actos, innovación reivindicada más tarde por Virués y Cervantes; por último recordaremos también el fracaso de los que quisieron aclimatar la tragedia griega en España, fracaso paralelo al de los franceses.

Un rápido panorama muestra que no hay un desierto entre los autores de comienzos de siglo y Lope de Rueda. Buenos lectores de *La Celestina* y de *Propalladia*, todos estos autores abrieron el camino a la comedia y más nítidamente aún al auto sacramental, a un teatro teológico al fin, que sin tradición medieval castellana tomaba el relevo de un teatro religioso francés prácticamente desaparecido.

## Las formas dialogadas

### 1. LA CELESTINESCA

De 1534 a 1554, las obras de lo que podría llamarse la celestinesca, forman con su modelo un género restringido. En 1521 aparecen en Valencia tres comedias, *Tebaida*, *Serafina*, en prosa, e *Hipólita*, en verso, pero no entran en la definición de celestinesca.

En realidad, la *Tebaida* puede ser considerada con toda justicia una imitación de *La Celestina* por su amplitud, su lenguaje muy notable y algunos desarrollos derivados de la obra modelo. Pero no plagia los proverbios y el mismo texto de la tragicomedia como harán los otros imitadores. Tampoco se refiere al esquema de la obra modelo. Por lo tanto, no hay encuentro entre los amantes, no hay mediación de la vieja, ni joven tentada, sino sólo, después de tres años de frecuentaciones asiduas, una escena en el jardín en la que Berinto repite los juegos de manos de Calixto. La relación entre la alcahueta Franquila y Celestina es bastante débil. Franquila es viuda, cuarentona, exigente, y el contrapunto de sus amores con un joven paje, semental de toda la ciudad, con los de los dos amantes, es tanto más nítido por cuanto *Tebaida* y sobre todo *Serafina* son a veces de una obscenidad agresiva. *Tebaida*, sin embargo, tiene un gran papel en la génesis de la celestinesca con sus personajes nuevos: el rufián Gualterio, «padre» de la «gualteria» (el lupanar), el árbitro del ambiente que impone la imagen del rufián parásito que entra al servicio del noble héroe y, a la inversa, un Menedema, personaje sermoneador que no existía en *La Celestina*. También en la *Tebaida* se introduce un intercambio epistolar y propone un desenlace optimista con una solución de compromiso que repetirán algunas imitaciones.

Se sabe poco sobre los autores que rehicieron o prolongaron *La Celestina* a mediados del siglo XVI. El mejor conocido es, sin duda, el primero, Feliciano de Silva. Autor de una *Segunda comedia de Celestina* y de novelas de caballerías (la serie de *Amadís de Grecia*), probablemente vivió de su pluma. De Sancho Muñón, el autor de una *Tragicomedia de Lisandro y Ro-*

*selia* o *Cuarta Celestina* (1542), se sabe que fue teólogo y tal vez hizo carrera en México después de haber vivido en la atmósfera de la Universidad
de Salamanca, donde conoció al severo teólogo Melchor Cano. Se conoce la
carrera de Alonso Villegas Selvago, que terminó como capellán de los mo-
zárabes de Toledo; además de la *Comedia selvagia*, obra de juventud de la
que renegó, escribió *Flos Sanctorum* y dos vidas de santos. De los otros tres,
prácticamente nada se sabe. Gaspar Gómez, autor de una *Tercera parte de
la tragicomedia de Celestina*, (1536), es toledano. En cuanto a los otros dos,
Sebastián Fernández (*Tragedia Policiana*, 1547) y el bachiller Rodríguez
Florián (*Comedia Florinea*, 1554), casi no se conoce más que la obra única
que dejaron.

A través del título de las obras que son imitaciones, se percibe ya la
fluidez de las definiciones teóricas sobre el mismo tema: tres comedias, dos
tragicomedias y una tragedia. Ciertamente, las comedias presentaban finales felices, desenlaces que diferían, por el contrario en las dos tragicomedias. Tres de esas obras están divididas en autos o en *cenas* que corresponden a los actos de *La Celestina*. Estas divisiones son más numerosas que
en la obra modelo, hasta el punto que la *Tercera Celestina* tiene cincuenta.
Este aumento es revelador de las ambigüedades de la concepción de *La Celestina*, a veces definida como una «novela en diálogos». Sólo Villegas di-
vidió su *Selvagia* en cinco actos de cuatro escenas cada uno, división ilu-
soria a causa de la extensión de las escenas, que no la distingue de las otras
imitaciones.

Las primeras de estas obras son también las continuaciones del modelo.
En la *Segunda Celestina*, la vieja cuenta que escapó de la muerte y encontró refugio en casa de un arcipreste durante ocho meses, en el curso de los
cuales Sosía y Tristán habían sobrevivido a la búsqueda de un amo. La *Policiana* dará vida a Claudina y a Parmenia, la hermana de Pármeno; Areusa
rebajará sus pretensiones de superar a la incomparable Celestina (acto XVII
de la Tragicomedia), cuando dos rufianes la pongan a «ganar» en el famoso
*público* de Valencia. En esas obras los lazos de parentesco a veces se esta-
blecen entre personajes bajos y son referencias al modelo. Más aún, proverbios, sentencias, frases enteras de la obra primera consagran así su autoridad. Las copias más evidentes son las que se hacen sobre el esquema
celestiniano, sobre la utilización del tiempo y del espacio, el rechazo a la
localización, si bien las dos últimas imitaciones pueden situar su acción en
Valladolid o en Toledo, aunque en la cuarta, *Lisandro y Roselia*, se menciona una fiesta de estudiantes salmantinos.

En lo esencial, las imitaciones de los grandes actos de *La Celestina* constituían comentarios precisos y concordantes sobre la furia, el rechazo ilusorio de las heroínas y las embajadas de la vieja. Siguiendo la novela de Piccolomini y la *Repetición de amores* de Luis de Lucena, algunos autores le agregarán un intercambio epistolar entre los dos amantes y retomarán a veces el juego en torno a la carta, cuando la joven la rompe delante de la vieja pero la reconstruye cuando ésta se va. Las imitaciones introducen poesías marcadas por una «retórica secundaria» en la que se aventura el criado, más que nunca el doble degradado de su amo. En adelante, los héroes son grandes personajes; Berintho de la *Tebaida* es nada menos que duque de Tebas, y alrededor de él gravitan una multitud de servidores, secretarios, mayordomos, criados, pajes, palafreneros, etc., que amplía el horizonte social de *La Celestina*. A los descendientes de Centurión se añaden vascos y negros, que dan lugar a intermedios específicos. También se agregan escenas cómicas de intriga secundaria entre el criado y la doncella, escenas tanto más degradadas por aparecer a veces el rufián y su iza o cantonera.

En estas imitaciones, el inframundo de la prostitución, limitado y preciso en el modelo, sufre un aumento que otorga a su evocación un fondo de innegable verdad y a veces hasta una escena de una rara calidad emocional, así cuando, en *Florinea*, Claudina quiere vender a su hija Parmenia a un rufián. Pero la gran recreación de esas obras es el rufián de nombre pomposo: Pandulfo, Brumandilión, Pármeno, Fulminato, Escalión. Llevan a un grado increíble sus fanfarronadas y sus juramentos, a menudo fruto de una liturgia mal comprendida por analfabetos, pero también el de la fantasía de los autores que los hacen jurar por el santo calzado de Epifanía, por «la metafísica de Aristóteles» o por «Plácida y Vitoriano», la última pieza de Encina.

Entre todos esos autores se ha instaurado una polémica sobre el desenlace de las *Celestina*.

Gaspar Gómez, que compartía con Villegas una admiración sin límites por Feliciano de Silva, le reprocha, sin embargo, el laxismo del desenlace de la *Segunda Celestina*. Más grave es el desmentido que infligían las *Celestina* trágicas, las más fieles a una obra modelo concebida como *exemplum*, al desenlace feliz de las imitaciones no trágicas, desmentido argumentado en la *Cuarta Celestina* por Sancho de Muñón, que condenaba un matrimonio clandestino admitido por sus contemporáneos. Gaspar Gómez convoca a los parientes para un matrimonio público. El matrimonio clandestino, problema social en el siglo XVI, inspira al grave Sancho Muñón un proceso cómico sobre una promesa de matrimonio, en el curso del cual se oponen un abogado y un teólogo. A la inversa, en *Florinea*, un diálogo sabroso entre la casta Belisea y la alcahueta Marcela recuerda insidiosamente que es regla canónica que no haya matrimonio mientras el marido no haya tomado la virginidad de su mujer.

En resumen, el horizonte de *La Celestina* se amplía. La enseñanza que aportan los largos discursos y los sermones se ha diversificado. El anticlericalismo, no por ser de la misma naturaleza que el de *La Celestina*, es menos agresivo. Pero el gran mérito de estas obras es haber reelaborado la lengua de *La Celestina*, aunque sin igualarla, y haber precisado también, en sus réplicas cortas, las virtualidades del diálogo teatral.

## 2.  *La Lozana andaluza*

Publicada en Venecia en 1528, esta obra que será célebre, pertenece también al «museo del lupanar», y así se integra en el ciclo celestinesco en algún aspecto. Despreciada, ocultada en España por el puritanismo de fines del siglo XIX, fue redescubierta por la crítica reciente, que la considera una obra de arte olvidada.

El autor, Francisco Delicado, fue andaluz. En su obra evoca Córdoba, donde nació, y a la que coloca bajo el triple padrinazgo de «Séneca, Avicena y Lucano», y la Peña de Martos, el pueblo de su juventud. Se ha supuesto que pertenecía a una familia de marranos refugiada en Roma después de la expulsión de los judíos de España, lo que confirmaría su presencia en Venecia, donde se había instalado para huir del ejército de Carlos V después del saqueo de Roma en 1527. Este converso había recibido las órdenes y obtenido un vicariado en España que nunca ocupó.

En sus obras se declara en dos ocasiones discípulo de Nebrija, lo que nos hace acoger con escepticismo sus declaraciones de modestia: «Siendo andaluz y no letrado, soy inorante y no bachiller, asno y no de oro.» La referencia a *El asno de oro* de Apuleyo nos orienta hacia un Delicado que puso una cultura diversificada al servicio de un desarrollo literario que pudiera parecer insólito por su objeto, la pintura de la prostitución en Roma, y sus consecuencias, ese «mal francés», *vérole*, la sífilis; según Apollinaire, que sufrió durante veinte años y de la que fue curado por el guayaco, el palo de Indias, sobre el que compuso un tratado (1579). También se le deben dos tratados en italiano sobre la administración de los sacramentos (Roma, 1525) y una *De consolatione infirmorum*, en latín contemporáneo exacto de

*La Lozana andaluza* (Venecia, 1528). Fue también corrector de cuidadas ediciones venecianas: *Tragicomedie de Calisto y Mélibea*, los *Tres libros del caballero Primaleón y Polandos, su hermano* (1536). Cuando se conoce el prestigio de las ediciones venecianas del siglo XVI, nos negamos a creer que Delicado pueda ser ese escritor bárbaro que algunos han visto en él.

¿Cómo definir *La Lozana andaluza*, ese libro aparentemente indefinible? ¿Se trata de las memorias de una vieja alcahueta? ¿De un itinerario cuyo tiempo lagunar concuerda con una plenitud de los sentidos a través de sus tres etapas marcadas por los nombres de la heroína: Aldonza, Lozana, Vellida? ¿De un relato dialogado en el cual el autor, como «el autor» en la novela sentimental, es a la vez narrador y actor, con la diferencia de que éste frecuentaba el palacio real y aquél los lugares de mala fama? ¿De un retrato día a día para la represión de la Lozana y sus fieles? ¿De un retrato al «natural» del que es necesario «retraer» todo lo que el autor cree un deber retirar? Quizá haya que ver en ese libro la historia clásica de la cortesana, tal como la sugiere Celestina en pocas palabras (acto IX) y la Nanna del *Diálogo de las cortesanas* de Aretino, o la dibuja un poema de Du Bellay, «La cortesana arrepentida». Es una historia cuya línea descendente es siempre la de la nostalgia, cuando Vellida-Lozana, «la vieja puta encrucijada» sin el mínimo ducado, corre en vano detrás del carbón y el pan. La amarga desilusión sugiere el alcance moral de la obra: «Y yo he querido —dice Lozana— y ver y probar como Apuleyo, y en fin hallé que todo era vanidad.»

Menos aparente que lo que en general se dice, el objetivo moral es el de las piezas liminares y finales; se inscribe, sin embargo, en la evocación de un diálogo vivo y sabroso en las dos primeras partes, pero se hace menos insistente en la tercera, con largos «parlamentos», discursos construidos, analíticos, de Lozana, del autor o de cualquier otro personaje, como si el autor hubiera querido seguir discretamente el didactismo remanente de su época.

A esta discreción se agrega un juego de escondite que el autor mantiene a lo largo del libro, juego muy español del equívoco que disimula la obscenidad tras un código lingüístico en el cual las palabras tienen un doble, triple y, como la exégesis bíblica, un cuarto sentido. Es lo que Claude Allaigre ha señalado perfectamente para restituir una lectura coherente del texto, y sobre todo de sus palabras claves, retraer, mamotreto (del que se retendrá su sentido de memorándum), o también «li pari», los pares de Lozana pero, igual que ella, confinados en la isla de Lípari, que en esa época ya era un presidio. En una palabra, un hecho extraordinario que nos permite penetrar en los enigmas que el autor, no sin razón, había diseminado por su texto.

A Menéndez Pelayo no le gustaba el «realismo» de la obra. Pero en este caso el inusual realismo debe dar paso a la realidad primera del texto, a sus asombrosos contrapuntos y variaciones que transfiguran el realismo, inherente al relato en prosa desde Boccaccio. De este libro insólito a la novela picaresca sólo hay un paso, que algunos dieron, olvidando que lo que es esencial en *La Lozana,* sólo es accesorio en la picaresca, y que la finalidad de las obras no es ésta.

A lo largo de su novela, Delicado practica el juego de la autoridad implícita y se entrega sutilmente a la intertextualidad, tan múltiples son las fuentes: clásicas, escriturales, épicas.

Cuando Rampín, el amante de Lozana, cae en una letrina, remite a un episodio del *Poema de Mio Cid* y al yerno felón del héroe epónimo. La barba «vellida» del Campeador, larga y hermosa, recuerda *a contrario* y por antífrasis la pilosidad de Vellida, nombre de guerra que adopta Lozana al hacerse vieja. Las referencias a las obras novelescas próximas a Delicado, las novelas de caballerías, la novela sentimental o *La Celestina* son a veces más directas. Se ironiza ante el alojamiento de Lozana: "Ésta es cárcel de Amor; aquí idolatró Calisto, aquí ya no se estima Melibea, aquí poco vale Celestina.» A Lozana también le gustaba oír leer las *Coplas de Fajardo,* poema obsceno que, en un comentario marginal, presentaba una especie de mapa, repertorio de la prostitución española en la época de Delicado. *La Comedia Tinelaria* de Torres Naharro gozaba de su preferencia, pues le recordaba que la rapiña organizada en las grandes casas terminaba en manos de las muchachas y que ella, Lozana, sabía acomodar de mil maneras los productos que le salían gratis (las recetas de Lozana no son uno de los encantos menores de este libro, que une constantemente los placeres de la mesa y de la cama).

De *La Celestina*, la obra retiene las palabras, las sentencias, los proverbios truncados, las prácticas de brujería, en las que Lozana, «que tiene el mejor ver y judicar», no cree. Lozana se mueve tan bien en lo cotidiano y en el día a día que, a los ojos del verismo del que emana, la imagen de Celestina aparece estilizada y, para decirlo claramente, teatral. Las dos obras, sin embargo, se unen, con matices, en el Eros triunfante, la pulsión sexual que inventa un lenguaje inaudito en la «escena de la cama» entre Lozana y Rampín, de la que Alfonso Reyes ha escrito que estaba «suspendida en el vacío como una extraña maravilla». Esta libertad ante la naturaleza, en todos los sentidos de la palabra, ha hecho que se comparara a Delicado con Rabelais. Pero la comparación es general e intuitiva. Concuerdan en la acumulación de los vocablos. En *La Lozana andaluza,* la yuxtaposición de sesenta y siete palabras que designan el origen de las jóvenes es un canto burlesco a la gloria del puterío romano. Jóvenes sometidas al alquiler y a ese mal que les ha llegado de Nápoles, mal del que el rostro de Lozana lleva los signos visibles que son también, simbólicamente, los de la Roma de Delicado, ese mal del que él habla con extrema libertad y naturalidad que no lo es menos.

También se ha comparado *La Lozana andaluza* con los *Ragionamenti* de Aretino, posteriores. Ahora bien, de los tres diálogos de la primera parte, sólo el «Diálogo de las cortesanas» está estrechamente emparentado con la obra española por su tema y por reflexiones a veces terribles sobre la prostitución. Por comparación, el «Diálogo de las mujeres casadas» y el «Diálogo de las monjas», permiten juzgar la moderación de Delicado frente a los excesos pornográficos de Aretino, y eliminar también la sospecha de obscenidad que a veces ha pesado sobre *La Celestina.* Guillaume Apollinaire fue el primero que presintió que con *La Lozana andaluza,* una realidad escandalosa podía ser la fuente de una auténtica obra maestra.

PIERRE HEUGAS

## Capítulo V

# EL AUGE DE LA FICCIÓN EN PROSA

## Ficción sentimental y novela de caballerías

### 1. Introducción

En el curso de la Edad Media, la creación novelística había adquirido lentamente derecho de ciudadanía en España: se había liberado poco a poco de la influencia francesa y desprendido de la impronta de la historiografía, y luego había tomado, en el umbral del Renacimiento, dos caminos cercanos entre sí: el de la ficción sentimental y el de la narración de caballerías. Los escritores del siglo XVI recogerán esa herencia, pero disociarán nítidamente sus dos componentes y desarrollarán cada uno de ellos en proporciones muy desiguales.

La inspiración sentimental tiende a disminuir, y a apagarse definitivamente después de 1550, habiendo dado nacimiento, antes de esa fecha, sólo a un número disperso y reducido de nuevas obras que, por otra parte, están lejos de obtener el mismo éxito que las anteriores; el género debió su brillante supervivencia no a ellas, sino a las obras concebidas a fines del siglo XV, las de Juan de Flores o Diego de San Pedro, continuamente reeditadas. Por el contrario, el libro de caballerías tuvo un desarrollo prodigioso y duradero: a partir de 1510, y en menos de cincuenta años, el género, alcanzó su apogeo y se enriqueció con una multitud de obras concebidas a imagen de los grandes modelos medievales, como el *Amadís de Gaula* y *Las Sergas de Esplandián*, periódicamente reimpresos. En la segunda mitad del siglo, su avance, enfrentado a la aparición de la novela pastoril y de la novela picaresca que compiten con él, disminuyó un tanto, pero a pesar

de todo siguió siendo notablemente vigoroso; más de una decena de obras
nuevas y numerosas reediciones de obras ya aparecidas se lanzaron al mercado después de 1550, prolongando hasta las primeras décadas del siglo XVII la popularidad de fórmulas narrativas cuya implantación y auge en
la Península habían comenzado a fines del siglo XIV.

Sin embargo, a pesar del lugar conseguido por la ficción novelística en
el seno de la literatura española a partir del período medieval, es de notar
que, extrañamente, se transmite a las épocas siguientes sin haber recibido
apelación específica y, lo que es más extraño todavía, los novelistas del siglo XVI nunca pensaron en darle una. Reservada a otros usos la palabra romance, los autores hispánicos se encontraron desprovistos de un correlativo
equivalente al término francés *roman* que, alternando con el de *estoire*, era
empleado corrientemente por sus colegas del otro lado de los Pirineos
desde fines del siglo XII; pero esta laguna no les llevó a acuñar un término,
ni en la Edad Media ni más tarde, que pudiera servir sin excesivos equívo-
cos para designar sus narraciones.

Antes de 1500 habían recurrido, para referirse a sus obras o para darles
un título, a una gran diversidad de voces cuya utilización polivalente muestra que el status de la invención novelesca seguía siendo en parte impreciso
y estaba imperfectamente definido; junto a denominaciones muy generales
como *libro*, *obra*, *dezir*, *escritura*, aparece la palabra *cuento*, que parece más
precisa y mejor ajustada, pero también las inesperadas de *tragedia* o *sátira*,
así como algunas otras designaciones que tienden a acercar la ficción ya sea
a la literatura didáctica (*tratado*) o a la historia (*estoria*, *relación*, *crónica*).
Hacia fines del siglo XV, sin embargo, tuvo lugar un intento por precisar la
naturaleza de la materia novelesca y afinar un poco su definición: en el prólogo del *Amadís* que acababa de reelaborar, Montalvo explica que las aventuras de su héroe no entran en la categoría de historia auténtica, como la de
Tito Livio, ni en la de la historia adulterada a la manera de la leyenda troyana, sino que constituyen una «historia fingida», una historia falaz y ficti-
cia, portadora de ilusión, aunque no por eso deja de contener enseñanzas
aprovechables y ejemplos concretos de valor y virtud.

Este concepto de la literatura novelesca tenía el mérito de afirmar sin
rodeos su carácter fabuloso, insistiendo con energía en su valor ejemplar.
Pero no bastaría para eliminar la ambigüedad que pesaba sobre la novela y
que permitía asimilarla a la crónica histórica o al tratado educativo. Después de 1500, y aunque apareciera en adelante como género autónomo, los
escritores españoles continuaron usando respecto de ella la terminología

bastante imprecisa legada por sus predecesores; a lo largo del Renacimiento y del Siglo de Oro aparece el nombre muy frecuente de *libro* —tomado en el doble sentido de obra y de división de una obra— al lado todavía del de *tratado* y el de *historia*, e incluso el de *historia verdadera*, que subrayan el hecho de que las obras de imaginación, tan a menudo consideradas frívolas y mentirosas, encierran, sin embargo, a su manera, una lección moral y una parte de verdad. Esta justificación, desarrollada por la mayoría de los autores de caballerías o sentimentales del siglo XVI, y admitida por los admiradores de la ficción, pero constantemente rechazada por sus detractores, provocó en torno a la novela un debate cuyos ecos todavía se dejan oír en *Don Quijote*.

## 2. LAS ÚLTIMAS FICCIONES SENTIMENTALES

A pesar del brillante arranque que tuvo a fines del siglo XV, el género sentimental en la época siguiente sufrió una caída. Su debilitamiento apenas fue percibido por el público del Renacimiento, pues quedaría ocultado por el importante éxito comercial que tuvieron, durante mucho tiempo, las ficciones heredadas de la época medieval, como *Grisel y Mirabella* o *Cárcel de amor*. Pero queda de manifiesto por el escaso número de obras nuevas compuestas después de 1500 y por la naturaleza dispar de sus contenidos: en total, seis pequeños textos dispersos en el tiempo, apenas relacionados entre sí, unas veces casi sin intriga novelesca y otras sólo con una tonalidad sentimental sumamente imprecisa.

Los dos primeros —*La Coronación de la señora Gracisla* y *Cuestión de amor*— escritos en torno a 1510, y que han permanecido anónimos, remiten a acontecimientos históricos concretos y presentan, al amparo de alusiones transparentes o de seudónimos sin ningún misterio, personajes reales, caídos hoy en el olvido, pero fácilmente reconocibles para los lectores de la época.

Ambas obras son esencialmente resúmenes de grandes fiestas aristocráticas cuya magnificencia detallan con una minucia que prefigura el estilo de las gacetas mundanas. Mucho más elaborada, sin embargo, que *La Coronación*, la *Cuestión*, reimpresa más de una docena de veces y traducida al francés, mezcla con el relato de las festividades de la corte española de Nápoles un debate amoroso, un intercambio de cartas y una descripción documental de los preparativos de combate de las tropas españolas.

Estos intentos por hacer de la narración sentimental una especie de novela histórica o de novela en clave, no renovaron realmente su fisonomía tradicional. Las dos parcas muestras del género que aparecen en torno a 1530 reelaboran mecánicamente viejos elementos ya utilizados en el siglo XV: la técnica epistolar y la alegoría; el modesto opúsculo titulado *Cartas y coplas para requerir nuevos amores*, es un manual que enseña el arte de conquistar a una dama en seis cartas y dos poemas, mientras que el *Veneris tribunal* del caballero valenciano Luis Escrivá, se limita a un largo debate de casuística amorosa que tiene como teatro la corte de Venus.

Habrá que esperar unos veinte años para que surjan, hacia 1550, las dos novelas con las que finaliza la trayectoria del género: el *Tratado notable de amor* y *Processo de cartas de amores que entre dos enamorados passaron*.

Escrito hacia 1545 por Juan de Cardona, a quien su nombre emparenta con las más ilustres familias de la nobleza española, el *Tratado notable*, inédito hasta hace diez años, relata los sufrimientos de amor causados por una joven princesa celosa a un noble gentilhombre del entorno de Carlos V, Cristerno, que termina por morir; una buena parte del libro, al comienzo del cual su autor colocó una lista de personajes reales que hace evolucionar en el texto, está consagrado al relato circunstanciado de acontecimientos históricos —coronación y viajes del emperador, guerras contra los turcos y contra Francisco I de Francia—, en los que sin duda participó Cardona.

Firmado por un tal Juan de Segura y publicado en 1548, luego reeditado varias veces, el *Processo de cartas* es la primera novela enteramente epistolar de la literatura no sólo española, sino europea; en un lenguaje ágil y elegante, el autor hace intercambiar a los héroes de su historia unas cuarenta cartas donde se describe su amor compartido y su proyecto de matrimonio, contrariado por los hermanos de la dama, que la encierran en un convento. Para consolar al amante, uno de sus amigos le envía el relato de los tristes amores de otra pareja, nueva narración que abandona la forma epistolar y que, con el título de *Quexa y aviso contra el amor*, mezcla de manera bastante extraña largas tiradas sentimentales con incidentes fantásticos de índole mágica.

Así, la ficción sentimental, al final de su recorrido, desarrolla una vez más, en forma diferente, el tema que le es consustancial desde siempre, el de la pasión desdichada, expuesta a sus propias contradicciones, o bien enfrentada a los obstáculos que le opone el mundo exterior. Al mismo tiempo, sigue siendo fiel hasta el fin a su vocación experimental. Utilización de la historia, práctica del relato epistolar, regreso al cuento de aventuras: todavía oscila entre diversas fórmulas narrativas, mientras frente a ellas se despliegan, seguras de sí mismas y constantes en sus realizaciones, las sólidas invenciones de la novela de caballerías.

## 3. LOS LIBROS DE CABALLERÍAS

La proliferación del género de caballerías en España durante el siglo XVI, y el inmenso éxito comercial que tuvo, hacen de él, cuantitativamente, el más vasto sector de la producción novelesca del Siglo de Oro. Algunas cifras permiten hacerse una idea de su amplitud, y en primer lugar el número de novelas de caballerías escritas después de 1500: unos sesenta textos, a los que hay que agregar las traducciones del francés, las ficciones portuguesas y catalanas, las obras hoy perdidas, de las que subsisten sólo algunas menciones imprecisas, y numerosos manuscritos que duermen en las bibliotecas y nunca fueron publicados. En ese total de unos ochenta títulos figura, en primer lugar, el *Amadís* —conservado, como se sabe, en una edición de 1508 que tal vez no sea la primera— y sus continuaciones, que forman la larga serie de los *Amadises*; luego, las diferentes muestras de la serie rival de los *Palmerines*, originadas en el *Palmerín de Olivia*, publicado en 1511; y, sobre todo, aumentando la masa imponente de esas dos grandes familias novelísticas, una multitud de narraciones independientes, consagradas a toda clase de héroes que no pertenecen ni a una ni a otra, pero que también tienen antepasados prestigiosos y han de alcanzar altos destinos.

Con un total de doce, los *Amadises* comprenden siete continuaciones que, agregadas al conjunto medieval del *Amadís* y de las *Sergas* compuesto por Montalvo, en cinco libros, se escalonan entre 1510 y 1546; cada una de estas continuaciones relata la carrera de un miembro del linaje desde el sobrino de Amadís (*Florisando*) y el hijo de Esplandián (*Lisuarte de Grecia*), hasta los últimos de sus descendientes (*Florisel de Niquea* y *Silves de la Selva*). La serie de los seis *Palmerines*, basada en el mismo patrón, es a medias española y a medias portuguesa; su segundo representante (*Primaleón*) aparece en Salamanca en 1512, y el último (*Clarisol de Bretanha*) en Lisboa en 1602.

En cuanto a los relatos independientes, a partir de 1516, fecha del *Floriseo* de Fernando Bernal, se multiplicaron a un ritmo prácticamente ininterrumpido; pero la invención caballeresca empieza a disminuir claramente después de 1555, para apagarse definitivamente en 1602, con la publicación del *Policisne de Beocia*, compuesto por el hombre de leyes y de letras toledano Juan de Silva. Las dimensiones y las pretensiones de todas esas novelas son muy variables: muchas tienen proporciones modestas, como el anónimo *Arderique* o el *Claribalte*, debido a la pluma del cronista de Indias Gonzalo Fernández de Oviedo, o *Rosián de Castilla*, del poeta y dramaturgo Joaquín Romero de Cepeda; otras, por su volumen, muestran mayores ambiciones novelescas, como el *Clarisel de las Flores*, del capitán y poeta aragonés Jerónimo de Urrea, o el *Olivante de Laura*, del humanista Antonio de Torquemada; algunas obras, divididas en varios libros escritos por el mismo autor o bien por diferentes autores consecutivos, llegan incluso a desmembrarse en ramas a la manera de los *Amadises* o de los *Palmerines*, como testimonian las cinco secciones del *Florambel de Lucea*, publicadas por un oscuro servidor del marqués de Astorga llamado Enciso, o las cuatro partes del *Clarián de Landanís*, que redactaron sucesivamente un escritorzuelo desconocido, un médico de casa noble y un humilde hidalgo relacionado con la corte del rey Juan III de Portugal.

Más impresionante aún que el catálogo de las novelas en sí, es la abundancia de impresiones y reimpresiones que de la mayoría de ellas se hicieron entre 1501 y 1650: alrededor de 270 ediciones en total (de dieciocho a veinte sólo del *Amadís de Gaula*, doce del *Palmerín de Olivia*, diez del *Esplandián* y del hoy muy oscuro *Caballero de la Cruz*, siete para el ingenioso *Amadís de Grecia*, seis para el largo y hasta hace poco olvidado *Caballero del Febo*). Todas estas ediciones se sucedieron a un ritmo acelerado que, aunque se moderó después de 1550, siguió siendo suficiente como para que más de veinte ficciones se editaran o se reeditaran después de 1600: en el momento mismo en que el género con el que se relacionan, tomado como blanco por Cervantes, es ridiculizado a través de un libro maestro que es a la vez crítica y último eco de la literatura caballeresca, el *Quijote*.

La ironía sonriente, pero a fin de cuentas devastadora, de la caricatura cervantina, se comprende fácilmente cuando se considera retrospectivamente el inmovilismo que, a lo largo de cien años de expansión y de fecundidad, caracterizó a la novela de caballerías en su conjunto. A pesar de la multiplicidad de los textos, de la diversidad de los títulos y de la aparente variedad de las figuras heroicas que cada relato propone a la admiración de sus lectores, el género, en efecto, siguió siendo resueltamente conservador; sólo admitió pocas innovaciones y siguió remitiéndose, a través de su trayectoria, a las formas y a los contenidos heredados de los modelos medievales. Tanto al comienzo como al final del siglo XVI, la mayoría de los novelistas seguía aplicando las recetas del viejo *Amadís*, referencia obligada para cualquier libro de caballerías posterior. Algunos de ellos se remontan aún más lejos y no dudan en imitar, citando su fuente con visible respeto, la antigua materia artúrica: al menos tal como llegó hasta ellos a través de sus adaptaciones hispánicas, el *Baladro del sabio Merlín con sus profecías* y la *Demanda del sancto Grial*, editadas dos veces por lo menos en la primera mitad del siglo, en 1515 y en 1535.

Esta puntillosa fidelidad a antiguas tradiciones narrativas —fidelidad de la que el mismo *Amadís* había dado ejemplo modelándose según el *Lancelot* y el *Tristan* a la vez—, explica el carácter uniforme y repetitivo que revisten, a lo largo de su carrera, las ficciones de caballerías. Cada autor se esfuerza antes que nada por reproducir la sustancia, la trama, los motivos, el tono, el estilo, de un arquetipo novelístico primitivo del que su propia obra es, en cierto modo, una repetición o, si se prefiere, una nueva variante; con la excusa de ofrecer la biografía particular de un héroe excepcional, traza, en realidad, una historia «de esquema fijo», cuyo diseño general y elementos constitutivos son prácticamente los mismos para todos los representantes del género.

Reducido a sus componentes esenciales —que, burlándose, señaló muy bien Cervantes en *Don Quijote* (Primera parte, caps. XLVII-L)—, el libro de caballerías muestra una configuración relativamente simple. Se presenta como la traducción de una obra original en lengua exótica, escrita en tiempos lejanos por un cronista mítico, garante de la autenticidad de los hechos relatados. Su acción, generalmente situada en un remoto pasado, se desarrolla en un marco geográfico e histórico bastante impreciso que autoriza todo tipo de fantasías espaciales y temporales. Sus personajes se expresan en una lengua anticuada que, en pleno Renacimiento, perpetúa los giros y las fórmulas arcaicas del *Amadís*. Su héroe, con frecuencia de linaje real, arrancado de niño a sus padres por algún accidente desdichado, es educado en una corte extranjera que abandona muy joven, en compañía de un escudero fiel, para probar su valor en múltiples hazañas y descubrir, con la ayuda benevolente de un hechicero o una maga protectora, su verdadera identidad. Constantemente marcadas por combates singulares, torneos deslumbrantes, episodios mágicos y enfrentamientos con seres fabulosos —monstruos, gigantes o demonios—, sus proezas, que lo llevan a los confines del mundo y que se saldan siempre con su triunfo, se realizan en honor de una dama que le impone pruebas durísimas, pero que termina por entregarse a él secretamente. Reconocido finalmente por su familia y admitido como heredero del trono de su padre, se une solemnemente a su dama con los lazos del matrimonio y gobierna con sabiduría sus Estados, legando a su hijo la tarea de lanzarse a la aventura caballeresca y de ser eventualmente el protagonista de una nueva ficción, semejante a su propia historia.

Pero si bien es cierto que la mayoría de novelas, fundidas en el mismo molde, explotan incansablemente un fondo común, cada una de ellas desarrolla rasgos e incidentes originales que le dan una fisonomía propia. Compuestas por escritores de condición y cultura sumamente dispares —nobles cortesanos, hidalgos de pueblo, oscuros burgueses, soldados, universitarios, abogados y mujeres resabidas—, las obras de caballerías reflejan la personalidad de sus autores, que han sabido incorporar en ellas datos conforme a sus gustos, sus conocimientos y a veces, incluso, sus experiencias personales.

Así, el *Clarimundo* del historiador João de Barros, celebra los orígenes legendarios y las figuras ilustres de la dinastía real portuguesa; *El Caballero de la Cruz*, probablemente escrita por un gentilhombre curioso de las costumbres del islam, es el relato de un cautiverio en tierras musulmanas; el *Florindo* contiene una descripción de la pasión del juego y una advertencia contra sus peligros; el *Amadís de Grecia*, fruto de la imaginación inventiva de un escritor profesional, Feliciano de Silva, muestra escenas de pastores tomadas de la novela pastoril; el *Valerián de Hungría*, del notario Dionís Clemente, compensa con largas parrafadas oratorias la inexperiencia de su autor en materia de armas y de guerra; el *Palmerín de Inglaterra*, redactado por un diplomático portugués muy introducido en la corte de Francisco I de Francia, Francisco de Morães, traslada con gracia los juegos galantes de las grandes damas francesas; y el *Belianís de Grecia*, compuesto por un jurista letrado de Burgos, Jerónimo Fernández, pretende ambiciosamente retomar los poemas homéricos.

Gracias a estas variaciones, que no perturban las reglas del género ni los hábitos del público, pero que, sin embargo, marcan la singularidad de cada obra, la literatura de caballerías logró la hazaña de permanecer inalterable a la vez que satisfizo, libro tras libro, el apetito de novedades de los conocedores.

Sin duda debió su longevidad a esta mezcla de rutina e invención. Imagen de un mundo aristocrático anticuado pero deliberadamente sustraído al desgaste del tiempo; última revalorización del amor cortesano puesto al servicio de la aventura heroica; y, sobre todo, último despliegue de las formas narrativas establecidas por la Edad Media, empezó por encantar a la nobleza española y por difundirse luego, en traducciones, en las principales cortes de Europa, contando entre sus lectores más eminentes a Carlos V y Francisco I, a santa Teresa y san Ignacio de Loyola, a Ariosto y al padre de Tasso. Luego conquistó a un público cada vez más amplio: los «embustes españoles», como los llama Jodelle, resistirán largo tiempo las condenas de los moralistas y las censuras estéticas de los escritores cultos, para servir de pasatiempo a la heterogénea población de las posadas castellanas que frecuenta don Quijote, para figurar entre las escasas posesiones de un simple enfermero gallego o de un modesto pregonero catalán, y para ser leídos tanto por jóvenes ociosos reunidos en el atrio de la catedral de Sevilla, como por campesinos normandos retenidos por la lluvia en la casa de su señor.

Al mismo tiempo, las fábulas caballerescas se trasladaron a América: los primeros conquistadores, al ver la suntuosa rareza de los edificios aztecas, se sintieron inclinados a comparar sus aventuras con las de los héroes de novela y a creer que contemplaban el palacio encantado del *Amadís*; más tarde dieron a California el nombre del opulento reino de las Amazonas evocado por *Las sergas de Esplandián*, y a la Patagonia el de un pueblo deforme y salvaje mencionado en *Primaleón*. Los colonos que les sucedieron no perdieron el gusto por las lecturas de caballerías; con la complicidad de los libreros de la Península, utilizaron todas las astucias que pudieron para burlar los obstáculos que la autoridad real oponía periódicamente a la exportación de novelas al Nuevo Mundo. Astucias eficaces: en México, Perú, en las provincias del Río de la Plata, los lejanos súbditos de la corona española estuvieron regularmente provistos de nuevas obras de caballerías hasta los últimos años del siglo XVI e incluso más allá.

Caídos a fines del siglo XVII en un descrédito progresivo, los libros de caballerías conservaron, sin embargo, hasta fines del XVIII lectores importantes, al menos fuera de España, en donde las burlas cervantinas no habían aumentado su desprestigio. En Inglaterra, el doctor Johnson, según cuenta su biógrafo, «devoró de cabo a rabo para ocupar sus ocios el gran volumen del *Félix Marte de Hircania*»; en Francia, el marqués de Paulmy, gran aficionado y editor de novelas, elogió los méritos del *Palmerín de Olivia*, declarándolo «una hermosa fantasía». Sin embargo, en la actualidad, la enorme masa de la literatura de caballerías, ya sólo se percibe como una curiosidad arqueológica. Dispersada en las grandes bibliotecas de Europa, es tanto más difícil de conocer cuanto que muchos de sus representantes sólo han sobrevivido en uno o dos ejemplares únicos en el mundo. Pocos han sido considerados dignos de una reedición moderna; y las novelas que

Cervantes sólo se dignó nombrar para condenarlas a la hoguera en la que
pereció una parte de la biblioteca de don Quijote son, por un efecto inesperado de la providencia literaria, las únicas cuyo título resuena todavía en
nuestra memoria.

## Facecia, cuento, novela

El siglo XVI es una época en la que todos escuchan y cuentan. Tanto las
elites como el pueblo campesino o ciudadano, los letrados como los analfabetos. Uno de los talentos esenciales del hombre de corte, proclama *El
cortesano* (1528) de Castiglione, es saber contar con gracia; y los tratados
de urbanidad extenderán muy pronto esta exigencia a la gente de buena sociedad, aunque no frecuente los palacios. Contar, sí, pero ¿qué? A decir
verdad, un poco de todo. Anécdotas y recuerdos personales, por supuesto.
Pero también chascarrillos o gracias. No faltan las antologías que los pro-
pagan en Europa: citemos solamente las *Facetiae* de Pogge y los *Apotegmas* de Erasmo. España elabora sus propias recopilaciones; entre las más
ampliamente difundidas cabe citar *Sobremesa y alivio de caminantes*
(1563), de Juan Timoneda, y *Floresta española* (1574), de Melchor de
Santa Cruz, que tendrá éxito en toda Europa. Estos relatos menores pueden
proceder de la Antigüedad clásica o de la tradición oral. Y luego hay los
cuentos, frecuentemente de carácter tradicional. Los cuentos folclóricos,
que los investigadores del siglo XX buscan en el fondo de los campos, en el
siglo XVI y comienzos del XVII circulaban por todas partes. Henri Estienne,
el erudito autor del *Thesaurus linguae graecae*, conocía muchos de ellos,
así como Gonzalo Correas, el sabio profesor de Salamanca, autor del célebre *Vocabulario de refranes* (1627). Basta con hojear las *Historiettes* de Tallemant des Réaux para ver con qué ardor los mejores gentileshombres de
Francia se dedicaban a contar chascarrillos en la época de Luis XIII.
Esto no es todo. También se cuentan novelas: es sabido que varias novelas de Boccaccio se contaban oralmente en España en el siglo XVI.
¿Y por qué no? Lo que llamamos novela se confundió durante mucho
tiempo con el cuento, en España al menos, y sin duda también en otras partes. En el siglo XVI, el relato breve funciona como una noria: de escrito pasa
a oral y de oral a escrito. Por eso es tan difícil establecer la separación entre relatos orales y relatos escritos en esa época.
Sin embargo, lo esencial es percibir el fenómeno. Éste explica por qué
el término y el concepto de novela tardaron tanto en imponerse en España.

Todavía en 1567, Juan Timoneda titulará una recopilación de novelas como *El Patrañuelo*, es decir, más o menos «cuentos de viejas». Casi todos estos relatos derivan de fuentes literarias. La mayoría de ellos reproducen, a través de sus fuentes escritas, esquemas de los cuentos folclóricos, y la mayoría pueden ser contados y es muy verosímil que lo hayan sido. Timoneda es consciente de esto, y sabe que lo que él escribe oscila entre lo escrito y lo oral. La novela todavía no ha nacido. Nacerá el día que Cervantes componga las *Novelas ejemplares* (1613). Pues sería absurdo contar una novela de Cervantes; una novela cervantina está hecha para ser impresa y para ser leída. Este nacimiento de la novela es uno de los aspectos de la influencia que la imprenta —que fue algo más que un instrumento de difusión— hizo pesar sobre la literatura. Mientras llega el año 1613, escritores particularmente hábiles sabrán integrar el cuento tradicional en sus obras: es, en particular, el caso del autor del *Lazarillo de Tormes*.

## La vida de Lazarillo de Tormes

Ofrecemos en primer lugar un bosquejo de la acción del libro:

> Lázaro nació en un molino del río Tormes, de ahí su sobrenombre. Su padre, un molinero de escaso sentido moral, fue encarcelado y morirá en una expedición militar a la isla de Djerba. Su madre se traslada a Salamanca, donde vivirá maritalmente con un esclavo negro. Éste, otro ladrón, también será condenado. Poco después, la madre del pequeño Lázaro confía el niño a un ciego.
>
> Lázaro está sucesivamente al servicio de ocho amos: sólo los tres primeros —el ciego, el clérigo y el escudero— están claramente individualizados. Finalmente conseguirá un empleo de pregonero en Toledo y se casará con la manceba del señor arcipreste de Sant Salvador.

No conocemos la fecha de la obra, ni el nombre de su autor.

> Las tres primeras ediciones del *Lazarillo* que se han conservado fueron impresas en 1554, en Burgos, en Amberes y en Alcalá de Henares. La edición príncipe del libro se remonta probablemente a 1553 o 1552. La novela debió de ser escrita en torno a esa misma fecha. Inscrita en el Índice de la Inquisición española en 1559, la obra aparecerá expurgada a partir de 1573, pero las tijeras de la censura casi no alteraron su fisonomía.

El *Lazarillo* se presenta como un libro anónimo. El hecho no tiene nada de excepcional en la literatura de la época. Sin embargo, el interés y la originalidad de la obra han incitado a los eruditos a penetrar en ese misterio, tarea a la que se dedicaron desde los primeros años del siglo XVII. Es decir, no faltan candidatos a tan halagadora paternidad.

El siglo XVII propuso la candidatura de Juan de Ortega, religioso de la orden de los jerónimos, que habría escrito la novela en su juventud, y la de Diego Hurtado de Mendoza, gran señor, diplomático y culto. El siglo XX ha propuesto los nombres de Juan de Valdés o de su hermano Alfonso, el del erudito Pedro de Rhúa y el del filólogo Hernán Núñez, así como el dramaturgo Lope de Rueda y el poeta toledano Sebastián de Horozco. La candidatura de Lope de Rueda puede descartarse sin vacilación, mientras que la de los hermanos Valdés parece poco verosímil. En cuanto a las otras, no hay ninguna prueba decisiva en su favor.

Hay que llegar a la conclusión de que el *Lazarillo* ha resistido obstinadamente tanto los esfuerzos de los bibliógrafos del pasado como los de los eruditos modernos.

A falta de identificar al autor, ¿podemos situarlo en el panorama espiritual de la España del siglo XVI? Este lugar es muy difícil de determinar. La hipótesis según la cual el libro se debería a un discípulo de Erasmo, parece definitivamente excluida. ¿Hay que pensar en un cristiano nuevo? ¿O simplemente es un hombre que tiene un escepticismo radical? Sobre este punto, como sobre otros, el *Lazarillo* sigue siendo un enigma.

1.  FORMAS LITERARIAS

El *Lazarillo* se presenta como una autobiografía. Narrador y personaje son uno. Hasta aquí el procedimiento no sorprende. Pero, además, el texto trata de hacernos creer que personaje, narrador y autor son uno. El autor podría afirmar que sabe esta historia de boca de cierto Lázaro. Pero adopta otro camino: se da a entender que el pregonero toledano es quien maneja la pluma. El hecho se ha apuntado ya, el anonimato del pequeño libro roza la mistificación.

Cualquiera sea esta singularidad, nos preguntamos qué creación literaria ha podido sugerir al autor el empleo de la forma autobiográfica. Entre las posibles sugerencias citaremos, primero, las que ofrece el *Cuarto libro del esforzado caballero Reinaldos de Montalbán* (Sevilla, 1542).

Este libro, cuyo título parece anunciar un relato de caballerías comparable a los que España produjo abundantemente en esa época, es en realidad una adaptación del *Baldo* (1521), poema macarrónico del italiano Teofilo Folengo. Un fragmento de la obra interesa especialmente a nuestro propósito: la vida y las aventuras de Cíngar. El personaje cuenta él mismo una existencia fértil en acontecimientos, que más de una vez coinciden con las desdichas de Lazarillo. Cíngar, como Lázaro, nació en una familia de ladrones; al igual que él conocerá el hambre durante años; como él estará al servicio de un ciego «de avariento fardel».

Estas semejanzas son impresionantes, y no habría que excluir la idea de que el autor del *Lazarillo* hubiera conocido esta adaptación española del *Baldo*. Pero no nos arriesgaremos a afirmarlo, teniendo en cuenta el hecho de que tales elementos pertenecen a un *corpus* de relatos que circularon por Europa, y sobre todo porque el procedimiento de la autobiografía, tal como lo maneja el autor del *Baldo*, está claramente tomado de una de las pocas novelas que nos legó la Antigüedad latina, *El asno de oro* de Apuleyo.

Escrito en el siglo II de nuestra era, *El asno de oro* cuenta las prodigiosas aventuras de Lucio que, debido a un funesto error en el manejo de ungüentos mágicos, se ve metamorfoseado en asno hasta que la intervención de la benevolente diosa Isis le permite recuperar su figura humana.

La novela interesa a las letras españolas del Siglo de Oro desde un triple punto de vista. Por una parte, Lucio relata él mismo su historia: *El asno de oro* funda la novela autobiográfica. Por otra parte, el héroe transformado en bestia de carga lleva una existencia errante y pasa por el servicio de numerosos amos: bandidos, sacerdotes de la diosa siria, un molinero, un jardinero, un soldado, un pastelero, un cocinero. En ese sentido, *El asno de oro* define el esquema del «mozo de muchos amos». Finalmente, esta revista de tipos diferentes, cruelmente satírica, está ilustrada por una serie de estampas de gran colorido. Está claro la riqueza de perspectivas que abría la novela de Apuleyo a los creadores de la literatura picaresca, y al autor del *Lazarillo* en particular. La transición del *Asno de oro* al *Lazarillo* es tanto más fácil por cuanto el traductor español de Apuleyo actualizó espontáneamente el texto latino: calificó a los sacerdotes hipócritas a los que sirve Lucio de «echacuervos», palabra que los españoles del siglo XVI aplicaban a los charlatanes que explotaban la credulidad popular exhibiendo falsas reliquias o simplemente vendiendo remedios pretendidamente milagrosos. Se llamaba en especial «echacuervos» a los que vendían las bulas de la cruzada: ¿cómo no pensar en el buldero del quinto tratado del *Lazarillo*?

Y la influencia de Apuleyo sobre nuestro anónimo es tanto más verosímil por cuanto la traducción española del *Asno de oro*, aparecida en 1525
con poca repercusión, tuvo cuatro reediciones entre 1536 y 1551.

Pero si la historia de Lázaro reviste forma autobiográfica, también se
inscribe en el molde de la carta. El prólogo lo afirma de entrada: «Y pues
Vuestra Merced escribe se le escriba y relate el caso muy por extenso...»
Un gentilhombre anónimo, amigo del arcipreste de Sant Salvador, con el
que Lázaro tan bien se lleva, intrigado por los rumores que circulaban por
Toledo, le pidió explicaciones a Lázaro. Y éste se las da. Así, el texto que
leemos con el título de *La vida de Lazarillo* es una larga misiva escrita en
respuesta a otra misiva.

El hecho no deja de sorprender al lector moderno, que conoce la novela
epistolar, basada totalmente o en parte en un intercambio de cartas, pero
que casi no ha leído novelas que se presenten en forma de epístola. Este
rasgo ha sido recientemente relacionado con un acontecimiento de la historia literaria europea: el auge de las cartas mensajeras en el siglo XVI, género que inaugura Aretino en Italia con sus *Cartas* (1538), y, en España,
Guevara con sus *Epístolas familiares* (1539-1541).

Se trata de cartas efectivamente dirigidas a sus destinatarios, pero el
éxito del género conducirá muy pronto a componer correspondencias ficti-
cias. Y de ese mismo éxito nacerán tratados del arte de la misiva y recopilaciones de cartas modelo. Estas cartas, que España producirá en abundancia, son muy dispares. Difieren por su contenido: algunas se relacionan con
el ensayo y pretenden ser eruditas; otras, en el extremo opuesto, sólo trans-
miten cotilleos. Por lo mismo difieren en la escritura: unas son serias; otras,
puros juegos ingeniosos, como las que compone Francesillo de Zúñiga, bu-
fón del emperador. Y, finalmente, difieren por su destino: unas están desti-
nadas a la imprenta; otras, a las que se ha propuesto llamar cartas coloquio,
sólo se dirigen a un público limitado de amigos e iniciados.

Entre estas últimas conviene situar las cartas de Francisco López de Villalobos (muerto en 1549), médico del emperador. Una de ellas interesa más
especialmente a nuestro propósito. Se trata de una misiva dirigida al obispo
de Plasencia, donde Villalobos, antes de contar su vida, escribe: *Expetis me
status fortunae meae narrationem explicitam.* ¿No nos parece escuchar a Lázaro: «Vuestra merced escribe se le escriba y relate el caso muy por extenso»?
La diferencia es que en el molde así definido, el autor del *Lazarillo* vierte una
materia de ficción, materia sobre la cual es conveniente interrogarse.

## 2. HISTORIA, FOLCLORE, LITERATURA

Después de un período en el curso del cual el *Lazarillo* fue considerado un puro y simple reflejo de la sociedad española de la época, se planteó el interrogante de si no convenía situar en las fuentes de la novela el relato folclórico. Pregunta sugestiva, a la que conviene aportar una respuesta matizada. Sería excesivo negar en bloque la deuda del anónimo hacia los relatos orales en una época donde tales relatos circulaban en todos los niveles de la sociedad; sería también abusivo suscribir sin reservas lo que podría llamarse tesis folclórica sobre los orígenes del *Lazarillo*; sería imprudente privilegiar en exceso las fuentes orales y desdeñar las sugerencias de los textos escritos, puesto que el autor de esta «Vida» es un fino letrado. En las páginas siguientes se tratará de ser tan objetivo como sea posible y conservar la razón en el estudio de un difícil problema.

Digámoslo en seguida: es imposible sostener que Lazarillo, en tanto que personaje, pertenece a la tradición oral hispánica. Los textos que se han invocado en apoyo de esta hipótesis no tienen relación con el Lazarillo de la novela, o bien proceden de la misma novela. En ninguna parte, tanto en la densidad del folclore español como en el espacio americano, se percibe un Lázaro que pudiera ser hermano o primo de Pedro de Urdemalas, el héroe malvado y tramposo tan apreciado por la tradición ibérica e iberoamericana. Lo cual no quiere decir que las aventuras de Lázaro nada deben a la tradición del cuento.

El examen de este punto de vista crítico conduce a estudiar las relaciones entre Lazarillo y el ciego, ya que este conjunto de episodios es el que muestra las huellas más nítidas del folclore.

> El ciego, que prácticamente ha desaparecido de las ciudades y campos de Occidente, es un personaje familiar a la gente del siglo XVI: una de sus funciones privilegiadas es recitar, mediante limosna, oraciones, ejercicio en el que sobresale el amo de Lázaro. A su lado camina el mozo de ciego, encargado de guiar al lisiado, personaje al que sólo se le atribuyen pensamientos caritativos. En el momento en que el autor del *Lazarillo* escribe, hace mucho tiempo que la literatura se ha adueñado de esta pareja. En especial el teatro: una farsa picarda del siglo XIII, *Le garçon et l'aveugle*, pone en escena las malas pasadas que el mozo de ciego le juega a su amo, y la disputa del ciego y de su criado se convirtió en un entremés clásico en los misterios franceses. La escena no aparece en el teatro español antes del siglo XVI; casi no hay duda de que se remite a la misma tradición.

Probablemente debió de circular por Europa todo un ciclo de historietas graciosas sobre los enredos del mozo de ciego y de su amo. Un manuscrito de las *Decretales* de Gregorio IX, que se remonta al siglo XIV, ha conservado su huella. En el margen de ese manuscrito, un iluminador representó los hurtos del muchacho: le roba un pollo a su amo, le abre el fardel con unas tijeras o le bebe el vino ayudándose con una paja. ¡Qué cerca del *Lazarillo* están esas figuras! Esta tradición era familiar a los españoles del siglo XVI, como lo prueba un texto de 1526 donde el autor nos habla al pasar del «mozo malicioso» del ciego:

> Donde hay lodo disimula y deja enlodar al triste ciego, y donde no hay lodo, dícele que lo hay y hácele saltar en vano; tómale el mejor bocado del plato y hácele comer lo sucio por limpio; y al fin, si se descontenta de él, déjale y vase en tiempo de mayor necesidad.

En este segundo plano es donde destacan los enredos de Lazarillo y el ciego, de manera tanto más vivaz por cuanto el ciego de la novela es de una sórdida avaricia y «mata de hambre» a su criado. Al interrogarnos sobre las raíces de estos episodios y sobre las relaciones que mantienen con la tradición oral, conviene reconocer nuestras incertidumbres y confesar que nuestra ignorancia es grande. Ningún español del siglo XVI se preocupó por investigar sistemáticamente lo que llamamos actualmente cuento folclórico. En estas condiciones, más de una vez nos vemos llevados a contentarnos con hipótesis. Aclarado esto, parece prudente repartir en tres grupos, de desigual importancia por otra parte, los episodios que jalonan el conflicto entre Lázaro y su primer amo.

En primer lugar, una aventura que no procede de la literatura ni del folclore, al menos por lo que sabemos, y que ha de ser atribuida a la libre invención del autor. Se trata del bonito relato de la división del racimo de uvas entre el amo y su criado. Habiendo recibido las uvas en limosna, el ciego decide dividirlo equitativamente con Lázaro:

> —[...] tú picarás una vez y yo otra, con tal que me prometas no tomar cada vez más de una uva. Yo haré lo mesmo hasta que lo acabemos, y desta suerte no habrá engaño.
>
> Hecho ansí el concierto, comenzamos; más luego al segundo lance, el traidor mudó propósito y comenzó a tomar de dos en dos, considerando que yo debía hacer lo mismo. Como vi que él quebraba la postura, no me contenté ir a la par con él, mas aun pasaba adelante: de a dos y tres a tres y como podía las comía. Acabado el racimo, estuvo un poco con el escobajo en la mano y, meneando la cabeza, dijo:

—Lázaro, engañado me has. Juraré yo a Dios que has tú comido las uvas tres a tres.

—No comí —dije yo—; mas ¿por qué sospecháis eso?

Respondió el sagacísimo ciego:

—¿Sabes en qué veo que las comiste tres a tres? En que comía yo dos a dos y callabas.

Reíme entre mí y, aunque mochacho, noté mucho la discreta consideración del ciego.

El segundo grupo está formado por los episodios que la tradición oral, con toda probabilidad, sugirió al autor.

Es el caso del episodio del toro de piedra a la entrada del puente de Salamanca: el ciego ordena al pequeño Lázaro que acerque su cabeza al animal: «... oirás un gran ruido dentro dél». Luego golpea con fuerza la cabeza del niño contra la piedra, muy divertido. «Necio, aprende, que el mozo del ciego un punto ha de saber más que el diablo.» El relato refleja una vieja broma que los niños se gastaban hasta hace poco en muchas partes de España o Francia. También es el caso del episodio donde Lázaro acomete el fardel del ciego, de aquel en el que le roba el vino: aunque sólo conocemos esos rasgos por los dibujos del manuscrito de las *Decretales*. Es verdad que esas malas pasadas no tomaron forma de cuentos orales o de relatos escritos que hubieran podido dar movimiento a la imaginación del autor; parece difícil sostener que en la creación del *Lazarillo* esos elementos tradicionales no tengan ninguna función.

Y, finalmente, hay un relato sobre el que no caben dudas de que el autor del *Lazarillo* sacó partido: se trata de las historias de la longaniza y del poste. El cuento, recogido en un manuscrito que puede fecharse hacia 1540, se presenta en la forma siguiente:

Un mochacho de un ciego asaba un torrezno, y su amo díjole que le diese dél y comióselo todo. El mochacho le preguntó que quién le dijo del torrezno, [a lo que el ciego] respondió que lo había olido. Y yendo por una calle, [el destrón] dejóle encontrar con una esquina y comenzóle a dar de palos. Díjole el mochacho: «Oliérades vós esa esquina, como olistes el torrezno».

Esta gracia, en suma bastante inocente, teniendo en cuenta la relativa indiferencia de los siglos pasados a los garrotazos, costillas apaleadas y otras jocosidades, es reproducida tal cual por textos posteriores al *Lazarillo*, y sobrevive en la tradición folclórica española y portuguesa. No hay duda de que el anónimo la tomó de la tradición oral de su época. Pero la metamorfoseó al integrarla en su novela. Lázaro reemplaza la longaniza que su amo está a punto de asar, y que él se come rápidamente, por un nabo. El ciego descubre el robo y maltrata cruelmente al niño. Es entonces cuando Lázaro decide vengarse. Un día de lluvia aconseja al ciego que cruce de un salto el arroyo crecido por las aguas, después de haberlo colocado exactamente enfrente de un poste:

> [...] doy un salto y póngome detrás del poste, como quien espera tope de toro, y díjele:
> —¡Sus! Saltá todo lo que podáis, porque deis deste cabo del agua.
> Aun apenas lo había acabado de decir, cuando se abalanza el pobre ciego como cabrón y de toda su fuerza arremete, tomando un paso atrás de la corrida para hacer mayor salto, y da con la cabeza en el poste, que sonó tan recio como si diera con una gran calabaza, y cayó luego para atrás, medio muerto y hendida la cabeza.
> —¿Cómo, y olistes la longaniza y no el poste? ¡Olé, olé! —le dije yo.

Está clara la diferencia. Nada hay en la vieja broma que se asemeje a este grito de odio, donde se descarga el furor de Lázaro tantas veces maltratado. Así se metamorfosean los relatos folclóricos, cuando son explotados por un gran escritor.

El segundo tratado relata el conflicto entre Lázaro y su segundo amo, el clérigo de Maqueda. Este conflicto tiene como centro el arca donde el clérigo guarda el pan, el único alimento que hay en la casa fuera de una ristra de cebollas. Lázaro, medio muerto de hambre, multiplica y diversifica los asaltos, y su amo las defensas. Esa danza, que el arte del cuentista logra hacer divertida, termina mal y el clérigo expulsa a Lázaro. En este tratado las sugestiones del folclore se borran en beneficio de los recuerdos literarios. No hay duda de que el autor se inspira aquí en dos episodios del *Asno de oro*: el encuentro de Lucio-hombre con el avaro Milón, y la estancia de Lucio-asno en la casa de los dos hermanos, uno cocinero, el otro pastelero, que serán sus dos últimos amos.

El tercer amo de Lázaro es un escudero toledano. En este caso predominan las realidades históricas y exigen una explicación. En la Edad Media el escudero era el noble menor que llevaba el escudo del caballero en tiempo de guerra. La degradación del papel de la caballería como arma de combate, la opción de los Estados modernos en favor de los ejércitos profesionales, condenaron desde los primeros años del siglo XVI una actividad prestigiosa.

Confinado en su pueblo, el escudero puede jactarse de ser tan noble como el rey. Pero no es considerado: la prueba es que hacia mediados del siglo XVI la palabra «caballero» reemplazó la de «escudero» en los romances que presentaban ese personaje antaño brillante. La única realidad tangible que distingue al escudero de los villanos que lo rodean es que no está sujeto a la talla. Pero los ayuntamientos pretendían ampliar la base del impuesto, y repartirlo entre el mayor número posible de contribuyentes, y en consecuencia eliminar el máximo de nombres de la lista de exentos. Así pues, el último privilegio del escudero se ve constantemente amenazado. Teóricamente, podría obtener un documento que probara su condición de noble. Pero ese documento lo entrega la cancillería de Valladolid, y cuesta dinero obtenerlo. Y ese dinero el pobre escudero no lo tiene.

Los villanos, los hidalgos sobre todo, desprecian a ese pobre diablo; el gentilhombre local, cuando lo hay, no le prodiga señales de estima; a falta de mantener la nobleza, también hay que comer... Al escudero le queda la solución de ir a una ciudad con la esperanza de encontrar allí a un gran señor que lo tome a su servicio. Eso es lo que hace el escudero del *Lazarillo*, que ha dejado su pueblo para ir a Toledo, pero sin encontrar allí el empleo con el que sueña. Además, también en la ciudad el descrédito persigue al escudero.

Un dicho recogido en la *Floresta española* de Santa Cruz lo expresa cruelmente. Al disputar con un sastre, uno de esos inmigrados recientes, que presume de su nobleza, le pregunta: «¿Vos sabéis qué cosa es hidalgo?» Y el sastre le responde: «Ser de cincuenta leguas de aquí.» A lo sumo el pobre escudero terminará en la anticámara de un gran señor; y colmo de la decadencia, será acompañante de las damas de la nobleza, y aun de la vil burguesía.

Este tipo social, vagamente lastimoso y sin duda ridículo, ya había entrado en la literatura cuando el autor del *Lazarillo* se apoderó de él. Y había entrado, lo que no es indiferente, flanqueado por su criado. Una farsa del portugués Gil Vicente, *Quem tem farelos* (¿1515?), pone en escena a dos criados que se burlan de sus pobres amos, dos escuderos. El escudero del teatro vicentino nunca tiene un céntimo, practica el ayuno permanentemente, se jacta de manera constante de su valor y pasa la mayoría de su tiempo cortejando mujeres que tratan con altivez a ese pobre miserable. Nos sentimos tentados de pensar que el autor del *Lazarillo* conocería esos personajes a los que el escudero de Toledo se parece en tantos rasgos. Pero no nos atrevemos a afirmarlo. Puede ser que estemos en presencia de elaboraciones paralelas de tipos sociales familiares a los peninsulares en el siglo XVI.

Dentro de las sugestiones que la literatura ofrecía a nuestro anónimo, hay que colocar una vez más *El asno de oro*. Cuando Lucio es alojado por el avaro Milón, éste lo enreda en largas y ociosas conversaciones, tanto que la hora de cenar se pasa en charlas. Es verosímil que este episodio haya servido de modelo para la escena en la que el escudero interroga largamente al pequeño Lázaro sobre sus orígenes y su existencia, hasta que la hora de la comida ya ha pasado.

El tercer tratado debe también algo a la tradición oral. El personaje del escudero es el blanco de muchas gracias que se burlan de su pretensión y de su pobreza.

Al parecer, esas gracias no fueron impresas por lo común antes de la publicación de la *Floresta española* (1574), pero todos los lectores de la colección saben que recoge dichos de la época de Carlos V y aun de la de los Reyes Católicos. No parece descabellado admitir que la pretensión del escudero y su adhesión a ciertas formas de cortesía se remontan a algunas décadas antes del *Lazarillo*, y lo mismo la crítica de esos rasgos en la tradición oral. En todo caso está fuera de duda que los propósitos del escudero toledano respecto al terreno edificable que posee en su pueblo, terreno que, si estuviera edificado y situado en la más hermosa calle de Valladolid, valdría más de doscientos mil maravedíes, son eco de un viejo cuento folclórico, atestiguado en España ya en el siglo XIII, y del cual la fábula de «La lechera» es sólo una variante. Finalmente, el autor anónimo ha hecho de Lázaro el héroe de otro cuento folclórico, cuento bien testimoniado en la tradición árabe y que sabemos circulaba en España a mediados del siglo XVI. Por un extraño azar, un real llega a manos del escudero, y Lázaro, muy contento, va de compras. Pero por desgracia se cruza con un entierro. En el cortejo, la mujer del difunto grita lastimeramente: «Marido y señor mío, ¿adónde os me llevan? ¡A la casa triste y desdichada, a la casa lóbrega y obscura, a la casa donde nunca comen ni beben!» Enloquecido, el niño, piensa que llevan el muerto a la casa de su amo. Y así lo vemos salir a escape por las calles de Toledo y encerrarse en una casa por una vez hospitalaria.

Pero estas reminiscencias palidecen frente al poder creador que manifiesta el autor en su tercer tratado. Tratado admirable, en primer lugar, en el sentido de que el autor anónimo ha logrado hacer progresar en él el tema del hambre que discurre a lo largo del libro. Lázaro había pasado del servicio del ciego avaricioso al del clérigo, que era el colmo de la cicatería. ¿Qué hacer en ese momento? El autor encuentra la solución: Lázaro servirá a un indigente. El criado puede revisar los bolsillos de su amo: sólo encontrará «una bolsilla de terciopelo raso, hecho cien dobleces y sin maldita la blanca ni señal que la hobiese tenido mucho tiempo».

Tratado admirablemente sugestivo en la evocación de la vivienda toledana, la casa «obscura y lóbrega», donde no se ve ningún mueble aparte de una mala cama, donde no hay otro utensilio que una jarra y donde no se oye ningún paso, «casa encantada», comenta Lázaro, casa que muy pronto será proverbial.

Tratado admirablemente expresivo y matizado en el retrato del escudero. Allí lo vemos, enflaquecido como un galgo, siempre cuidadosamente peinado, con andar de pasos mesurados, presuntuoso, orgulloso de su hermosa espada, entregado al pundonor, satisfecho de «su persona valerosa», muy enamorado de las doncellas del Tajo que se ríen de ese galán sin dinero, con un mondadientes para hacer creer que ha cenado y recomendándole a Lázaro que cierre bien la puerta por temor a los ladrones. ¿Personaje anacrónico, ridículo, enternecedor tal vez y adecuado para despertar la melancolía? Sin duda. Pero el escudero es también el hombre que se declara siempre dispuesto a adular a los poderosos, es también el mal amo que huye abandonando a su criado en manos de acreedores furibundos. El personaje es de una desconcertante complejidad.

Tratado admirablemente humano porque su pobre amo inspira a Lázaro compasión, un sentimiento que el personaje sólo experimenta una vez en la novela. El niño compartirá con él el alimento que mendiga. La uña de vaca que unos cristianos caritativos le han dado al criado constituye la felicidad del amo: «Dígote que es el mejor bocado del mundo y que no hay faisán que ansí me sepa.» Y Lázaro, caritativo a su vez, alimenta a su amo. Situación paradójica que el autor presenta con infinita delicadeza. Con el tercer tratado se alcanza, sin duda, la parte del libro más brillantemente lograda, se lee un texto que merece figurar en una antología universal de la novela.

A partir del momento en que el escudero lo abandona, la vida de Lázaro se desarrolla como un filme acelerado. Estará sucesivamente al servicio de un fraile de la Merced, de un buldero, de un pintor de panderos, del capellán de una catedral y de un alguacil. Finalmente obtiene un oficio real, el de pregonero. Y como la felicidad nunca llega sola, el señor arcipreste de Sant Salvador de Toledo lo hace casar con su manceba, unión de la que obtendrá confortables beneficios. ¡Malditos sean los comadreos y cotilleos!

No sólo Lázaro afirma no haber lamentado nunca ese matrimonio, sino que se declara dispuesto a sacar la espada para defender que su compañera es «tan buena mujer como vive dentro de las puertas de Toledo». «Pues —concluye— en este tiempo estaba en mi prosperidad y en la cumbre de toda buena fortuna.» El libro se cierra con esta frase.

## 3.  SENTIDO Y POSTERIDAD DEL LIBRO

El texto parece indicar, con un elocuente paralelismo, que el héroe tuvo éxito. El padre de Lázaro había sido detenido, condenado y «padesció persecusión por justicia». Lázaro que, en tanto pregonero, actuaba de verdugo, acompaña a «los que padecen persecusión por justicia». Los destinos del padre y del hijo son, pues, opuestos, y el hijo es el que está del lado bueno. Sin embargo, otro paralelismo, no menos elocuente, lleva a matizar esta comprobación. La madre de Lázaro, viuda, decidió, según el proverbio, «arrimarse a los buenos, por ser uno dellos», logrando como único resultado engancharse con un palafrenero negro; Lázaro, también él, decide «arrimarse a los buenos», lo que le vale desposar a la manceba del clérigo. El contraste entre el destino de Lázaro y el de sus padres no es tan acusado como haría pensar una lectura apresurada del texto.

La malicia del autor nos lleva a preguntarnos sobre el alcance exacto del éxito social de Lázaro. El oficio de pregonero era el más humilde de los oficios reales, y además iba acompañado necesariamente de la función de verdugo, función maldecida entre todas. Pero también es verdad que la actividad del pregonero era relativamente remuneradora, y daba lugar a menudos tráficos sin duda ventajosos y permitía entrar en relación con poderosos personajes, contactos que podían resultar fructíferos. Eso es lo que le sucede a nuestro héroe: el señor arcipreste de Sant Salvador se fija en él porque Lázaro pregona sus vinos por las calles de Toledo. Y la protección interesada del señor arcipreste le valdrá a Lázaro cierta holgura sin duda envidiable en la España de Carlos V. Los eruditos siguen discutiendo el ascenso social de Lázaro: el hecho basta para mostrar cómo el séptimo tratado es una obra maestra de ambigüedad.

La ambigüedad es la misma si se considera la dudosa felicidad conyugal de Lázaro. Sin duda, el *ménage à trois* en el que el cura es uno de los agonistas, no tiene nada de nuevo: hace tiempo ya que los cuentos, los proverbios, los *fabliaux*, divulgan esa imagen por Europa. Pero, ¿cómo interpretar y situar la conducta de Lázaro? El marido que presenta la tradición oral es un bendito al que engañan, no un cornudo que saca provecho de los encantos de su mujer. ¿Sería Lázaro el prototipo de esos maridos complacientes de los que la literatura española muy pronto se mofará y de los que la pluma de Quevedo trazará una imagen definitiva? Puede pensarse. Pero, ¿no es disminuir el hecho de que Lázaro ha desposado a la *manceba del abad*, la mujer maldecida entre todas, la que según la vieja creencia de la Europa medieval, creencia muy viva en la España del siglo XVI, está destinada a servir de mula del diablo en el otro mundo?

Y nuestras incertidumbres no terminan aquí. Aunque se admita el ascenso social de Lázaro, la situación degradante que tolera muestra bien a las claras que no ha triunfado. Su fracaso es patente. Pero ¿a qué motivos atribuir ese fracaso? ¿A un determinismo casi biológico que pesaría sobre él desde el inicio? Lázaro es hijo de padres indignos, y ya sabemos qué anclada está y qué tenaz es en nuestras culturas la idea de un determinismo hereditario: «De tal palo, tal astilla», dice lo que se ha dado en llamar la sabiduría de los pueblos. ¿O más bien a una educación desastrosa? Lázaro saluda en el ciego a su verdadero maestro: «Después de Dios, éste me dio la vida y, siendo ciego, me alumbró y adestró en la carrera de vivir.» ¿Cómo no pensar en la parábola evangélica de los ciegos que guían a los ciegos? Y los otros amos de Lázaro no valen más. Pero, en cuanto a saber si los orígenes del personaje o su triste educación han sido el elemento decisivo, el texto, una vez más, nos deja indecisos.

En medio de tantas incertidumbres hay tres puntos claros. Primero, la moral de Lázaro es una moral al revés, ya que, como su madre, interpreta la expresión proverbial «arrimarse a los buenos», en el sentido de «arrimarse a los ricos y a los poderosos». Además, *La vida de Lazarillo* es una novela del fracaso: en este sentido, el libro suena extremadamente moderno. Finalmente, *La vida de Lazarillo* nada tiene de álbum de recuerdos. Todo lo que le sucede al niño y al adolescente lo marcará, todas esas experiencias vividas formarán al hombre. Con todos sus amos conoció el hambre y el frío; con el escudero comprendió la vanidad del pundonor. Así se forjó el pregonero de Toledo, el esposo de la manceba del señor arcipreste. Lázaro *deviene* mientras que Amadís *era*. El autor anónimo introduce en la acción de su pequeño libro la duración: innovación decisiva y revolución en el arte de la novela.

Al igual que muchas grandes obras, el *Lazarillo* produjo continuaciones. Éstas no escapan a la ley fatídica que señala que las continuaciones son muy inferiores a las creaciones primeras.

Una *Segunda parte*, también anónima, apareció en Amberes en 1555. Lázaro, metamorfoseado en atún, vive las más extrañas aventuras. Se trata probablemente de una novela de clave, pero no hemos descifrado su significado. Otra *Segunda parte* se imprimirá mucho más tarde, en 1620, en París. Se debe a la pluma de Juan de Luna, español exiliado en Francia por razones de heterodoxia religiosa. En ella Lázaro pasa por mil empleos diferentes. El libro respira un anticlericalismo virulento, y especialmente un odio visceral hacia la Inquisición española. Se ha subrayado, con razón, que esas dos continuaciones nos ayudan a entender *La vida de Lazarillo*. Pero es una cuestión de especialistas; el lector común nada pierde con ignorarlos. La posteridad legítima del libro del autor anónimo hay que buscarla en *Guzmán de Alfarache* y en *Don Quijote*.

La fortuna del *Lazarillo* desbordó rápidamente las fronteras de España. El libro, traducido primero al francés (1560), luego al inglés, neerlandés, italiano y alemán, tuvo éxito en toda Europa.

## Otras formas del relato en prosa

### 1. LA NOVELA PASTORIL

Los mejores genios, los letrados más inteligentes, los más grandes poetas del siglo XVI, sintieron una pura fascinación por evocar la naturaleza. No ya las cimas orgullosas, las selvas profundas o el océano tempestuoso, sino la fresca floresta, cuyos encantos gustan celebrar en verso o en prosa. Las humildes riquezas pastoriles los seducen, y también la existencia apacible que el campo promete al sabio. Los dos textos antiguos más frecuentemente traducidos, cantados, rehechos, y glosados son, en esa época, el canto de Polifemo en las *Metamorfosis* de Ovidio, recuento de los bienes del pastor, y el *Beatus ille* horaciano, elogio de la vida retirada. Las imágenes de la naturaleza que producen a porfía prosistas y poetas a menudo aparecen extremadamente idealizadas: la égloga rústica de Juan del Encina se abandona en beneficio de una Arcadia de sueño. Los poetas se vuelven hacia las *Bucólicas* de Virgilio y hacia *La Arcadia* (1504) del italiano Sannazaro. La prosa pastoril no seguirá al principio las mismas sugerencias: tomará los caminos de la novela.

El poeta Herrera, cuando define lo pastoril, dice que «las costumbres representan el siglo dorado». El siglo dorado: han sido pronunciadas las palabras maestras.

Ocho siglos antes de nuestra era, el viejo Hesíodo había definido los cuatro períodos vividos por la humanidad: las edades de oro, de plata, de bronce y de hierro. Después de él, pensadores y poetas antiguos constantemente se hicieron eco del mito de la edad de oro, radiante utopía a la que los versos de las *Bucólicas* y de las *Metamorfosis* asegurarían una resonancia secular. La edad de oro no había conocido ni la guerra ni las navegaciones lejanas. La edad de oro no había conocido la agricultura, inútil para los hombres que se contentaban sabiamente con los recursos que la madre Naturaleza les ofrecía sin que tuvieran que esforzarse en lo más mínimo: las aguas cristalinas de los arroyos, las bayas de los madroños, las fresas silvestres, las moras de los zarzales, las bellotas sabrosas, la miel fabricada por las diligentes abejas. La edad de oro no había conocido la propiedad, fuente de tantos males: las nociones de tuyo y mío no existían en ese tiempo bienaventurado. La edad de oro no había conocido la malicia y el vicio; la honestidad y la inocencia florecían en ella naturalmente en los corazones de todos. La edad de oro no había conocido ni las heladas del invierno, ni las lluvias del otoño, ni la canícula estival: en ella reinaba una eterna primavera.

Un personaje, sólo uno, encajaba perfectamente con ese universo de sueño: el pastor. El pastor de la Arcadia. El pastor puede acercarse a ninfas y dioses silvestres en un espacio mágico que define la poesía. El pastor vive en una mediocridad dorada que basta para sus humildes deseos, goza de una felicidad simple que lo inclina a la virtud; el pastor vive, alejado del estruendo, en un perpetuo ocio: se sitúa en las antípodas del *homo oeconomicus*. El pastor es espontáneamente poeta y músico, y la naturaleza se hace eco de sus cantos melodiosos. Ser fundamentalmente lírico, el pastor canta la pasión amorosa, sus alegrías tan breves y sus lentas melancolías. El pastor celebra con versos armoniosos y castos la belleza de la amada. El pastor gusta contar sus amores, confiar sus penas a amigos elegidos, que le contestan con cantos alternados.

La novela pastoril depurará este personaje aún más de lo que lo había hecho Virgilio. Eliminado el vaquero, eliminado el cabrero: aparece el pastor que sólo conoce corderos. Y la novela pastoril idealizará este personaje depurado, dándole sólo una imagen del amor: el amor refinado según Platón, que sólo considera la belleza física para elevarse a la contemplación de las bellezas espirituales. Ciertamente, el pastor del género pastoril confina con la abstracción. Pastor de ficción, pastor mítico, tal como podían representarlo hombres de letras imbuidos de la teoría aristotélica de la doble verdad: verdad «histórica» y verdad «poética».

Ficción sin duda, pero ficción que sedujo a los mejores espíritus del siglo XVI. Esta representación de un pastor mítico los alucina hasta el punto que creen percibirlo en la realidad que los rodea. Mejor que cualquier otro, un texto de la *Filosofía vulgar* (1568), del humanista sevillano Juan de Mal Lara, refleja esta poética ilusión:

> Acaesciónos ir una vez de Salamanca a Talavera, y antes de pasar el puerto de Arenas, en aquellos pobres lugares de Barajas y Nava Redonda, vimos una mañana que salía un viejo con unos bueyes, y tras de ellos una moza de quince años, con una sayuela parda corta y un calzado recio, un sayuelo alto azul como de hombre, el gesto hermoso, de tan buenas faciones que si alguna de la ciudad lo tomara entre manos, con muy poco blanco fuera hermosísima. Los cabellos llevaba cortados por los hombros, haciendo una coleta de tan rubios cabellos, que espantó a los que la vimos. Su denuedo y aire era pastoril, y tan zahareña, que al igual de las vacas que llevaba, se apartó de la vista de los que tanto la miraban. Allí se nos representó la pastora Silvia, las ninfas, la Enone de Paris, y no faltó quien quisiera hacer aquella media legua una jornada de muchos días, pero la honestidad de la pastora abatió los pensamientos. Ésta era muy galana, muy hermosa y muy preciada doncella, cual dicen allá que agradó al marqués de Saluces en las tierras del Piamonte, que fue la casta Griseldis. Así las ejercitaba Licurgo, así Platón en sus *Repúblicas*. Éstas, muy pocas veces saben qué es adulterio, y en tales aldeas donde estas mujeres viven, parecen las muy compuestas ser malas mujeres, y así huyen de ellas como de una víbora, y sienten mal de la que comienza a pararse galana. Cierto ésta es edad de oro, la que se vive en tales lugares, si ya no están estragados, y de aquí se va con facilidad al cielo.

Sobre este trasfondo se destaca la primera novela pastoril española, *La Diana* de Montemayor. Los corderos ya habían hecho su aparición en la ficción en prosa, pues Feliciano de Silva, infatigable artesano de la literatura, los había introducido en el noveno y décimo libro del *Amadís*, respectivamente *Amadís de Grecia* (¿1530?) y *Florisel de Niquea* (1532), donde la princesa Silvia, reducida al estado de pastora por los reveses de la fortuna, es objeto de la pasión del campesino Darinel y de la del príncipe Florisel, que para acercársele se disfraza de pastor. Pero el honor de haber situado a los pastores en el centro de una acción novelesca le corresponde indiscutiblemente a Montemayor.

Portugués de nacimiento, Jorge de Montemayor (¿1520?-1561) pasó la mayor parte de su vida en Castilla y en Valencia. Se ha querido afirmar, a partir de un testimonio dudoso, que pertenecía a una familia de cristianos nuevos, viendo en este origen judío la fuente de la melancolía que impregna la *Diana*: la hipótesis no consigue forzosamente la convicción. Montemayor fue a veces, o paralelamente, músico, soldado, traductor, poeta y novelista. Perfectamente bilingüe, escribió en portugués varios fragmentos de *La Diana*. Interesado por todas las literaturas de la Península, tradujo al castellano la obra poética del catalán Ausias March. Se le debe un cancionero, impreso en 1554 que, como es frecuente en la época, mezcla las composiciones profanas con las poesías devotas.

*La Diana* que aquí nos interesa apareció probablemente por primera vez en 1559. En principio daremos una idea de la acción de la novela.

*Libro I.* En las orillas del Esla, en las tierras de León, dos pastores y una pastora cantan y lamentan sus pasiones desgraciadas. Sireno amaba a Diana y era amado por ella; Diana ha desposado a Delio; Sireno sigue sintiendo hacia Diana una pasión inextinguible y desesperada. Silvano también amaba a Diana, pero siempre había sido desdeñado. Selvagia ama a Alanio, que prefiere a otra pastora.

*Libro II.* Sireno, Silvano y Selvagia se encuentran con un trío de ninfas, una de las cuales canta los amores de Diana y de Sireno. Rompiendo esta armonía surgen tres salvajes que asaltan a las ninfas. Sireno y Silvano acuden en su auxilio. Pero es una valerosa joven, mitad Diana cazadora mitad pastora, la que acaba con los monstruos. Las ninfas se dan a conocer: están al servicio de la sabia Felicia, que entre otras virtudes posee el poder de curar los males de amor. La guerrera pastoril revela que es una joven noble, Felismena. Disfrazada de pastora, va en busca de Felis, al que ama y que la amó, que la olvidó por Celia y que ha desaparecido después de la muerte súbita de ésta. Pastores y pastoras se encaminan, guiados por las ninfas, hacia la morada de la sabia Felicia.

*Libro III.* En su camino encuentran a la inconsolable pastora Belisa, que llora la muerte de su dulce amigo Arsileo. Belisa se une al grupo.

*Libro IV.* Descripción del espléndido palacio de Felicia, que es al mismo tiempo el templo de Diana. Orfeo entona un elogio de soberanas y damas españolas. Felicia y sus huéspedes disertan sobre la pasión amorosa. (A partir de 1562 se intercala aquí la novela morisca del *Abencerraje*.)

*Libro V.* Sireno, Selvagia y Silvano prueban el agua mágica que les ofrece Felicia. Sireno olvida a Diana. Selvagia y Silvano se enamoran. Los tres regresan a sus prados. Allí encuentran a Diana, que canta sus penas. No sin dolor, Diana, la mal maridada, comprende que Sireno ha dejado de amarla. Alentada y reconfortada por la maga, Felismena deja a su vez el palacio. En una cabaña rústica descubre a Arsileo, porque sólo los sortilegios de un mago habían hecho creer a la desventurada Belisa que estaba muerto. Arsileo volverá a encontrar a Belisa.

*Libro VI.*   En este libro se plantean diversos problemas de casuística amorosa.

*Libro VII.*   Abandonando el universo de lo pastoril, Felismena llega a la vista de Coimbra. Tres traidores atacan a un caballero, que se enfrenta con ellos valerosamente. Felismena interviene y salva al que ama, ya que ese valiente no es otro que don Felis. Felismena y Felis, Selvagia y Silvano, y Sireno, reencuentran a Belisa y Arsileo en el palacio de la sabia Felicia. El libro termina con la promesa de una continuación.

Como se aprecia en este resumen, la acción de la novela se sitúa, esencialmente, en una Arcadia española, una Arcadia que frecuentan las ninfas y donde aparece el músico Orfeo. Esta Arcadia es pobre en descripciones y en colores. En ella se encuentra a veces el bosque, más a menudo el prado verdeante, el valle umbroso, el suave arroyuelo sonoro y la fuente de los alisos, donde gustan de encontrarse los pastores. El fragmento más largamente descriptivo de la *Diana* es el que presenta «un pequeño pradezillo, más agradable por las doradas flores de que estava matizado». Nada más. Estamos lejos de la riqueza descriptiva de *La Arcadia* de Sannazaro. Esta naturaleza esquemática reduce a sus elementos esenciales el *locus amoenus* tan querido por los escritores del Renacimiento. El rasgo es, sin duda, imputable a la supervivencia del ascetismo descriptivo de la poesía española del siglo XV.

En este marco esquemático se sitúa la representación de la pasión amorosa, que es la gran cuestión de las pastoras y los pastores. El amor concuerda aquí, y de la manera más estricta, con los conceptos platónicos, difundidos en España por los *Diálogos de amor* de León Hebreo y, más ampliamente todavía, por *El cortesano* de Castiglione. Como para alejar la menor duda sobre este punto, el único fragmento de *La Diana* traducido de otro libro —la disertación de Felicia sobre el amor en el libro IV— es una traducción de León Hebreo.

El amor según la *Diana* presenta tres caracteres fundamentales. Es una pasión fatal, inevitablemente, ya que es, según el mito platónico, un esfuerzo para recomponer la unidad primitiva perdida. Es decir, que las palabras no tienen ningún efecto sobre él, y menos aún la violencia. Es hijo de la razón, ya que admira las perfecciones física y espiritual del objeto amado —dos perfecciones indisolublemente ligadas, porque la belleza es señal de virtud—; es ciencia y conocimiento. Sin embargo, si bien es hijo de la razón, ésta no lo rige. El amor es pasión triunfante, que crece con el tiempo, que es tormento peor que la muerte cuando no es correspondido; es total alienación. Pero esta pasión violenta es honesta y casta, es absolutamente desinteresada, se sitúa en oposición al deseo. En esta perspectiva se comprende el episodio de los salvajes del libro II. Esos salvajes representan el deseo sexual desenfrenado. Por eso, su castigo no tarda y sólo puede ser la pena capital. Su muerte, se ha dicho, puede considerarse «como un holocausto a la casuística neoplatónica».

Esta seductora construcción ofrecía una debilidad evidente desde el punto de vista novelístico, y es que esa evolución del sentimiento era imposible. La armonía preestablecida entre dos seres era un concepto bien adaptado a la novela en un primer momento, ya que conducía, sin que hubiera necesidad del filtro que beben Tristán e Isolda, a la representación de un amor fatal, dato eminentemente novelístico y piedra angular de las literaturas de Occidente. Pero conduce a un callejón sin salida y del que Montemayor sólo sale apelando al maravilloso brebaje de Felicia. El filtro, inútil en la entrada, resulta indispensable para la salida. Cervantes condenó el recurso por un procedimiento tan elemental. Pero Cervantes reflexionaba sobre el arte de escribir. Es dudoso que la generalidad de los lectores del siglo XVI hubieran sentido los mismos escrúpulos. Sin duda, la variedad de los relatos que se les proponían, la variedad de los casos de amor y fortuna que el libro les ofrecía, les encantaron. Esta pasión melancólica y melodiosa, cantada con acordes de rabel y caramillo, les sedujo. Es verdad que la melancolía de *La Diana* es suave, aunque pueda juzgarse excesivamente lacrimógena, que la casuística amorosa que desarrolla la novela es refinada y que las perturbaciones del corazón se expresan en ella a veces de manera sutil, como sucede en el fragmento en el que Sireno, libre de la pasión amorosa, se dedica a experimentar una confusa nostalgia de la época en la que estaba enamorado de la pastora Diana.

La variedad de la novela es, por otra parte, tal vez mayor de lo que se ha dicho. Los lectores de la época reconocían, sin duda, en los fragmentos maravillosos de la *Diana*, elementos tomados de una literatura de caballerías con la que aún estaban entusiasmados. Al respecto, el editor que deslizó en el libro una de las versiones del *Amadís* en miniatura, como es la novela morisca del *Abencerraje*, entendió muy bien el esfuerzo de Montemayor hacia la variedad. Y esta innovación fue bien recibida, ya que todas las ediciones de la *Diana* impresas en la España del Siglo de Oro reproducirán en adelante la historia de Narváez, de Abindarráez y de la bella Jarifa.

Muchos de los primeros lectores de la *Diana* debieron leer el libro como una novela en clave.

> En los últimos años del siglo, el rey Felipe III y sus cortesanos creían conocer a la mujer que Montemayor había inmortalizado con los rasgos de Diana. Tal vez estaban en lo cierto, tal vez se equivocaban: nada podemos afirmar. Por el contrario, es muy verosímil que los libros IV y V de *La Diana* se aclaren mediante un sistema de alusiones que nos es difícil descifrar, pero que debía de ser claro para los gentileshombres españoles en 1559. En efecto, hay que relacionar los episodios centrales de la novela con las fiestas celebradas en Binche (Bélgica) a finales de agosto de 1549 por orden de la regente María de Hungría en honor del príncipe Felipe (el futuro Felipe II). La flor de la nobleza española participó en esas diversiones cuya magnificencia impresionaría a toda Europa. La poderosa Felicia sería, pues, María de Hungría, y el palacio de la maga el célebre castillo de Binche.

Y, finalmente, el libro II de *La Diana* aporta una nota muy alejada del universo pastoril, con el relato de los amores contrariados de Felismena y Felis. Ya no hay pastores. Los personajes son damas y galanes, y Felismena viste el traje masculino para reencontrar al infiel Felis. La acción son los amores, amores ciudadanos, que siguen una intriga compleja, con su cortejo de serenatas y billetes galantemente elaborados. El decorado son vestimentas preciosas, justas, emblemas, todos ellos elementos descritos con lujo de detalles suntuosos. Frente a este refinamiento aristocrático, el pequeño paje que ama a las bellas niñas y el vino de San Martín. Se reconoce fácilmente esta atmósfera: es la que reinará en la comedia urbana de Lope de Vega y en la novela llamada cortesana. Pero medio siglo antes. Hay que saludar en Montemayor al creador de la novela cortesana en España.

Montemayor ordenó felizmente esa diversidad. La dificultad de la tarea era real, ya que *La Diana* no está construida alrededor de uno o dos personajes, como sucede en muchas novelas. Pone en escena personajes múltiples y de importancia sensiblemente igual; encierra una serie de historias divergentes. Montemayor ha mostrado una real habilidad en la disposición de esos destinos y de sus relatos. Muy superior en esto a muchas formas novelísticas que forjará el comienzo del siglo XVII —formas que son un puro cajón de sastre—, *La Diana* muestra una arquitectura sólida y una construcción simétrica. Los tres primeros libros presentan una serie de casos, de problemas vitales. La intervención de la sabia Felicia (libro IV - comienzos del libro V) aporta una solución a los dramas de amor. Después de lo cual, los personajes se dispersan, unos dispuestos a llevar una existencia apacible, otros muy cerca de resolver problemas ya clarificados.

Conviene, por último, decir algo sobre el Montemayor artista. Su prosa podrá ser juzgada un poco blanda, pero siempre es pura y musical. Sus versos, escritos en las formas tradicionales españolas o en las formas importadas de Italia, son a menudo de hermosa calidad. Tuvieron un éxito prodigioso: durante unos sesenta años serán reproducidos o glosados por los poetas, o copiados con fervor en los cancioneros manuscritos. Y no se olvidará que la alianza de la prosa y de los versos, innovación debida a Montemayor en el ámbito de la novela pastoril, es una ley que va a regir la larga posteridad de la *Diana*.

> Las críticas de la materia de *La Diana*, debidas a algunos severos moralistas que desconfiaban sistemáticamente de la ficción novelística, no afectaron al éxito del libro. Éste fue considerable, como lo atestiguan la treintena de ediciones españolas de *La Diana* realizadas entre 1559 y 1624. Y ese éxito desbordó las fronteras: *La Diana* se tradujo al francés (1578), al inglés (1598), al alemán (1619) y al neerlandés (1652). Sus traducciones francesas se imprimieron una veintena de veces entre 1578 y 1631. Sin duda es excesivo afirmar, como se ha sostenido, que sin *La Diana* no se hubiera publicado la *Astrée* (1607-1625) de Honoré d'Urfé. Pero no cabe duda de que hubiera sido diferente.

Un éxito tan grande exigía forzosamente una continuación, tanto más por cuanto la *Diana* se presentaba como una forma abierta, y su autor prometía una continuación. Hubo dos: la *Segunda parte de la Diana* (1563), del médico vallisoletano Alonso Pérez, y la elegante *Diana enamorada* (1564), del valenciano Gaspar Gil Polo.

Sin contar estas continuaciones y una falsificación devota, las letras españolas produjeron, además, diecisiete novelas pastoriles entre 1573 y 1633. Si se exceptúa *La Galatea* de Cervantes, de la que se hablará en otro capítulo, se comprueba que, en el curso de esos sesenta años, la forma novelística que había elaborado Montemayor es sometida a revisión. Algunos vuelcan en ella sus experiencias vitales: éste es, en particular, el caso de Lope de Vega en su *Arcadia* (1598), obra farragosa donde proliferan las digresiones pedantes y a la que sólo salva la calidad de los versos, porque el prodigioso talento poético de Lope nunca le abandona. Otras se colocan bajo la tutela de Sannazaro, como *Siglo de Oro en las selvas de Erífile* (1608), de Bernardo de Balbuena. En estas obras la ficción novelística retrocede en beneficio de la descripción: una vez más se les escapa la novela creada por los españoles. Pero, sobre todo —herejía mayor—, las creaciones del arte se considerarán iguales a los esplendores de la naturaleza. El género pastoril es alcanzado en pleno corazón. Un paso más y se tendrá *La constante Amarilis* (1609) cuyo autor, Suárez de Figueroa, se extasía ante el jardín donde «el arte parecía vencer a la naturaleza». Ya estamos cerca del parque de Versalles y muy alejados de la floresta tan del gusto de Montemayor. Esta admiración por una naturaleza disciplinada, esta preferencia dada al arte de los hombres, tocan a muerto por el género pastoril. Se ha doblado una página: termina el siglo XVI, empieza el siglo XVII.

## 2. LA NOVELA Y EL RELATO MORISCOS

La novela y el relato moriscos, que tendrán éxito en toda Europa, nacieron en España, única parte de Occidente donde musulmanes y cristianos cohabitaron durante siglos. Estos géneros evocan, en concreto, la vida de la «frontera», entendámonos, la frontera que separaba en el siglo XV el reino de Castilla del último reino musulmán de España, que sólo caería en manos cristianas en 1492. Después de 1410, fecha de la caída de Antequera, y hasta 1481, año en que los Reyes Católicos reanudaron la guerra que llevará a la capitulación de Granada, una tregua salpicada de escaramuzas reinó en la frontera con los moros. Esa guerra de golpes de mano y emboscadas es la que inspira los romances fronterizos. Pero inspira también la ficción en prosa y, en especial, la novela del *Abencerraje*.

### El Abencerraje y la hermosa Jarifa

Una decena de caballeros cristianos, a las órdenes de Rodrigo de Narváez, gobernador de Antequera y de Álora, tienden una emboscada en la que cae un joven moro. Éste, enfrentado a enemigos superiores en número, hace prodigios de valor. Sólo Narváez logra vencerlo en combate singular: el moro se convierte entonces en prisionero del castellano.

Por el camino hacia Álora, el cautivo suspira. Narváez le pregunta los motivos de su tristeza. El moro revela que se llama Abindarráez y pertenece a la familia de los Abencerrajes, familia célebre por su valor y su cortesía, familia ilustre que el rey de Granada casi ha exterminado totalmente. Criado por el gobernador moro de Cartama, creció al lado de Jarifa, hija de su protector. Entre los dos niños nació una relación profunda, cuya verdadera naturaleza comprendieron cuando supieron que no eran hermanos. En adelante, los dos adolescentes compartieron la misma pasión. Pero, por orden del rey de Granada, el gobernador de Cartama tuvo que ocupar un nuevo puesto en Coín y dejar a Abindarráez en Cartama. Los dos jóvenes fueron separados. Aprovechando una ocasión favorable, Abindarráez iba a reunirse con Jarifa en el momento en que cayó en la emboscada tendida por los caballeros cristianos.

Emocionado por el relato, el generoso Narváez libera a Abindarráez a cambio de su promesa de volver a entregarse como prisionero en tres días. Abindarráez llega a Coín, donde Jarifa se entrega a él. Al saber la promesa de aquel a quien ama, lo acompaña a Álora. Narváez recibe con perfecta cortesía al moro y a la mora, libera a Abindarráez sin pedirle rescate, e interviene ante el padre de Jarifa para que perdone a los dos amantes.

La novela plantea un problema de textos, que conviene examinar en primer lugar.

Se conservan tres versiones que aparecieron en el orden cronológico siguiente: una *Chronica* impresa en 1561; un texto intercalado en una edición de *La Diana* (1562); y un texto publicado en una recopilación titulada *Inventario* (1565) e impreso con el nombre de Antonio de Villegas. Pero sabemos que éste había pedido autorización para publicar su *Inventario* en 1551. Es posible, pues, que el texto del *Abencerraje* que incluye el *Inventario* fuera el primero en ser redactado. Como puede verse, esos tres textos, que presentan notables variantes, se escalonan en un breve lapso de tiempo. ¿Cuál de los tres es el texto primitivo? Primero se pensó que el texto original era el de la *Chronica*, por la sencilla razón de que se creía un fragmento de una crónica auténtica, lo cual ya nadie admite. Actualmente se tiende a dar la prioridad al texto del *Inventario*, del que la seudocrónica sólo sería un arreglo inhábil, y el relato incluido en *La Diana* una reelaboración más retórica. (A menos que los tres textos deriven de un arquetipo único, que habría circulado en forma de manuscrito.)

Sobre este punto, al menos, los eruditos están de acuerdo: el texto del *Inventario* es de calidad más hermosa que los otros dos. Pero entonces surge otra pregunta: ¿quién es el autor de esta pequeña obra maestra? Ni la *Chronica* ni *La Diana* dicen una palabra al respecto. Y el hecho de que el *Abencerraje* figure en una obra impresa por Antonio de Villegas, no tiene fuerza de una prueba: muchos libros publicados en España en el siglo XVI incluían obras debidas a otras plumas y no a la de quien daba el libro a la imprenta. Lo que complica la cuestión es que prácticamente nada se sabe de Antonio de Villegas. Sólo nos ha quedado su *Inventario*. Este pequeño libro contiene versos y una obrita pastoril titulada *Ausencia y soledad de amor*. Estas piezas no son quizá tan mediocres como se dice a veces. Pero no alcanzan, ni con mucho, la calidad del *Abencerraje*. Así pues, parece prudente concluir, dado el estado de nuestros conocimientos, que el *Abencerraje* es una obra anónima, para cuya paternidad Antonio de Villegas presenta méritos inciertos.

La historia de Abindarráez y de Jarifa se sitúa en un espacio, el de la frontera de los moros, y en un tiempo, el de las luchas esporádicas que agitaban esa frontera en el siglo XV. De esta situación la novela retiene tres elementos: una topografía, que el autor pudo conocer a través de los romances fronterizos; el hecho histórico de la matanza de los Abencerrajes, de la que se había hecho eco el romancero; el personaje de Rodrigo de Narváez, uno de los conquistadores de Antequera, celebrado por cronistas y poetas.

¿Hay que ir más lejos y pensar que pudo formarse una leyenda en torno a Rodrigo de Narváez y engendrar una «anécdota» que habría inspirado al autor del *Abencerraje*? Esto no es imposible, pero no podemos demostrarlo. Lo cierto es que las diferentes versiones de la novela muestran flagrantes anacronismos, y en particular éste: nos dicen que la historia en cuestión se produjo poco después de la caída de Antequera, cuando Narváez era gobernador de la plaza de Álora. Antequera cayó en manos de los castellanos en 1410, y Álora en 1484. Aunque se admita que una «anécdota» pudiera ser la base de la ficción del *Abencerraje*, hay que reconocer que la elaboración literaria es muy acentuada y finalmente decisiva. Ella es lo esencial y hacia ella conviene volverse.

En la versión que da el *Inventario*, la pequeña novela se presenta con el título siguiente: «Éste es un vivo retrato de virtud, liberalidad, esfuerzo, gentileza y lealtad, compuesto de Rodrigo de Narváez y el Abencerraje y Jarifa, su padre y el rey de Granada…» Título significativo donde los haya. A los ojos del autor anónimo, los valores caballerescos están antes que nada. Y, de hecho, ¡qué hermoso ejemplo de caballería ofrecen el moro y el castellano! Abindarráez muestra un valor maravilloso en el encuentro desigual que lo enfrenta a los caballeros cristianos; Abindarráez no considera ni por un instante faltar a la palabra que le dio al gobernador de Álora; Narváez, por su parte, vencedor del moro, lo libera sólo bajo su palabra, y se niega a pedir rescate. La hermosa Jarifa tendrá la última palabra: «Quien pensare vencer a Rodrigo de Narváez de armas y cortesía, pensará mal.»

A mediados del siglo XVI hace mucho tiempo que la caballería ha muerto, fulminada por las nuevas armas y condenada por el surgimiento de los Estados modernos. Pero todavía se sueña con ella, y el éxito de las novelas que perturbarán la razón de don Quijote todavía no se ha apagado. Tal vez el autor del *Abencerraje* y sus primeros lectores creyeran que la caballería había vivido su último momento de gloria en los combates que condujeron a la caída de Granada. Lo cierto es que la delicada novela del *Abencerraje* respira el mismo ideal que alimenta los pesados infolios de los *Amadises*. Sin duda es más discreta, más verosímil y, en una palabra, más moderna. Pero ¿quién entre los lectores del *Amadís* no siente un parentesco entre los viejos relatos y la breve novela? ¿El choque entre los caballeros cristianos y el moro es una representación literaria de las célebres escaramuzas de la frontera, o un reflejo de los encuentros del *Amadís*? ¿El valor, la generosidad, el sentido del honor de los protagonistas, reflejan los sentimientos que animaban a los combatientes de la frontera, o el código definido por *Amadís* y su larga posteridad? Se comprende que es posible discutirlo. Por el contrario, el feliz coronamiento de los amores de Abindarráez y Jarifa no se presta a confusión: el matrimonio secreto entre el héroe y la heroína es el mismo que une a Perión y Elisena, Amadís y Oriana. Pero si se profundiza resulta claro que el concepto del amor que impregna la novela es idéntico al que circula en los libros de caballerías. En ambos casos, el amor está indisolublemente ligado al honor. Abindarráez contesta a Jarifa, que le había sugerido que podría pagar un rescate a Narváez y no entregarse prisionero: «... si cuando venía a verme con vos, que iba por mí solo, estaba obligado a cumplir mi palabra, ahora, que soy vuestro, se me ha doblado la obligación.»

Más allá de los valores clásicos de la caballería, el *Abencerraje* propone una enseñanza que supera en mucho su tiempo y su circunstancia: la idea según la cual musulmanes y cristianos pueden coexistir, pueden superar sus divergencias para unirse en valores más elevados, pueden sentir los unos hacia los otros sentimientos de amistad. En esto la última palabra la tiene el padre de Jarifa: «Tenedle de aquí adelante por amigo [dice a Jarifa y a Abindarráez refiriéndose a Rodrigo de Narváez], aunque las leyes [entiéndase, las religiones] sean diferentes.» Hermosa lección que la España del siglo XVI no estaba dispuesta a escuchar, y que la Europa del siglo XX aún no ha asimilado. Pero ya sabemos que muchas obras literarias gustan situarse en tierra de Utopía.

El paralelismo entre el *Amadís* y el *Abencerraje* no ha de sugerir la idea de que la novela tiene un carácter arcaico, por sabroso que fuera. Nada más moderno, nada más fresco que el texto del *Inventario*. Basta como prueba la admirable escena del jardín, donde los dos adolescentes presienten por primera vez que el sentimiento que experimentan no es tal vez el de un hermano y una hermana. Este diálogo es una pura obra maestra: raramente el paraíso de los amores infantiles ha sido evocado con tal gracia. No conocemos al autor del *Abencerraje*. Pero fue sin duda un escritor culto y un excelente humanista: sólo un lector atento y maravillado por las letras antiguas podía escribir un texto tan delicado. Gallardo, el gran bibliógrafo del siglo XIX, que no acostumbraba abusar del elogio, decía que el *Abencerraje* parecía escrito por una pluma sacada del ala de un ángel. Este entusiasmo podrá parecer ingenuo; pero dudamos de que parezca excesivo a los lectores de la novela.

El *Abencerraje* tuvo el éxito que merecía. Diversos autores de romances versificaron su acción, que Lope de Vega llevará a la escena. Y don Quijote, en una de sus malandanzas, creerá por un momento ser el moro Abindarráez.

### Guerras civiles de Granada

Las *Guerras civiles de Granada*, de Ginés Pérez de Hita, aparecieron en dos partes (1595 y 1619). Sólo la primera, titulada *Historia de los bandos de los Zegríes y Abencerrajes* es la que nos interesa, ya que la segunda parte de la obra, que relata el levantamiento de los moriscos granadinos (1569-1571), es esencialmente histórica y sólo tiene una lejana relación con la literatura de ficción. La acción del libro, pasablemente farragosa, es imposible resumirla aquí. Se desarrolla sobre un cuadro de fondo histórico: las discordias intestinas que agitan al reino de Granada en los años que preceden a su final. Pérez de Hita disponía de información histórica y no dejó de utilizar las crónicas castellanas. Pero su libro es, en lo esencial, una brillante ficción. Aprovechó muchos romances fronterizos, y un número más elevado aún de romances moriscos, preferencia comprensible pues éstos abundaban en aventuras galantes y en descripciones coloristas. El escritor no es especialmente notable. Pero son raros los novelistas que ofrecieron a su público tal variedad de seductoras imágenes. A los nostálgicos de la caballería, las *Guerras de Granada* proponían torneos y combates singulares; a la Europa cortesana, los fastos de una corte brillante, los juegos taurinos, los juegos de sortija, las sutiles divisas de los que participaban en las justas, los amores, las traiciones, las rivalidades, los celos; en una palabra, un modelo de la novela mundana y galante; a los lectores presentes y futuros, un exotismo tornasolado y la melancolía del crepúsculo de una civilización. El libro, la primera novela histórica europea, tuvo un gran éxito (una veintena de ediciones españolas en un siglo), éxito que desbordó las fronteras de España. El lector culto puede sonreír con los moros idólatras y galantes de Pérez de Hita. Pero, en cierto sentido, son más verdaderos que los granadinos históricos. Porque son los moros que Lope de Vega y sus discípulos llevarán a la escena; son los moros que adoptará la literatura europea: los que acunarán las ensoñaciones galantes del Hôtel de Rambouillet, los que colmarán las imaginaciones románticas, los de Washington Irving y de Chateaubriand.

3. La novela bizantina

En 1534 apareció en Basilea un libro titulado *Las Etiópicas*, novela griega atribuida a un dudoso Heliodoro. Contaba la suerte y la desgracia de dos castos amantes acosados por una fortuna enemiga, entrecruzaba las aventuras con talento consumado, se prestaba a una lectura moral y a profundas alegorías. Esta epopeya en prosa hizo las delicias de los espíritus refinados y de los doctos teóricos; los discípulos de Erasmo hicieron en su favor una excepción a su desconfianza hacia la literatura de ficción. Y por ello tuvo un público limitado: sus dos traducciones españolas (1554 y 1587) sólo obtuvieron un éxito razonable.

Dos escritores del siglo XVI explotaron la vena de la novela bizantina. El primero es Alonso Núñez de Reinoso en su *Historia de los amores de Clareo y Florisea* (1552), en parte adaptada de la novela griega de Aquiles Tacio, *Leucipe y Clitofón*. El libro no hace sino imitar la libertad de desarrollo que autoriza el género, y la odisea azarosa de los dos héroes se ve ahogada en una red de episodios maravillosos, mitológicos, caballerescos, bucólicos y cortesanos. El vagabundeo de Luzmán, el héroe de *Selva de aventuras* (1565), de Jerónimo de Contreras, está dibujado con más firmeza. La larga peregrinación italiana de Luzmán está concebida como una imagen de la vida humana y de sus desilusiones. Despreciando el mundo y sus vanidades, el peregrino de amor terminará siendo ermitaño, no lejos del monasterio en el que ha tomado los hábitos la mujer que amaba. En las últimas décadas del siglo, la influencia de la novela bizantina retrocede en España. Pero Cervantes, al escribir *Persiles*, todavía querrá rivalizar con Heliodoro.

Sylvia Roubaud
Maxime Chevalier*

* Sylvia Roubaud ha escrito la primera parte, «Ficción sentimental y novela de caballerías»; Maxime Chevalier las otras tres.

# CAPÍTULO VI

# ASCÉTICOS Y MÍSTICOS

## Introducción

### 1. LITERATURA Y ESPIRITUALIDAD

La reina Isabel murió en 1504, Fernando en 1516. Hasta la llegada de Carlos V se prolongó un estado de transición bajo la autoridad del cardenal Cisneros. Este franciscano, que fue gran inquisidor, encarna a la vez el humanismo cristiano y el espíritu de cruzada en la perspectiva histórica de la España de las tres religiones: creación de la Universidad de Alcalá; Biblia Políglota; reivindicación de Erasmo por un lado, y asimilación forzada del islam granadino, por otro; expedición de Orán (1509-1510).

Carlos V llegó de Gante como rey de Castilla y emperador de Alemania (1519). Sus Estados del norte, donde se expandirá la reforma luterana, la política italiana, la conquista de las Indias, todo esto pesó con fuerza en el reino apenas unificado espiritualmente.

Una primera sorpresa fue la irrupción del erasmismo. Afectó casi exclusivamente a la corte, al clero y a los letrados, pero sirvió a la vez a la política imperial en el conflicto con Roma y el catolicismo, ocupando el terreno que podía ser ganado por Lutero.

El secretario de cancillería Alfonso de Valdés (no confundir con su hermano Juan) preparó un informe en defensa del emperador después del saqueo de Roma, en 1527, por las tropas del condestable de Borbón. Era un erasmista convencido que intentó explicar el saqueo a causa de la cólera de Dios ante la corrupción de la ciudad.

En 1528 escribió dos diálogos: *Diálogo de las cosas acaecidas en*

*Roma* y *Diálogo de Mercurio y Carón*. Inéditos durante mucho tiempo, son una mezcla de literatura espiritual y de panfleto político de una violencia muy luterana.

> [...] no querría que por componer un altar dejásemos de socorrer un pobre, y que por componer retablos o imágines muertas dejemos desnudos los pobres, que son imágines vivas de Jesucristo.

Erasmo era bien visto en la corte, pero los teólogos reunidos en Valladolid, en 1527, no podían condenar una espiritualidad que continuaba la tradición neerlandesa de la *Devotio moderna*, que se remontaba al siglo XIV. Pregonaba una piedad personal practicable en todos los Estados, basada en la meditación del Evangelio y penetrada por la doctrina paulina del cuerpo místico. La *Imitación de Cristo* es la obra maestra de una forma nueva de piedad, un poco apartada del mundo. El *Enchiridion* de Erasmo remite a una escala humana y a un contexto histórico. Marcel Bataillon ha explorado las obras en que se aprecia la influencia de Erasmo aparecidas en el curso del siglo. Entre las que emanan de un medio de letrados, la *Agonía del tránsito de la muerte* de Alejo Venegas es, para nosotros, de las más significativas. El autor es un humanista defensor del castellano que, a ejemplo de la *Preparatio mortis* de Erasmo, dirige hacia el mundo una mirada de delicada espiritualidad.

Dos aspectos específicos de España dominarán la literatura espiritual. El primero es la cuestión de los cristianos nuevos. Ser cristiano nuevo es tener orígenes musulmanes o judíos.

> El problema de los moriscos es sobre todo político y social, y lo mismo sucede con los judíos. Después de la expulsión de 1492, quedaron en el país muchos conversos, los de antes y los de después del decreto. Eran dejados aparte, así como sus descendientes. Todos eran llamados «marranos», palabra que los franceses extendieron a todos los españoles, según César Oudin. Se les llamó *ficti christiani* (Covarrubias), pero no era por la supuesta insinceridad de su devoción, sino por una tendencia activa a la desviación y a la herejía, de ahí los estatutos de pureza de sangre.
>
> En literatura, el converso destaca a menudo por un sentimiento de exclusión, una actitud contestataria. Es curioso ver que el siglo se abre con *La Celestina* y se cierra con *Guzmán de Alfarache*; ambos autores fueron conversos. Las órdenes religiosas no siempre los rechazaban, sobre todo los franciscanos. Fray Luis de León, teólogo profundo y ferviente, fue, sin duda a causa de sus lejanos orígenes, fácilmente inculpado por su cultura judai-

zante y sus habilidades de traductor. Se refugió en la poesía, la soledad y la contemplación.

Una corriente religiosa bastante confusa, donde podían reencontrarse antiguos y nuevos creyentes, fue la de los alumbrados, los iluminados por las tinieblas de Satán, como se ha dicho. El iluminismo no es propio de España, pero aquí adquirió un giro particular. Condenado en 1525 por el edicto de Toledo del gran inquisidor Manrique (un moderado), siempre aparece por todas partes, siendo sus orígenes lejanos; a mediados del siglo xv, los heréticos de Durango fueron perseguidos.

Los alumbrados no tienen literatura propia, ni maestro. Se les ve formar pequeños grupos (conventículos), a menudo animados por mujeres (beatas). El catálogo de herejías consideradas por el decreto es impresionante, pero, en su forma atenuada, podía parecerse al erasmismo y aun pasar por luteranismo, de ahí la ambigüedad de ciertos procesos.

El *Tercer abecedario espiritual* de Francisco de Osuna reveló a la joven Teresa de Ávila la oración de recogimiento. Osuna, franciscano que vivió mucho tiempo en Francia, conocía a los místicos del norte, pero cita preferentemente a Gerson. Su obra es abundante, mal escrita, pero tiene cierto sentido de la psicología religiosa y se preocupa por distinguir los recogidos de los dejados, a quienes condena, y que son muchos de los alumbrados. Éstos practicaban un abandono total a Dios, renunciando a toda su voluntad. Llegaban incluso a rechazar la vida en la Iglesia y la práctica de los sacramentos. Se negaban cualquier mérito personal, lo que provoca la inexistencia del infierno, ya que el hombre no es responsable.

Se comprende que Erasmo hubiera declinado la invitación de España. Su piedad era lúcida, no rompía con Roma y defendía contra Lutero el libre albedrío; predicaba la concordia entre cristianos y le repugnaba cualquier violencia.

El reinado de Carlos V fue menos riguroso en materia de ortodoxia que el de Felipe II. En efecto, la represión inquisitorial se incrementó a partir de 1557. El Índice prohibitorio de Valdés estableció cortes sombríos en la literatura espiritual, cinco años después del virulento *Lazarillo de Tormes*, anónimo, es cierto. El anticlericalismo tradicional interesaba menos que la doctrina y su vulgarización.

Cabe hacer algunas observaciones: la poesía devota se renueva tímidamente no antes de 1554 con el *Cancionero* de Jorge de Montemayor (segunda edición de 1558). Éste fue prohibido; el autor era portugués, con-

verso, inspirado en Savonarola y autor de un *Diálogo espiritual* todavía inédito en el que, con el nombre de Dilecto (amado del Señor), rechazaba un
clero menos fiel al Evangelio. Para la posteridad, Montemayor es el autor de
la *Diana*, obra maestra de la novela pastoril (véase el capítulo V). El género
era aceptado, mientras que los libros de caballerías eran condenados por los
erasmistas, Juan de Valdés y Luis Vives, por su estilo y por su moral.

Antonio de Guevara es el escritor, historiador y moralista, que fue ad-
mirado y traducido fuera de España (véase el capítulo III). Obispo y predicador de corte, erudito valioso y aparente, puede leerse su *Menosprecio de
corte y alabanza de aldea* para juzgar la diferencia entre ese frío discurso de
humanista y la exuberante *Diana*, entre la diversión y lo que encontró Luis
de León en el género pastoril espiritualizado. La inspiración religiosa al
abrigo del claustro parece crecer y expandirse con las dificultades.


## 2.   Los precursores

Tres religiosos sirvieron de guía a Teresa de Ávila en la vía del recogimiento: el franciscano reformador Pedro de Alcántara (1499-1562), el predicador Juan de Ávila (1500-1569), y el dominico Luis de Granada (1504-
1588). Estos dos últimos son escritores innegables.

Juan de Ávila, llamado el Apóstol de Andalucía, nació en Almodóvar
del Campo y murió en Montilla. Fue estudiante de derecho en Salamanca
antes de elegir teología en Alcalá. Renunció a una vocación de misionero
en América para consagrarse enteramente a la evangelización de su provincia. Célebre predicador, dirigió a ilustres personajes, entre ellos al futuro san Francisco de Borja. Teólogo ascético de tendencia mística, fue el
consejero de Teresa de Ávila, que le facilitó el manuscrito de su autobiografía. Fue perseguido por la Inquisición en 1531 y pasó casi un año en
prisión.

Destacaremos de sus obras un *Epistolario espiritual para todos los estados* (Alcalá, 1556 - Madrid, 1557) y un comentario del salmo XLIV,
*Audi, filia*, que le valió nuevos problemas con la Inquisición. Su primera
edición (Alcalá, 1556) figura en el Índice de Valdés (1559). Hubo una segunda publicación después de su muerte (Madrid - Toledo, 1574).

Luis de Granada, cuyo verdadero nombre era Luis de Sarria, fue hijo de
una modesta lavandera, que trabajaba para el convento de los dominicos
de Granada, donde nació. Bajo la doble protección de los religiosos y del
conde de Tendilla, se hizo dominico y estudió (en 1525) en el célebre convento de San Gregorio en Valladolid. Allí conoció al temible teólogo

conservador Melchor Cano y a Bartolomé Carranza, futuro obispo de Toledo, que la Inquisición persiguió y encarceló en España, y luego en Roma, de 1556 a 1559 (fue liberado unos días antes de su muerte). Principal motivo de acusación: sus *Comentarios sobre el catecismo cristiano*.

Luis de Granada fue sin duda sensible a las corrientes erasmistas que circulaban en San Gregorio. Marcel Bataillon señala esa presencia en sus primeras obras. Compartió con su amigo Juan de Ávila el ideal de un cristianismo basado en una caridad vivificante y en una tendencia mística, pero continuó en la norma y llegó a provincial de su orden en Portugal, donde murió, en Lisboa.

Su obra es considerable. En ella admiramos su estilo oratorio, ciceroniano, que es un modelo de retórica. Se observa también una viva sensibilidad ante el espectáculo de la naturaleza, símbolo del Creador.

> Sus libros más conocidos y traducidos son: *Libro de la oración y meditación* (Salamanca, 1554); *Libro llamado Guía de pecadores* (Lisboa, 1556-1557); *Introducción del símbolo de la fe* (Salamanca, 1583). El primero es un tratado de la oración mental, notable precedente de la que aparecerá en la mística carmelita.

> Afectado por el Índice de 1559, Luis de Granada tuvo que rehacer el *Libro de la oración* y la *Guía de pecadores*, en 1566 y 1567. Atenuó el papel de la oración en beneficio de una teología ascética de las virtudes y de las obras. Por otra parte, publicó en 1561 y 1565 un *Memorial de la vida cristiana*, en el que se vio una amalgama bastante prudente, pero la línea de su pensamiento siguió siendo la misma. Es la época en la que empezaba a escribir Teresa de Ávila.

Los tres precursores que acabamos de evocar son escritores ascéticos. Santa Teresa de Ávila, que meditó sobre los escritos de aquéllos, es una autora mística. La distinción es importante. La ascesis, en el sentido cristiano, es un ejercicio para llegar a Dios por la práctica de las virtudes. La mística es, en principio, una experiencia del encuentro con lo divino, que tiene lugar en el interior del hombre; y la teología mística, la reflexión sobre esta experiencia que conserva un carácter personal incomunicable.

> Los místicos (Teresa de Ávila y Juan de la Cruz) tradicionalmente deben recorrer tres vías: la vía purgativa, ascética, por lo tanto asequible a todos, fase activa en la que el mal ha de ser ahogado por la mortificación de las tendencias: es la vía de los comienzos; la vía iluminativa, la de los aprovechados, en la que las potencias del alma (entendimiento, memoria, volun-

tad) entran progresivamente en la pasividad; la vía unitiva, la unión simple, el éxtasis, la contemplación infusa, es decir, la unión transformadora, en la que el alma se diviniza.

La palabra oración designa la plegaria, pero sobre todo la meditación, discursiva antes de ser contemplativa. Es la elevación del alma hacia Dios, durante un tiempo bastante corto, y desasimiento de todo. Teresa habla de oración de quietud, de sueños de las potencias como de un recogimiento profundo que precede a la unión.

## Santa Teresa de Ávila

### 1. ENTRE LA CONTEMPLACIÓN Y LA ACCIÓN

Teresa de Ahumada (llevaba el patronímico de su madre) nació en Ávila o muy cerca, en Gotarrendura, el 28 de marzo de 1515. Murió en Alba de Tormes el 4 de octubre de 1582.

Su padre, Alonso de Cepeda, hombre severo y piadoso, se casó dos veces y tuvo doce hijos. Su segunda esposa, Beatriz, tuvo diez, siendo Teresa la tercera. Murió en 1528, a la edad de treinta y tres años, después del nacimiento de su segunda hija, Juana. Teresa pasó su juventud rodeada de hermanos, tres de los cuales murieron en América. En la historia de su vida, Teresa evoca a su madre, piadosa, recluida, frágil, y ambas alimentando su imaginación con la lectura de libros de caballerías.

De su infancia se recuerda su escapada en compañía de un hermano en busca del martirio en tierra de moros. A los siete años deseaba apurar las pruebas de este mundo y sobre todo temía el infierno. Ya adolescente, parece haber cambiado; está segura de gustar y se interesa por los adornos y los perfumes. Su media hermana María, que fue un poco la segunda madre de esta huérfana de trece años, partió pronto a vivir en provincias con su marido. En 1531, Teresa fue durante algún tiempo pupila en las agustinas de Ávila. Enfermó y volvió a su casa, sin ningún deseo de convertirse en religiosa.

Recibió la educación elemental de las jóvenes nobles de su época. Se plantea una cuestión: hoy se sabe que su padre, que vivió como un hidalgo de Castilla, grave, piadoso, imbuido de los ideales de su país, poco inclinado a la administración de sus bienes, descendía de un rico toledano de origen judío, un converso, que fue «reconciliado», así como su familia, tras un proceso de la Inquisición. Debió de llevar el sambenito y, sin embargo, Teresa parece haber ignorado el problema de la pureza de sangre; no se manifiesta en ella ningún sentimiento de exclusión.

El 2 de noviembre de 1535, al alba, acompañada sólo por uno de sus hermanos, Teresa entró en el Carmelo de la Encarnación en Ávila. Esta segunda huida tuvo una causa: su padre se oponía a su proyecto, no se decidía a perder a su hija preferida y tal vez dudaba de su vocación. Ella apunta una razón inesperada: el purgatorio de la vida religiosa le parecía preferible al infierno que había merecido. Esta joven de veinte años no se sentía atraída por el matrimonio en el mundo, ni por la vida religiosa sin el amor de Dios, y no tenía alternativa. La separación fue desgarradora; tomó el hábito el 2 de noviembre de 1537 y profesó el 3 de noviembre del año siguiente.

Muy pronto empezarán los síntomas de su gran enfermedad, que ella llama su parálisis. Sigue siendo misteriosa a pesar de las teorías que se han podido esbozar. Se le concede una gran parte al psiquismo. En cuanto a Teresa, nunca quiso ver en ella una causa sobrenatural (pruebas, castigos). Era una enfermedad, nos dice, según los médicos la más cruel de todas. Su padre la hizo salir del convento para una cura con una curandera de Becedas, en la primavera de 1539. Pasó el invierno en Hortigosa, en casa de su tío, Pedro de Cetina, y en casa de su hermana María, en Castellanos de la Cañada. En casa de su tío Pedro, pudo leer el *Tercer Abecedario espiritual* del franciscano Francisco de Osuna, que le enseñó la oración de recogimiento y la mística de las tinieblas: ser ciega, sorda y muda al mundo, no pensar nada para pensar todo («no pensar nada es pensarlo todo»). Todo, es decir, Dios, oscuro y oculto. Era un alimento demasiado fuerte, que supo dejar de lado en un primer momento.

Parece que en Becedas no era todavía una enferma grave, incluso logró arrancar del pecado, a riesgo de perderse, a un sacerdote que vivía en concubinato. Fue después de la cura cuando volvieron las grandes perturbaciones. De regreso a casa de su padre, estuvo tres días en coma y en el convento se esperaba la noticia de su muerte. Sólo en 1542 pudo retomar su vida normal en él.

En 1543, la víspera de Navidad, murió su padre. Teresa estuvo a su lado, y esa muerte fue un desgarramiento para ella. El dominico Vicente Barrón, confesor del difunto, le aconsejó volver a la oración, que había abandonado, mientras que su padre había progresado en ella. Pero habrá que esperar a 1555, o 1556, para hablar de conversión o de desposorios místicos.

Teresa leyó mucho, pero, al parecer, en los libros buscó sobre todo referencias a sus problemas. Con Osuna, otro franciscano, Bernardino de Laredo, autor de *Subida del Monte Sión*, contribuyó a su progreso. Las *Confesiones* de san Agustín, traducidas en 1554, la marcaron profundamente.

Entre sus confesores y consejeros, clérigos o laicos, que consultaba con devoción, como hija de la Iglesia, sin seguirlos ciegamente, hay que señalar a los jesuitas, especialmente Francisco de Borja, pues comprendieron la importancia de la meditación centrada en la «santa humanidad de Cristo» que muchos, como el propio Laredo, le pedían que superara. La contemplación abismal la desconcertaba. El descubrimiento en esa época de una estatua de Cristo ajusticiado (Cristo en la columna), que habían relegado a un rincón del convento, la trastornó. La primera transverberación (su corazón atravesado por una lanza de oro con punta de fuego) se sitúa en 1560.

Para la historia, 1559 es una fecha importante: el gran inquisidor Fernando de Valdés publicó su Índice prohibitorio. Es una de las primeras consecuencias del Concilio de Trento (1545-1563), que temía la lectura, aunque fuera parcial, de la Biblia en lengua vulgar, y reservaba su comentario prácticamente sólo a los clérigos autorizados.

Teresa, que ignoraba el latín, se vio privada de las lecturas necesarias para su meditación. Fue entonces cuando Cristo, con palabras sobrenaturales que ella oía en su alma, le pidió que no hablara más con los hombres, sino con los ángeles, y le prometió un libro viviente. Entró en el período de las mercedes, que puso tanto cuidado en comprender y hacer comprender en el *Libro de la vida*, llamado más cómoda pero impropiamente, su autobiografía. Es un relato de «grandes cosas» de su existencia. Tiene relación con la confesión en el sentido agustiniano, para iluminar a los teólogos, sus jueces, y con el análisis interior para convencerse y convencerlos.

> Teresa distingue sobre todo las visiones imaginarias, confusas o parciales, que se imprimen directamente en el intelecto —dice: «ver con los ojos del alma»—, y las visiones intelectuales sin imágenes, que se remiten a muchas abstracciones y misterios. Las palabras que oye sin el socorro de los sentidos, las analiza para saber si provienen del demonio. Lo que ha visto en el espacio son imágenes grotescas u horribles demonios. Esto no la inquieta ya que pertenecen al mundo de la ilusión. El demonio que emplea el lenguaje de Dios sólo podía ser desenmascarado a partir de la angustia.
>
> Las mercedes son breves, pero no puede indicar su duración.
>
> Lo que nos describe Teresa es el recogimiento, la oración de quietud, el sueño de las potencias, lo que llama el vuelo del alma hacia la unión.

En la ciudad empezaron los rumores, se la acusa de comercio diabólico. El iluminismo es aún temido, sobre todo entre las mujeres y las religiosas, algunas de las cuales, como Magdalena de la Cruz, se habían comprometido mucho con él. Teresa no teme visitar y aun quedarse en casa de una viuda, Guiomar de Ulloa, mujer de alta espiritualidad que, con su amiga María Díaz, había hecho de su casa un hogar de reflexión y plegaria. Ella aconsejó a Teresa, le hizo conocer a jesuitas y la ayudó mucho en la fundación de San José.

Teresa sabía reconocer las personalidades, evitar a los débiles y a los simuladores más o menos inconscientes. Osuna le había enseñado a distinguir el recogimiento de la dejación. La sabiduría de Teresa fue renunciar a la oración forzada, extenuante, durante sus largos años de fragilidad y de tibieza. Sin duda, antes que la gracia que esperaba, siempre eligió las soluciones claras y prácticas, lo que le permitió unir la vida de una contemplativa a la de una mujer de acción.

En 1562 se instaló con un puñado de religiosas en el convento de San José, en Ávila. Su fundación le costó dos años de esfuerzos; los relata en los capítulos XXXII a XXXVI de su *Vida*. Tuvo que luchar contra la hostilidad de la ciudad, y en la orden contra la trampa de los reglamentos, contra las dificultades financieras. Fue ayudada por doña Guiomar y por su hermano Lorenzo, que había vuelto de América, pero también por una piadosa dama de Toledo, Luisa de la Cerda, a cuya casa la habían enviado para distraerla.

La orden de Nuestra Señora del Monte Carmelo, una de las más antiguas de la cristiandad, tiene orígenes oscuros.

Algunos ermitaños que vivieron en las cavernas de las laderas del monte Carmelo en Palestina creían ser herederos del profeta Elías. Vivían en la pobreza, la soledad y la plegaria. Cuando la presión del islam les obligó a refugiarse en Europa, ya tenían una regla, aprobada en 1226 por el papa Honorio III. Modificada en 1247 por Inocencio IV para asimilarla a las órdenes mendicantes, esta regla era severa; fue suavizada (mitigada) en 1432 y sólo en 1453 la orden admitió la rama femenina.

La regla mitigada no era impuesta, y algunos conventos se declararon fieles a la observancia antigua, pero la diferencia era mínima.

Teresa, al comienzo, sólo quiso una cosa: fundar retiros para efectivo reducto de almas de oración. La Encarnación, su convento, al que amaba a pesar de todo, acogía a más de cien religiosas en 1560, ciento cincuenta en 1567: se salía a menudo, se recibía en el locutorio o en las celdas.

Teresa quería, sobre todo, volver al rigor y a la pobreza de los primeros tiempos y vivir de las limosnas y del trabajo; de ahí el uso simbólico de alpargatas de cáñamo, que les valieron a los reformados el nombre de descalzos o descalzados. Pedro de Alcántara, el ascético consejero de Teresa, había impuesto su uso a los franciscanos. Teresa impuso también largos ayunos y la abstinencia total de carne, salvo para los enfermos. Las constituciones que redactó en 1562, y que fueron extendidas a todas las nuevas fundaciones por el prior general de la orden, Rubeo, en 1567, no son revolucionarias. El conflicto nacía de las prevenciones que rodeaban a una religiosa demasiado movediza y vagabunda,«monja andariega», y, por supuesto, del riesgo de escisión.

Se habría admitido, al parecer, ver al lado de esas grandes comunidades esos pequeños invernaderos de donde podían salir cuadros capaces de elevar el nivel de toda la orden. Teresa fue impuesta como priora en su antiguo convento de la Encarnación, en 1571, que finalmente terminó por aceptarla. En 1576 la enviaron en residencia forzosa a Toledo. Y también fue en Toledo, al año siguiente, donde Juan de la Cruz fue encerrado en un calabozo de los calzados. Estos años de intercambios espirituales en el secreto de la confesión fueron un enriquecimiento para esos dos seres, unidos por una misma fe y, sin embargo, tan diferentes.

Teresa vio cómo le prohibían continuamente sus fundaciones. El nuncio Sega sometió en 1578 los descalzos a los calzados. El prior general Rubeo murió ese mismo año; había sostenido todo lo posible la reforma, pero, sin embargo, las persecuciones acabarán muy pronto. En 1580, los descalzos son erigidos en provincia separada; al año siguiente, el capítulo de Alcalá confirma las constituciones, antes de que muera Teresa después de la trabajosa fundación de Burgos, en el curso de una visita a Alba de Tormes. Tenía sesenta y siete años; sus restos no volvieron a Ávila, donde, sin embargo, la monja vagabunda pasó, en el retiro, los mejores momentos de su vida religiosa. Se le deben quince fundaciones.


2.  LA OBRA

Empezó en 1562 con la fundación de San José, nada hay antes de esa fecha a no ser algunas cartas. Al año siguiente, el Concilio de Trento terminó sus trabajos. Sus escritos, sobre todo los más significativos, no son muy numerosos, y los manuscritos autógrafos se han conservado casi todos. La primera edición de sus obras es la de Salamanca en 1588 y se debe a fray Luis de León.

·  La primera de sus obras es el *Libro de la vida*, cuya primera redacción, perdida, es de 1562. La segunda, terminada en 1565, estaba destinada a

Juan de Ávila, que dio su aprobación en 1568. Éste es el origen de las primeras copias. En 1574, la princesa de Éboli, que se había disgustado con Teresa, la denunció a la Inquisición, que al año siguiente hizo secuestrar el original y todas las copias, menos una. Ésta sirvió de «ejemplar» para numerosas nuevas copias. El original estaba acompañado por una aprobación del dominico Báñez. Fue devuelto a Ana de Jesús en 1578 y sirvió para la edición de 1588. El mismo Felipe II la reclamó para El Escorial. Este libro, inspirado en san Agustín, podría subtitularse «Historia de un combate espiritual». Puede ser aclarado leyendo las *Cuentas de conciencia*, escritos diversos donde revela sus estados de alma. Se debe completar con el *Libro de las fundaciones*, que relata los orígenes de sus primeros conventos. En este relato vivo y lleno de humor, que a veces recuerda la picaresca, Teresa muestra el otro aspecto de su personaje, realista y emprendedor.

En la primera versión del *Camino de perfección*, que probablemente sea de 1562, se dirige a las religiosas de San José; la última, para un público más amplio, es de 1576. Fue publicada en Évora, en 1583. Fray Luis de León realizó una amalgama de esta obra destinada a conducir a las descalzas hasta la oración de recogimiento y de quietud.

*El castillo interior*, llamado también *Moradas del castillo interior*, es la cumbre del pensamiento teresiano. Escrito a petición del padre Gracián en el retiro forzoso de Toledo (junio de 1577), fue terminado el 29 de noviembre siguiente en Ávila. Un fervor especial anima esta obra largo tiempo meditada y escrita en momentos de prueba. El manuscrito, escrito de corrido, fue publicado tal cual en la edición de 1588.

Entre los otros escritos hay que mencionar una meditación sobre el *Cantar de los Cantares*: *Meditaciones sobre los cantares*, que fray Luis de León no conoció y se publicó en 1611. Fue escrito, sin duda en Ávila, hacia 1574. Es verosímil que Juan de la Cruz lo conociera. A él hay que añadir los *Avisos*, *Visita de descalzas* y, sobre todo, las 459 cartas de la edición española de la B.A.C. También nos han llegado sus poesías, algunas de atribución dudosa. No hablamos de las que son ciertamente apócrifas.

Santa Teresa fue canonizada en Roma en 1622 y declarada doctora de la Iglesia en 1970. No dejó ninguna doctrina estructurada como tratado de teología mística. La especulación, la búsqueda de las causas y de los efectos, no son lo suyo. Ella parte de lo vivido, de su experiencia de lo sobrenatural, que somete a dones excepcionales de introspección. Parte de un Dios *intimior intimo suo*, como diría san Agustín, y desde lo alto de este conocimiento personal es desde el que se permite enseñar. Autodidacta, necesitaba del libro, aunque fuera para subrayar pasajes que sometía a sus consejeros para hacerse comprender mejor. Hay mucho interés en conocer sus lecturas para encontrar el origen de ideas o de metáforas de las que su genio se apropiaba. Teresa discutió firmemente con consejeros y confesores; los cambiaba a menudo, sobre todo cuando eran reticentes, como Gaspar Daza y Francisco de Salcedo. Los grandes nombres de Pedro de Alcántara y de Juan de Ávila, y del más célebre de los jesuitas, Francisco de Borja, que la conocieron, la alentaron.

El *Libro de la vida* contiene un pequeño tratado de la oración (capítulos XI a XXII). En este último capítulo, sin contradecir a los teólogos que puedan pensar de otra manera, dice:

> [...] apartarse del todo de Cristo y que entre en cuenta este divino Cuerpo con nuestras miserias ni con todo lo criado, no lo puedo sufrir.

No hay superación hacia la anulación: Teresa, a pesar de ciertas visiones intelectuales, no se sentía atraída hacia lo insondable. Sus visiones imaginarias, las palabras oídas, sólo provienen de Cristo. Ella se hizo capaz de recibirlas y de reconocerlas mediante la mortificación de las tendencias y, sobre todo, por la humildad que, para ella, es conocimiento de uno mismo y en consecuencia de Dios, de quien el hombre es la imagen: socratismo cristiano, de origen agustiniano, y que da a la oración mental el giro familiar de una conversación, de un «tratar de amistad»:

> [...] que no es otra cosa oración mental, a mi parecer, sino tratar de amistad, estando muchas veces tratando a solas con quien sabemos nos ama.

*Vida*, cap. VIII

Se sabe que Teresa, realista pero emotiva, estuvo profundamente unida, a veces de manera excesiva, a sus hermanos y hermanas de religión, y a su familia. Ni los abandonos, ni las traiciones, ni los pecados pudieron con su voluntad de actuar en el mundo, a la vez que continuaba con lo que era la razón de su vida: el recogimiento, la quietud y el vuelo del alma. Es el nombre que ella da al éxtasis y a la unión.

*El Castillo interior* o *Las Moradas* es, en suma, el testamento de su largo discurso místico, y el título la remite a los encantamientos de sus primeras lecturas de libros de caballerías. Aquí se detiene la analogía; entramos en un mundo alegórico nuevo. El castillo es el alma; se franquea su puerta con la oración mental, cuando se está todavía en el mundo, pero se es capaz de buenos deseos y de plegarias. Se entra luego en las moradas, que son siete, y que reemplazan los cuatro grados enumerados en la *Vida*. Las dos primeras están reservadas a los principiantes, las dos siguientes trazan la vía iluminativa abierta a los aprovechados: primero, la penitencia, la quietud suave, el recogimiento. Entonces empiezan los «gustos divinos», las gracias que Dios otorga. La voluntad es la primera potencia del alma que se ahoga, luego viene el entendimiento, pero la imaginación —en Teresa, hermana de la memoria— continúa agitándose. En la quinta morada (oración de unión), todas las potencias están suspendidas.

> [...] ya veis esta alma que la ha hecho Dios bova del todo para imprimir mejor en ella la verdadera sabiduría, que ni ve ni oye ni entiende en el tiempo que está ansí, que siempre es breve (y aun harto más breve le parece a ella de lo que deve de ser), fija Dios a sí mesmo en lo interior de aquel alma de manera que, cuando torna en sí, en ninguna manera pueda dudar que estuvo en Dios y Dios en ella.

> «Moradas quintas», cap. 1

Puede compararse este texto con el capítulo XVIII de la *Vida*.

## 3. LA ESCRITORA

Dos escritores religiosos marcaron profundamente la prosa del siglo XVI español: Luis de Granada, en el estilo oratorio, hasta el punto de servir de modelo junto a Cicerón, y Teresa de Ávila que, por el contrario, escapa a las normas clásicas. Su escritura es la más original de su época. Sólo escribía a petición de sus confesores o debido a sus tareas pastorales, y sólo en los últimos veinte años de su vida: «Escribo como hablo [...] Tornar a leer yo jamás lo hago. Si faltaren letras, póngalas allá [...]» es lo que dice, como para subrayar su indiferencia hacia los ornamentos del estilo. Y es así cómo crea su propia prosa espontánea, cargada de emoción y de fervor.

> Indiferente a la lógica gramatical, a la grafía en uso en su época en los libros impresos, puede dejar una frase sin terminar, cuando se le presenta un nuevo pensamiento; construcciones y figuras se atropellan: anacolutos, elipsis, silepsis. Es la lengua hablada de Castilla: escribe *naide* por *nadie*, *anque* por *aunque*, *relisión* por *religión*. Deseo de captar al lector, pero también rasgo de humildad cristiana. Quiere hablar a los hombres como se habla, sin rebuscamientos, cuando se está a solas con Dios. Elegid, dice en *Visitas de*

*descalzas*, un estilo ermitaño, el de la gente que vive en soledad, dejad los vocablos nuevos que se emplean en el mundo. Estilo simple y, sin embargo, Teresa escribe con una vivacidad que la lleva a los juegos de palabras. Gusta de las expresiones antitéticas, cuando son agradables o sorprendentes, con una punta de preciosismo: «agradable pena», «muerte sabrosa», «celestial locura», «glorioso desgarramiento». Rasgo popular y encantador, usó frecuentemente diminutivos para condenar el amaneramiento y la fragilidad de las *devocioncitas* (*Vida*, XXV). Porque el diminutivo no vuelve insípido su estilo, sino que por el contrario, le comunica una viva afectividad y le permite distanciarse o traducir su ternura. Su alma es una *encarceladita* (*Vida*, XI). Habla de la «*centellita* de amor de Dios» (*Vida*, XV).

Teresa da vida a los términos abstractos de su vocabulario psicológico: la memoria es una mariposa, el entendimiento un almiar, la imaginación una tarabilla de molino y, sobre todo, la loca que trastoca la casa de la voluntad, que se ha convertido en la «loca de la casa».

Se ha dicho que todo era original en su obra, es verdad, difícilmente comparable, pero Teresa leyó mucho, retuvo mucho y le imprimió su sello. Gaston Etchegoyen se ocupó de sus fuentes y mostró, por ejemplo, que Teresa, sensible al símbolo del agua, pudo comparar los cuatro estados de la oración con las diferentes fases del riego del jardín. Leyó a Alonso de Orozco, Luis de Granada, Pedro de Alcántara, Osuna. Del conjunto sacará una descripción poniéndose ella misma en escena:

> Paréceme a mí que se puede regar de cuatro maneras: u con sacar el agua de un pozo, que es a nuestro gran travajo; u con noria y arcaduces, que se saca con un torno (yo lo he sacado algunas veces), es a menos travajo que estotro y sácase más agua; u de un río u arroyo, esto se riega muy mijor, que queda más harta la tierra de agua y no se ha menester regar tan a menudo, y es a menos travajo mucho del hortolano, u con llover mucho, que lo riega el Señor sin travajo ninguno nuestro…

> *Vida*, cap. XI

También Teresa pudo ver diablos gesticulantes en la tradición medieval todavía viva, pero lo que la inquieta es un adversario espiritual, que puede simular el lenguaje de Dios y dar buenos consejos contra los que se defiende con toda su inteligencia, en un estilo mesurado, casi frío:

> Cuando es demonio, no sólo no deja buenos efectos, mas déjalos malos. Esto me ha acaecido no más de dos o tres veces, y he sido luego avisada del Señor cómo era demonio. Dejado la gran sequedad que queda, es una inquietud en el

alma a manera de otras muchas veces que ha primitido el Señor que tenga grandes tentaciones y travajos de alma de diferentes maneras, y aunque me atormente hartas veces, como adelante diré, es una inquietud que no sabe entender de dónde viene, sino que parece resiste el alma, y se alborota y aflige sin saber de qué, porque lo que él dice no es malo, sino bueno. Pienso si siente un espíritu a otro.

*Vida*, cap. XXV

La naturalidad de su estilo correspondía a una tendencia a la simplicidad preconizada especialmente por Juan de Valdés. Pero en Teresa hay una vivacidad que aun en las traducciones es perceptible.

Véanse a continuación algunos ejemplos:

La separación de los suyos fue particularmente dolorosa en 1535. Casi treinta años después del hecho, la emoción tiembla aún en las frases que lo evocan:

Acuérdaseme a todo mi parecer, y con verdad, que cuando salí de casa de mi padre, no creo será más el sentimiento cuando me muera; porque me parece cada hueso se me apartaba por sí, que, como no había amor de Dios que quitase el amor del padre y parientes, era todo haciéndome una fuerza tan grande que, si el Señor no me ayudara, no bastaran mis consideraciones para ir adelante.

*Vida*, cap. IV

Hacia 1560 tuvo una visión del infierno, un infierno sin demonios y sin condenados donde se ahogaba en la soledad al fondo de un largo callejón, en una concavidad metida en la pared. Da de ello una descripción muy cargada de angustia que oprime el alma tanto como el cuerpo:

Estotro me parece que aun principio de encarecerse como es no le puede haver ni se puede entender; me sentí un fuego en el alma, que yo no puedo entender cómo poder decir de la manera que es. Los dolores corporales tan incomportables que, con haverlos pasado en esta vida gravísimos y, sigún dicen los médicos, los mayores que se pueden pasar acá...

[...] Esto no es, pues, nada en comparación de el agonizar de el alma; un apretamiento, un ahogamiento, una afleción tan sentible y con tan desesperado y afligido descontento, que yo no sé cómo lo encarecer. Porque decir que es un estarse siempre arrancando el alma, es poco, porque aun parece que otro os acaba la vida; más aquí el alma mesma es la que se despedaza. [...] y digo que aquel fuego y desesperación interior es lo peor...

*Vida*, cap. XXXII

Se pensaría en *A puerta cerrada* de Jean-Paul Sartre.

Finalmente, para mostrar con qué naturalidad podía adoptar el habla noble de la España de su época, evocaremos las palabras que oyó de Cristo, en sus desposorios místicos (*Citas*, XXV):

> [...] de aquí adelante, no sólo como Criador y como Rey y tu Dios mirarás mi honra, sino como verdadera esposa mía; mi honra es ya tuya y la tuya mía.

El Renacimiento español, como reacción contra una imitación servil de los antiguos, se acercó a la inspiración popular. Teresa de Ávila testimonia a su manera esta reacción. Pero le imprime su propio sello: una excepcional armonía entre la expresión y las emociones, los movimientos de su alma y su pensamiento.

## San Juan de la Cruz

### 1.   UNA VIDA DE ADVERSIDADES

Juan de Yepes nació en Fontiveros, pequeño burgo de Castilla.

> Es conocido el año de su nacimiento, 1542, pero no el mes. La familia de su padre consideró que éste había hecho un mal casamiento, debiendo ejercer con su mujer el oficio de tejedor hasta su muerte prematura en 1549. Dejó una viuda pobre y dos hijos, Francisco y Juan, un tercero murió con poca edad. La madre, Catalina Álvarez, tuvo que abandonar Fontiveros para encontrar un poco de trabajo en Arévalo, y después en Medina del Campo, sin recibir ayuda de sus suegros. Los niños aprendieron a leer en la escuela para niños pobres. Al colocarse como aprendices, Juan mostró dotes artísticas; como carpintero aprendió a esculpir la madera y a pintar. Finalmente, se convirtió en monaguillo y servidor en los agustinos de la ciudad.
>
> Un rico hidalgo, Alonso Álvarez de Toledo, se fijó en él y, contando unos doce años, Juan fue contratado para diferentes trabajos y cuidar enfermos en el hospital adonde se había retirado su protector. Cuidó en especial a los bubosos, los sifilíticos afectados de pústulas. Pero pudo estudiar humanidades en el colegio de los jesuitas. Su protector esperaba sin duda hacer de él un sacerdote, limosnero del hospital. Se dice que pasaba una parte de sus noches trabajando, sentado en un haz de leña.

Pero a los veinte años, Juan de Yepes, decidió entrar en el Carmelo de Medina, que pertenecía a la observancia. Fue enviado al colegio de San Andrés, *studium generale* de la orden en Salamanca, para estudiar teología. Siguió el ciclo de artes (lógica, física, metafísica), de 1564 a 1567 y, según el uso, fue ordenado sacerdote. Volvió a Medina para decir su primera misa antes de emprender el ciclo de teología. Fue entonces cuando tuvo una crisis de conciencia debido al relajamiento de la orden (observantes y calzados sólo se distinguían por el nombre). Se propuso el proyecto de entrar en la cartuja de El Paular para encontrar allí la austeridad de vida y el recogimiento que deseaba. Corría el año 1567, Teresa de Ávila se encontraba en Medina; en aquel entonces buscaba alentar vocaciones masculinas. Había convencido al prior de los carmelos, Antonio de Heredia, cuando conoció a ese joven religioso, sacerdote recién consagrado, cuyo aspecto físico le parecía bastante insignificante, pero en el que adivinó a un hombre providencial tan diferente de ella y su aliado para siempre. Juan de Yepes, que había tomado el nombre de Juan de Santo Matía, se convertirá en fray Juan de la Cruz, el segundo fundador de la reforma carmelita. Debió terminar rápidamente su carrera de teólogo al año siguiente, en Salamanca, y después de una estancia en el convento de Río de Olmos (Valladolid) con la Madre que lo informaba sobre sus proyectos, fue a Duruelo, al sur de Ávila, su primera fundación.

Pocos seres más diferentes que Teresa y Juan: en el momento de su encuentro, ella tenía cincuenta y dos años, él veinticinco. Ella tuvo que abandonar a una familia amada y los atractivos del mundo para alcanzar la cima de la vida mística. Él llegó a esa vida sin dudar, al parecer, por la vía de la pobreza y por el contacto con la miseria física y moral del hombre.

> Duruelo, antigua alquería, se reducía a una entrada (que se convirtió en iglesia), un pequeño granero (que se convirtió en coro), un cuarto (el dormitorio), y finalmente una pequeña cocina. El suelo era de tierra apisonada. Elegido por la misma Teresa, el convento tenía el aspecto de una pequeña ermita. Fray Juan de la Cruz se instaló allí el 28 de noviembre de 1568, con dos compañeros, Antonio de Heredia (el ex superior de Medina), convertido en fray Antonio de Jesús, y fray José de Cristo. No había más ornamentos que la cruz de madera y algunas calaveras humanas, todos los humildes objetos y las vestimentas eran compartidos. No se trataba de crear una clausura y la pequeña comunidad predicaba en el vecindario. La madre y el hermano de fray Juan de la Cruz fueron a trabajar en su fundación.
>
> Con las nuevas vocaciones, Duruelo fue abandonado en 1570 por Mancera, y casi en seguida fray Juan fue nombrado maestro de novicias en Pastrana, donde se alimentaba de hierbas silvestres y algunas legumbres más un poco de pan, queso y huevos, los días de fiesta.

En 1571, fray Juan de la Cruz fue llamado como rector del convento de San Cirilo, colegio carmelita en Alcalá de Henares, cerca de la célebre Universidad, hecho que marca su vuelta a la cultura espiritual, inseparable para él de la austeridad y de la plegaria. De Alcalá tuvo que regresar a Pastrana para moderar el ardor algo sádico de un maestro de novicios. Más grave fue el conflicto que surgió entonces entre descalzos y calzados.

En 1572, fue enviado a la Encarnación de Ávila. Residía en una pequeña casa cercana y entre sus penitentes estaba Teresa de Ávila.

En 1577, fue secuestrado por los calzados y trasladado, con los ojos vendados, a su convento de Toledo. Permaneció detenido, del 4 de septiembre de 1578 al 16 de agosto del año siguiente, en condiciones de extraña crueldad. Se evadió durante la noche y en la mejor tradición: complicidad del guardián, cerradura forzada, cuerda hecha con ropas y el lienzo del jergón... Bien acogido y cuidado por las carmelitas teresianas, partió hacia Andalucía. En 1578, fue nombrado prior del Calvario, no lejos del convento de mujeres de Beas de Segura, en la provincia de Jaén, dirigido por Ana de Jesús, que tan gran papel tuvo en la fundación de la nueva orden.

> Es un período tranquilo y fecundo; dibuja para las religiosas el esquema del Monte Carmelo, redacta para ellas *Avisos y sentencias espirituales*, y sin duda termina el *Cántico espiritual*, que habría comenzado en su prisión de Toledo. Queda encantado por el paisaje, las grandes noches estrelladas, las amplias soledades. Este período andaluz termina en 1588. Allí fue rector, fundador del colegio carmelita de Baeza (junio de 1579), prior del Carmelo de Granada (enero de 1582), vicario provincial de Andalucía (1585).

> En el transcurso de este período desplegó una gran actividad espiritual y pastoral. Se cree que habría trabajado en la construcción del acueducto de los Mártires en Granada; pero sin duda fue feliz de reencontrar su Castilla en Segovia, adonde fue llamado como prior.

Pero le esperaban nuevas pruebas y de las más graves. Ya no se trataba de un conflicto entre descalzos y calzados, sino de un desacuerdo profundo dentro de la reforma. Nicolas Doria, genovés de origen, nombrado provincial de la Reforma, el 10 de mayo de 1585, se reveló autoritario y organizador más que contemplativo.

> Quiso introducir un organismo centralizador, la Consulta, consejo de seis miembros para asistir al provincial. Este directorio tenía capacidad para modificar las constituciones teresianas e imponer sus decisiones. Doria ob-

tuvo del papa Sixto V una bula para confirmar el proyecto a pesar de la oposición de algunos y especialmente del padre Gracián, el ex consejero y confidente de Teresa.

El capítulo del 18 de junio de 1588 confirmó la victoria de Doria. Juan de la Cruz fue elegido primero como uno de los cuatro definidores para la expedición del capítulo, y luego como primer miembro de la Consulta, que eligió como sede Madrid: ¿ensayo de gobierno representativo o directorio de siete cabezas? Se produjo un conflicto e intervino el rey.

Juan de la Cruz se encontraba en una situación contradictoria. Contemplativo en su alma, feliz en su retiro castellano, pero primer definidor del capítulo, primer consejero llamado en caso de ausencia del superior para presidir la Consulta, tuvo que elegir. No pudo admitir que la fundación teresiana se viera amenazada después de la muerte de la Madre y, con algunos amigos, Ana de Jesús y el padre Báñez, luchó por el mantenimiento de las constituciones y por la exigencia de pobreza y de oración que daba su sentido a la reforma.

Doria y los suyos lo consideraron entonces un rebelde. Se le propuso para provincial en México. Doria revocó la elección y lo despojó de todos sus cargos y dignidades. Convertido en simple fraile, fue enviado al desierto de La Peñuela, pequeña ermita en los contrafuertes de Sierra Morena. Afectado de fiebre, úlceras y abcesos, le propusieron para que pudiera estar mejor cuidado el convento de Baeza, del que había sido prior. Eligió Úbeda, cuyo prior, que no lo apreciaba, aprovechó su debilidad para agobiarlo. Diego Evangelista, el temible visitador de la orden, fue a averiguar sus ideas y costumbres. Lo amenazaron entonces con la expulsión de la orden y del estado religioso. Habiendo llegado al fondo de la humillación y de la mortificación, murió después de una lenta agonía, el 13 de diciembre de 1591. Se saben algunas de sus últimas palabras: «Mañana cantaré maitines en el cielo.» Su tumba está en Segovia, en Castilla, su «tierra natural».


## 2. LA OBRA

Mientras que los manuscritos de Teresa de Ávila fueron religiosamente conservados, los de Juan de la Cruz fueron destruidos en gran parte, por él mismo o siguiendo sus indicaciones, por comunidades espantadas en las grandes crisis, muy especialmente la de 1591.

Un carmelita de Granada dejó un documento que muestra el desamparo que reinaba entre los discípulos, así como la unión que tenían con su maestro espiritual:

> Me hicieron guardián de numerosas cartas que los religiosos estimaban tanto como las epístolas de san Pablo y de cuadernos espirituales muy elevados, un saco lleno, y como la investigación se hacía más urgente, me dieron la orden de quemar todo para que no cayera en manos de ese visitador y se quitaron y destruyeron los retratos del santo.

La obra fue editada muy tarde, y se estableció a partir de copias. La edición de Alcalá de 1618 no contenía el *Cántico espiritual*, el cual no fue publicado en España hasta 1630, en Madrid. El *Cántico* era ya conocido por las ediciones francesa (1622), belga e italiana (1627). Se sabe que se presenta de dos maneras: treinta y nueve estrofas en el manuscrito de Sanlúcar de Barrameda, cuarenta en el de Jaén, que implica el agregado de una estrofa (la undécima), y un orden diferente a partir de la decimoquinta. El movimiento general de la obra está bastante modificado.

Sólo nos referiremos a la obra en prosa dejando de lado los escritos cortos: algunas cartas y sus *Avisos y sentencias*, aforismos que entregó a sus discípulos. Consiste esencialmente en comentarios de la obra poética. Juan de la Cruz no dejó nada autobiográfico, ni describió sus trabajos, sus sufrimientos, sus viajes. Se prohibió exponer su experiencia mística personal, aunque admite que está implicada en su pensamiento teológico y en los consejos que dio a quienes le seguían.

Nosotros decimos «comentario» cuando él habla de «declaración», es decir, exposición clara y paráfrasis en el sentido de discurso explicativo, lo que sólo se aplica verdaderamente al *Cántico espiritual* y a la *Llama de amor viva*.

### Cántico espiritual

Sin duda empezado en el calabozo de Toledo y terminado en el Calvario, el *Cántico espiritual* es la más conocida de las obras de Juan de la Cruz, y su comentario el más representativo. Fue escrito a petición de Ana de Jesús, priora de Beas de Segura, a quien dirige el prólogo.

El método es simple: se cita una estrofa y luego cada verso se retoma y explica. Partiendo del *Cantar de los Cantares* bíblico, desde hacía tiempo aceptado en su sentido anagógico —búsqueda de Dios por el alma colmada de amor y la unión que la corona—, el autor español renuncia a las descripciones eróticas de la poesía oriental en beneficio del diálogo con la naturaleza y de imágenes misteriosas que le son propias.

El comentario decepcionó a ciertos lectores y él mismo nos dice por qué: los autores inspirados reciben misterios más que razonamientos; lo que el Espíritu Santo les inspira se parece a balbuceos, porque utilizan figuras y semejanzas extravagantes para quien no ha recibido la simplicidad del espíritu de amor, y los intérpretes no hacen más que entrever la más ínfima significación.

Su poema, dice él sin rodeos, fue escrito en una abundancia de luz mística, de la que se propone dar sólo una «luz general» para dejar a las palabras del amor toda su amplitud, que cada uno aprovechará según sus posibilidades y la riqueza de su espíritu.

Esta «declaración» que propone, pero no impone, es una base de meditación aceptable para la Iglesia. Como buen teólogo, utiliza la analogía en su doble acepción: analogía del ser que busca en el hombre, imagen de Dios, el principio de los atributos divinos; analogía de la fe (cualquier afirmación ha de ser comprendida a la luz de las enseñanzas de la Iglesia).

Este método algo limitativo tiene el mérito de hacer el poema irreductible en tanto expresión de una experiencia mística. Para Juan de la Cruz, el símbolo poético es el único capaz de realizar la coincidencia de dos realidades de orden diferente, el orden natural y el orden divino, el único capaz de recibir a Dios y el misterio del amor. El comentario protege así al poema tanto como ofrece un medio de servir a la oración.

*La* Llama de amor viva

Este corto poema, cuatro estrofas de seis versos, se compone en realidad de liras precedidas cada una por un heptasílabo exclamativo: *¡Oh llama de amor viva! […]/ ¡Oh cauterio suave! […]/ ¡Oh lámparas de fuego!* Es comentado por el autor según el método ya utilizado para el *Cántico*. Este comentario fue pedido por Ana de Peñalosa, piadosa dama de Granada, que había facilitado la instalación del Carmelo en la ciudad. Esta vez, la relación con el poema es menos estrecha y como olvidada en digresiones, en especial sobre la dirección de las almas, tema que preocupó a Juan de la Cruz. Es abandonado ante los tres últimos versos, que san Juan renuncia deliberadamente a explicar; deja su secreto inefable a la poesía:

> y en tu aspirar sabroso,
> de bien y gloria lleno,
> cuán delicadamente me enamoras!

El poema continúa el *Cántico*, muestra cómo después del matrimonio místico empieza la unión transformadora del alma en Dios, y esta aspiración, la absorción definitiva, ningún discurso puede explicarla ni describirla. Pero el comentario traduce ese pentecostés del alma, donde el Bienamado todavía está separado por la delgada tela de vida natural. La muerte está muy cerca, pero es luz y abrazo. Aparecen los signos trinitarios: el fuego y el Santo Espíritu, la mano, la presencia del Padre, el toque delicado, el Hijo encarnado.

> En su comentario de la tercera estrofa, «*¡Oh lámparas de fuego!*», Juan de la Cruz evoca una teoría de la *obumbración* que se encuentra solamente en él en la forma que él le da. Recordemos la Anunciación (Lucas, I, 35): «El Espíritu Santo vendrá sobre ti, y la virtud del Altísimo te hará sombra» (*et virtus Altissimi obumbravit tibi*). La sombra de Dios, complementaria de su luz, evoca su presencia y su gracia. Cuanto más nos toca su sombra, más cerca de nosotros está Él. Por analogía en las cosas espirituales, al igual que la sombra es opaca o transparente según las propiedades del cuerpo que la proyecta, la sombra de la muerte es tinieblas, la sombra de la vida es luz, la sombra de la belleza es otra belleza, la sombra de la sabiduría otra sabiduría. La sombra de Dios es luminosa, ya que sus atributos son las lámparas de fuego, que iluminan las profundas cavernas del sentido. De esta manera, la muerte que aporta es transfiguración.

## Subida del Monte Carmelo y Noche oscura

Estas dos obras forman un único tratado de mística construido sobre una idea simple: el alma no puede contener a la vez una aspiración a la vida divina y tendencias contrarias a Dios. Hay, pues, que purificarse en cuanto al sentido y en cuanto al espíritu, en principio activamente (*Subida*, libros I a III).

Sirve de lazo entre estas dos fases de la evolución mística (la *Subida* corresponde más o menos a la vía iluminativa y la *Noche* a la vía unitiva), el poema «La noche oscura». Citado en el preámbulo y a veces olvidado en el curso de la exposición, es como un recuerdo lírico del tema fundamental, más que un motivo explicado.

El libro I de la *Subida* es una crítica rigurosa de los apetitos, aun de los mejores, que también pueden ser un obstáculo. Hay que introducir razón en el mundo irresponsable de los sentidos, hay que combatir las ilusiones y ejercer una continua mortificación.

Más original es el libro II que nos remite a la teología de las virtudes. Las tres virtudes teologales actuarán en la purificación: la Fe, que tiene a Dios por único objeto, purifica la inteligencia, la Esperanza purifica la memoria de las aprehensiones naturales y sobrenaturales, la Caridad purifica la voluntad; dicho de otra manera, el Amor purifica el amor. Éste es el que da vida a las obras.

De las pasiones naturales del alma, se consideran cuatro (la alegría, la esperanza, el dolor, el temor), pero sólo se habla del gozo, y el tratado quedó inconcluso.

La «Noche oscura» es la parte más conocida. Implica la pasividad del hombre y la acción directa de Dios y, en el mismo orden que en la *Subida*, se trata de purificación del sentido, y luego del espíritu.

Puede sorprender ver al comienzo una exposición sobre los pecados capitales, contra los que deben cuidarse los principiantes y los aprovechados. El orgullo amenaza a los principiantes, llenos de fervor, pero que no recurren a la humildad y sacan demasiada satisfacción de sus obras y de ellos mismos. Hablan de cosas espirituales con vanidad y a veces quieren enseñarlas antes de aprenderlas. Juan de la Cruz retoma el tono satírico de Osuna para evocar las palabras, los gestos y los suspiros de estos presuntuosos, a los que remite a un buen director.

Con el nombre de avaricia (o espíritu de propiedad), Juan de la Cruz coloca la inquietud de aquellos que no se contentan con la vida espiritual que Dios les da. Se quejan e importunan a sus confesores, leen muchos libros y se cargan de imágenes, de costosas cruces de oro, de rosarios y de Agnus Dei... Éstos han de volver a la mortificación y la pobreza de espíritu.

> [...] pues que la verdadera devoción ha de salir de corazón, y sólo en la verdad y sustancia de lo que representan las cosas espirituales, y todo lo demás es asimiento y propiedad de imperfección.

La gula espiritual, la búsqueda del placer en los ejercicios de devoción, las penitencias extenuantes, los gustos sensibles buscados en la frecuente comunión, son para él una forma de melancolía religiosa y de peligrosa tristeza. Se sabe que Teresa se opuso a su rigor, a veces de manera divertida, como en el célebre *Vejamen* escrito hacia 1567:

Dios me libre de gente tan espiritual que todo lo quieren hacer contemplación perfecta, dé do diere. Con todo los agradecemos el havernos tan bien dado a entender lo que no preguntamos.

Chocaron dos temperamentos, y Teresa siempre permaneció unida a las gracias sensibles, lo que no le impedía remediar sin debilidad el desequilibrio que veía en las religiosas a su cargo. Juan de la Cruz, en los siete primeros capítulos del primer libro, aparece como un guía espiritual muy atento a las posibilidades y a los límites del alma humana.

Del tratado de la *Noche oscura*, el segundo libro es el más misterioso. Llamado al conocimiento angélico, el alma sufre entonces una verdadera pasión antes de alcanzar el alba de la contemplación:

> a escuras y segura,
> por la secreta escala disfrazada,
> ¡oh dichosa ventura!
> a escuras y en celada,
> estando ya mi casa sosegada.

El enmascaramiento que protege al fugitivo, la escala y sus diez grados de amor místico, el autor da con ellos sentido a la luz de san Bernardo y santo Tomás, es decir de la teología tradicional.

Esta segunda estrofa del poema es la más minuciosamente explicada, pero el tratado se interrumpirá en el primer verso de la tercera lira: «En la noche dichosa…» Se ha pensado en las hojas perdidas, y dificultosamente nos resignamos a admitir que el teólogo haya elegido el silencio ante lo inexplicable que el poema aclara misteriosamente. Éstas son las últimas palabras:

> […] Pero el amor solo que en este tiempo arde, solicitado el corazón por el Amado, es el que mueve y guía al alma entonces y la hace volar a su Dios por el camino de la soledad, sin ella saber cómo ni en qué manera.

Cap. XXV

Hemos elegido presentar la obra en prosa de Juan de la Cruz, sus relaciones más o menos estrechas con la poesía (que será abordada en el capítulo VII). Así, el tratado *Subida del Monte Carmelo - Noche oscura* puede parecer la piedra clave que sostiene el conjunto.

Jean Baruzi ve, por el contrario, una obra original, desprendida de la enseñanza dogmática cristiana, que describe una experiencia de la esencia divina, dicho de otra manera, un conocimiento trascendental, mientras que el *Cántico* y la *Llama* siguen centrados en Cristo y basados en las Escrituras.

Juan de la Cruz escribió casi únicamente durante su estancia en Andalucía. ¿Tenía tiempo para concebir dos campos tan diferentes, uno de los cuales ofrecía peligros que no podía ignorar?

Una cosa es cierta: el *Cántico* y la *Llama* forman un todo. El comentario del primero anuncia el segundo en su conclusión:

> Todas estas perfecciones y disposiciones las expone la esposa a su Amado, el Hijo de Dios, con deseo de ser por Él trasladada del matrimonio espiritual al que Dios la ha querido conducir en esta Iglesia militante al glorioso matrimonio de la triunfante [...].

Texto de la versión B, sin duda modificada por un teólogo que subraya el paso de la Iglesia del mundo a la del cielo, pero hay que volver al comentario de la estrofa 38 (versión A) o 39 (versión B) del «Cántico», para comprender la estrecha unión de los dos poemas.

El verso: «con llama que consume y no da pena», es comentado en demasía en el texto B, que recuerda el Deuteronomio (4, 24): «Porque Jehová tu Dios es fuego que consume...», para explicar la transformación del alma en Dios. «A la manera del fuego en el ascua...»

Louis Cognet encuentra en una variante de la versión A un texto más claro y más elegante, donde se trata de un amor suave y del carbón incandescente que se hace igual al fuego y se transforma en él.

El conjunto *Subida - Noche oscura* nos parece demasiado cargado de enseñanza ascética para no dirigirse a los aprovechados, que siguen la vía iluminativa mediante el renunciamiento.

El capítulo XIII del Libro primero de la *Subida* contiene un texto que parece hecho para el recitado coral; éstos son algunos consejos:

> Procure siempre inclinarse:
> no a lo más fácil, sino a lo más dificultoso;
> no a lo más sabroso, sino a lo más desabrido [...]
> no a lo que es descanso, sino a lo trabajoso [...]
> no a lo más, sino a lo menos [...]
> no a lo que es *querer* algo algo, sino a *no querer nada...*

La última estrofa del poema parece caída del *Cántico espiritual* en el silencio, ya que el comentario se ha callado:

Quedéme, y olvidéme,
el rostro recliné sobre el Amado;
cesó todo, y dejéme,
dejando mi cuidado
entre las azucenas olvidado.

«Noche oscura», estrofa 8

la noche sosegada
en par de los levantes de la aurora...

«Cántico espiritual», estrofa 14

Esta noche obsesiva es la de todo nacimiento, porque el tiempo y la vida empiezan, en la tradición bíblica, por las tinieblas, en el seno de la madre o en el suelo de la germinación: «... y fue la tarde y la mañana o primer día» (Génesis, I, 5).

¿Se puede hacer de Juan de la Cruz un gran prosista? Su prosa no iguala a su poesía. Descuida a menudo la composición, se entrega a digresiones, y aunque ha sido maltratada, y las correcciones e interpolaciones ajenas la hicieron más pesada, fue escrita para servir a sus tareas de pastor. Pero, en ese estilo voluntariamente despojado, de emoción contenida, se observa en especial en la *Llama* y en el segundo libro de *Noche oscura*, un fervor estremecedor. Algunas imágenes muestran bien la sensibilidad que se ha dicho que es un poco femenina, la del destete, en particular, que le es familiar.

Tal vez es en sus *Avisos y sentencias espirituales*, recogidos en el manuscrito autógrafo de Andújar, donde su vigor de escritor y de pensador se afirma en pocas palabras: «Más vale un pensamiento del hombre que todo el mundo, y por eso, solo Dios es digno de él...»

Observemos que fue exclusivamente un romancista, que sólo escribió en castellano, que cita a pocos teólogos (san Bernardo, santo Tomás...). Nada dice de las tendencias que agitaban su época, nada sobre la mística renanoflamenca que pudo conocer.

## Fray Luis de León

Fray Luis de León (1528-1591), hijo de un abogado conšejero real, nació en Belmonte, en la provincia de Cuenca.

Ingresado en la orden de San Agustín muy joven, licenciado en teología en 1560 en Salamanca, en esa Universidad desarrolló su agitada carrera de profesor. Tenía ascendientes judíos y él mismo fue un judaizante. Se comprometió en la revisión de la Biblia de Vatable y se le reprochó una traducción comentada, hecha sobre el original, del *Cantar de los Cantares* (*Exposición del Cantar de los Cantares*) a petición de una religiosa, Isabel Osorio. Impreso sólo en 1798, tuvo una gran difusión en manuscritos a partir de 1561. Perseguido por la Inquisición, estuvo en prisión en Valladolid de 1572 a 1576. Después de un largo proceso, en el que se defendió enérgicamente, fue devuelto a la Universidad, en Salamanca, donde enseñó filosofía moral y la Biblia. Esas primeras palabras ante los estudiantes que se le atribuyen: «Decíamos ayer», muestran su carácter inflexible y estoico.

Este maestro, una parte de cuya obra demasiado olvidada, está escrita en latín, fue un teólogo humanista cuyo renombre se basa en algunos poemas de inspiración esencialmente horaciana y platónica, que son los de un hombre amistoso e íntimo. Vivió en su época y se interesó por la reforma carmelita, aconsejó a Teresa de Ávila y editó sus obras en 1588. Estaba escribiendo la biografía de la santa cuando murió, en Madrigal de las Altas Torres, en el curso de un capítulo de su orden, en el que acababa de ser elegido provincial.

En una prosa acompañada de una traducción en tercetos, escribió una *Exposición del Libro de Job*, a petición de Ana de Jesús, inconclusa y publicada después de su muerte. Después de muchos otros, entre ellos san Gregorio, planteó el problema del justo sufriente.

En prosa solamente, *La perfecta casada* es un tratado de teología ascética, donde las Escrituras y los clásicos profanos aparecen mezclados. Su lectura todavía hoy es agradable. La mujer aparece en ella un poco dominada, pero Luis de León le reconoce una vocación por la vida interior, la búsqueda de Dios, fuera del estado religioso.

Junto a sus poesías y porque en sí mismo es poesía, hay que colocar su obra maestra, *De los nombres de Cristo*.

Empezada en prisión e impresa en Salamanca, en 1583 y 1585 (con el nombre de Jesús añadido), sólo apareció después de su muerte.

Se trata de una serie de diálogos platónicos, entre tres religiosos en un calmo retiro a orillas del Tormes, sobre los catorce nombres que, para los cristianos, designan a Cristo en el Antiguo Testamento: Pimpollo, Faces de Dios, Camino, Pastor, Monte, Padre del siglo futuro (libro I), Brazo de Dios, Rey de Dios, Príncipe de la Paz, Esposo (libro II), Hijo de Dios, Amado, Jesús (libro III). Otro nombre, Cordero, sólo apareció después de su muerte. Cada libro termina con un poema.

En la introducción, Luis de León expone una teoría de los nombres en general. Piénsese en el *Cratilo*, donde Platón expone el problema de sus propiedades naturales o convencionales. El autor cristiano lo sabe, al igual que conoce los *nombres divinos* del Seudo Dionisio y los comentarios medievales, pero vemos que no se dedica a la querella de los universales. Sólo cita las Escrituras y la patrística (san Agustín en especial), y parte del viejo dato bíblico recibido en hebreo: Dios, en el Génesis, acaba de crear todas las cosas dándoles un nombre, e invita a Adán a nombrar a los seres que debe dominar. Este valor ontológico del nombre está siempre presente en la memoria colectiva, hasta inspirar las falsas etimologías, del que da un ejemplo.

Luis de León utiliza las palabras «imagen» y «semejanza» para explicar lo que entiende por tales. Su teoría está basada en la forma, el sonido y sobre todo el origen y, cuando habla de ellas, piensa en la semántica como signo de vida en el pensamiento vivo:

> Y de esto mismo se conoce también que hay dos maneras o dos diferencias de nombres: unos que están en el alma y otros que suenan en la boca. Los primeros son el ser que tienen las cosas en el entendimiento del que las entiende; y los otros el ser que tienen en la boca […] Entre los cuales hay esta conformidad, que los unos y los otros son imágenes […] Mas hay también esta desconformidad, que los unos son imágenes por naturaleza, y los otros por arte. Quiero decir que la imagen y figura que está en el alma sustituye por aquellas cosas…

*De los nombres de Cristo*

Los amigos tienen un vasto saber, pero sin pesadez erudita y están allí para reposar. Estas metáforas, que prefiguran a Cristo y lo hacen revivir delante de nosotros, son, para retomar una expresión de Emmanuel Levinas, la «remisión a la ausencia», hacen percibir o advertir muchas prolongaciones.

Luis de León, espíritu dotado para la síntesis, concibe la historia en una perspectiva cristológica iluminada por el esplendor del cielo. Como en los Salmos y como en sus poemas, se sumerge en la contemplación de la armonía de los mundos, del ejército de las estrellas, para consolarse de los desórdenes de aquí abajo y expresar su esperanza:

[...] antes, como hermanadas todas y mirándose entre sí, y comunicándose sus luces las mayores con las menores, se hacen muestra de amor, y como en cierta manera se reverencian unas a otras, y todas juntas templan a veces sus rayos y sus virtudes, reduciéndolas a una pacífica unidad de virtud, de partes y aspectos diferentes compuesta, universal y poderosa sobre toda manera.

«Príncipe de la Paz»

Teresa de Ávila y Juan de la Cruz aportaron su mensaje en los últimos veinte años de su vida. Sus discípulos inmediatos y los de los siglos siguientes sólo tienen un lugar en la historia de la orden y de la teología mística. Es la suerte de las maduraciones lentas y duraderas. El Concilio de Trento, con sus presiones disciplinarias, pudo pesar sobre los continuadores de una obra reciente y en principio controvertida. Es significativo que los dos grandes teólogos del Carmelo a comienzos del siglo XVII, Juan de Jesús y Tomás de Jesús, sólo escribieran en latín, lengua impuesta en el ámbito de lo sagrado y, sin embargo, dejada de lado por los dos fundadores.

MICHEL DARBORD

# Capítulo VII

# EL NUEVO ESPLENDOR DE LA POESÍA

## Introducción

Durante la segunda mitad del siglo XVI, la poesía en lengua castellana pasó por un proceso complejo de asimilación de corrientes e influencias, unas tradicionales, como el romancero y la lírica de los cancioneros medievales, otras, como el neoclasicismo o el petrarquismo, llegadas de Italia en fecha más o menos reciente. Si nos remitimos a las fechas de las principales recopilaciones publicadas —pero un gran número de poemas circulan manuscritos—, según Alberto Blecua, podemos distinguir dos grandes fases: la primera, 1540-1570, está jalonada por numerosas ediciones de obras de Garcilaso, la aparición de romanceros y cancioneros, de traducciones (de autores latinos y modernos, Ariosto, por ejemplo), los primeros poemas épicos (*La Araucana*); la segunda, de 1570 hasta final del siglo, presencia la afirmación, sobre un fondo de continuidad, de la poesía tanto profana como religiosa y filosófico-moral, y el despuntar, frondoso y vigoroso, del romancero nuevo: Lope de Vega y Góngora hacen en él sus brillantes comienzos.

En el seno de este conjunto tan variado, la lírica culta ocupa un lugar eminente. Prolongando la trayectoria inaugurada por Boscán y Garcilaso de la Vega, da cuerpo a lo que tenía un designio común: dotar a las letras españolas de una lírica acorde con las ambiciones del Renacimiento; contribuyó a consagrar a los dos como modelos, sobre todo a Garcilaso. Está testimoniado, además de por las numerosas ediciones de sus obras, por el considerable éxito de los dos comentarios de que fueron objeto. El primero, publicado en 1574, se debe a Francisco Sánchez de las Brozas (*el Brocense*: 1523-1601), profesor de la Universidad de Salamanca e insigne humanista, y se refiere esencialmente a la comparación del texto con sus fuentes; será reeditado tres años más tarde y precedido de un importante prefacio en el que Francisco Sánchez de las Brozas pregona sin reservas la imitación como vía de acceso a la excelencia poética. El segundo comentario, aparecido en 1580 en Sevilla, es una edición anotada (de ahí su título: *Anotaciones*). Se debe al gran poeta Fernando de Herrera. Sus miras son más amplias: enciclopédica (Herrera pone de realce la rica erudición de la obra), genérica (la sitúa en relación con las formas literarias tradicionales), filológica y estilística (sus opciones críticas están circunstanciadas y sus juicios, no siempre admirativos, finamente ponderados). En una palabra, se observa en las *Anotaciones* esa capacidad de asimilación del humanismo renacentista que hemos señalado al principio y en el que se esboza la poética de una lírica culta en lengua vulgar.

Es sintomático que estos dos comentarios fueran publicados en dos núcleos culturales de la España de esa época. Por un lado, Salamanca, donde un círculo de poetas y humanistas, a menudo unidos por la amistad, se estructura en torno a fray Luis de León: *el Brocense*, ya citado, Benito Arias Montano, el misterioso Francisco de la Torre, delicado petrarquizante, fray Pedro Malón de Chaide, de tendencia ascética, el soldado poeta Francisco de Aldana, de filiación neoplatónica... Por otro lado, Sevilla, puerta del Nuevo Mundo, donde el magisterio de Juan de Mal Lara, el mecenazgo de aristócratas enriquecidos, los torneos y debates académicos, son tanto más estimulantes para una constelación de poetas: Francisco de Medina, Francisco Pacheco, Baltasar del Alcázar, Barahona de Soto, Pablo de Céspedes... Todos, más allá de la diversidad de sus talentos, concuerdan en reconocer la supremacía de Herrera. Pero no opongamos dos escuelas: la salmantina, considerada de inspiración clásica, sobria; la sevillana, colocada bajo la invocación de Petrarca, con más preocupaciones formales y tentada por la brillantez. Sería demasiado esquemático. Además, está el hecho de que fray Luis, en su deseo de liberarse de Garcilaso, se volvió hacia Horacio y la poesía neolatina, de que Fernando de Herrera decantó el petrarquismo del toledano y lo combinó con elementos de diferente origen (la oda pindárica, la elegía latina...) y, sobre todo, como se verá, enriqueció su inspiración con contenidos heroicos y patrióticos.

## Herrera y la nueva poesía

En la historia de las letras españolas, un notable poeta, Fernando de Herrera (1534-1579) hace de bisagra entre dos momentos muy grandes.

Su vida no ofrece nada singular: está totalmente consagrada a las letras. Transcurrió en Sevilla. Sin duda fue Juan de Mal Lara quien abrió a Herrera las academias sevillanas. A la muerte del maestro (1571), el discípulo y el amigo será el nuevo guía.

Es la época en que se elaboran las *Anotaciones*. Aunque publicadas por Herrera y con su nombre, presentan todas las características de una obra colectiva. Tanto es así que aunque no constituyen, hablando con propiedad, un manifiesto de escuela, revelan la existencia y la actividad de un grupo de escritores y artistas —no había sólo poetas en esas academias— movilizado por el mismo proyecto: dar a las letras españolas la dignidad y el brillo requeridos por el poderío de Felipe II. Las letras, después de la lengua, debían estar al servicio del imperio.

En 1571 tuvo lugar la batalla de Lepanto. Juan de Mal Lara había concebido un programa iconográfico para decorar la galera de Juan de Austria. Sin retraso, poco después de la victoria, Fernando de Herrera publicó su *Relación de la guerra de Cipre y sucesso de la batalla naval de Lepanto*. En ella se encuentra la renombrada «Canción en alabanza de la Divina Majestad por la victoria del señor don Juan». En versos exaltados, el poeta celebra la intervención española al servicio de los designios de Dios.

Tal implicación —que no es sólo de Herrera— permite medir mejor el alcance y miras de las *Anotaciones*. Separemos sus ideas directrices:

1) Valor extremo de la erudición elevada al primer rango de los componentes de la creación poética. Habrá de ser a riesgo de la oscuridad, admitida en las cosas (*res*), proscrita en los términos (*verba*).

2) «[...] (d)el arte, que es guía más cierta que la naturaleza» (Francisco de Medina en el «Prólogo»). Consecuencia: el poeta debe dominar todas las técnicas poéticas.

3) La imitación no debe ser servil. Se impone un criterio riguroso en el momento de imitar a los antiguos: después de todo, «fueron lo que nosotros somos» (*Respuesta al prete Jacopín*).

4) El poeta tiene que estar en condiciones de concebir su propia idea (en términos platónicos) de la belleza. Pondrá todo su afán para alcanzarla.

De la combinación de estos principios resulta una poética que se sitúa
a mitad de camino entre el clasicismo llevado a sus últimas consecuencias,
y el deseo de innovación y originalidad, en el que algunos han visto infle-
xiones premanieristas o prebarrocas. (Recordemos que Góngora hacía sus
primeras armas en la época en que aparecieron las *Anotaciones* de Herrera...)

Herrera como poeta es controvertido. Sin embargo, es poeta sobre todo.

> Las circunstancias actuaron en contra suya. En primer lugar, las dificul-
> tades propiamente textuales que presenta su obra poética en cuanto a su
> misma transmisión. Pero es una constante en el Siglo de Oro y no sólo en
> poesía. Hay que convenir que el tema es singularmente complejo.
>
> Digamos, para simplificar, que la obra poética de Fernando de Herrera
> nos ha llegado en dos ediciones:
>
> *a) Algunas obras*, Sevilla, 1582 (H para los bibliógrafos): Herrera se
> ocupó de ella; *b) Versos*, Sevilla, 1619 (P para los bibliógrafos): muerto He-
> rrera, se ocupó de ella Francisco Pacheco, el pintor.
>
> H es una antología («Algunas obras», dice el título); P está dividida en
> tres libros, y los poemas son más numerosos. Los poemas que pueden com-
> pararse con H (o con otros manuscritos) presentan variaciones significativas
> y rasgos lingüísticos notablemente diferentes (aumento del número de cul-
> tismos, arcaísmos). Hasta el punto que podemos preguntarnos si un buen nú-
> mero de poemas de P son de Fernando de Herrera, y si otros no fueron re-
> fundidos. Cuestión difícil que sigue abierta. Pero está claro que la edición P
> impone reservas.

Fernando de Herrera poeta suscita la imagen de un artista exigente y la-
borioso. Diversos testimonios, personales y de textos, nos lo muestran como
un paciente buscador del oro de la expresión exacta, corrigiendo una y otra
vez sus textos, lector minucioso de los demás y de sí mismo. Según él, la
poesía tiene el rango o el status de actividad preeminente; es vital para él,
pues proyecta en ella sus altas aspiraciones. Claro es que, si se comparan sus
versos, se observa que su contenido temático no es siempre de la misma densidad. Pero, a decir verdad, Herrera es más heterogéneo de lo que se ha dicho. Sería falsear su imagen reducirlo a su perfil heroico o heroico nacional,
o fijarlo en una pose de petrarquista doliente y quejoso. Es cierto que ahí está
lo esencial de su poesía. Pero también se encuentran en ella otros registros
que se entrecruzan sutilmente: una compleja dialéctica del heroísmo y del dolor, unos arranques de inspiración moral, una noble gravedad; más secretamente, sueños bucólicos muy íntimos que todavía nos hablan.

Su lírica amorosa, como puede pensarse, no dejó de avivar el gusto de cierta crítica por el desciframiento biográfico. Herrera dedicó sus versos a una dama sevillana y mantuvo con su marido relaciones amistosas. ¡Qué no se ha podido elucubrar! En la actualidad, y es más razonable, se tiende a considerar que el poeta quiso dar a sus poemas de amor la apariencia de una biografía sentimental, y se los lee como un cancionero. Por lo demás, ese petrarquismo normativo no excluye que el poeta recurra a fórmulas igualmente tradicionales y cercanas a la literatura amorosa (la vena cortés, el neoplatonismo), pero, según Macrí, es para componer a fin de cuentas «un petrarquismo mayor», orientado hacia el talante personal del poeta. Amor y Poesía, en consecuencia, se secundan para conducir a lo Bello: la finalidad poética es trascendental. En ese sentido, el hombre habla en esos versos de amor.

La tensión ascendente. Éste es, seguramente, el estilema de esta lírica amorosa. El soneto 38 H lo ilustra:

> Serena Luz, en quien presente espira
> divino amor, qu'enciende i junto enfrena
> el noble pecho qu'en mortal cadena
> al alto Olimpo levantars'aspira;
>
> ricos cercos dorados, do se mira
> tesoro celestial d'eterna vena;
> armonía d'angélica sirena
> qu'entre las perlas i el coral respira:
>
> ¿cuál nueva maravilla, cuál exemplo
> de la inmortal grandeza nos descubre
> aquessa sombra del hermoso velo?
>
> Que yo en essa belleza que contemplo,
> aunqu'á mi flaca vista ofende i cubre,
> la inmensa busco i voi siguiendo al cielo.

Después de este texto no nos asombraremos si la inquietud espiritual predomina: es muy vivo el temor de haber elegido un camino que pueda llevar al fracaso. Al respecto, el comienzo del primer soneto de H es revelador:

Osé i temí, mas pudo la osadía
tanto, que desprecié el temor cobarde;
subí a do el fuego más m'enciende i arde,
cuanto más la esperança se desvía.

El poeta, que se compara de buena gana con Ícaro, Faetón o Prometeo, acepta por adelantado compartir su castigo: orgullo y resignación de su compromiso amoroso. La unidad del proceso —¡tan asociativa!— se revela cuando Herrera se hace un deber de recusar la poesía épica por imperativos pasionales. ¿Recuerdos de la *recusatio* de las elegías latinas? Tal vez. Recusación segura del nuevo Calímaco: en Herrera no hay en absoluto humor defensivo o benevolente; el amor, para él, es algo grave. De ahí, en suma, su muy curiosa tentativa de conciliación entre erótica y heroísmo. Ésta, de abolengo no menos antiguo (se reconocerá en ella la *militia amoris*), tiende a inscribir la pasión amorosa en un designio más amplio: tiende hacia la proeza.

Así es cómo ha de entenderse la presencia en *Algunas obras* (H) de poemas cuya tonalidad es exclusivamente heroica: no desentonan. Y así es cómo vemos que la tercera elegía de la misma recopilación hace coincidir el momento (único) de la mayor gloria amorosa del poeta, con la presencia en el puerto de Sevilla de las naves triunfantes de Lepanto:

Aquí do el grande Betis ve presente
l'armada vencedora qu'el Egeo
manchó con sangre de la turca gente,
quiero dezir la gloria en que me veo.

En ese siglo no faltan las grandes figuras. Citemos, entre los sonetos de H, el número 56, dedicado a Carlos V, el 69 dedicado a Juan de Austria, el 64 a Felipe II. Entre las canciones, la quinta está consagrada al liberador de Sevilla, la tercera también a Juan de Austria. Y puesto que figuras y grandes acontecimientos componen un todo, el poeta celebra a su vez la Reconquista, la sumisión de los moriscos, Lepanto y una actualidad candente: Alcazarquivir (1578). La Primera Canción que canta la loca aventura es el poema de inspiración heroico-nacional más perfecto. El estilo es sublime, cargado de patetismo: el efecto es sorprendente. Allí los ecos de la Biblia concuerdan felizmente con el providencialismo de la historia que subyace a esos versos: la derrota de los portugueses no es más que el justo castigo a su soberbia. La imagen del árbol, símbolo de la arrogancia, delata su procedencia: «Tales fueron aquestos cual hermoso / cedro del alto Líbano, vestido / de ramos, hojas, con ecelsa alteza;» (versos 66-68). Pero Herrera sabe retomarla soberbiamente. Gracias a ese texto y a numerosos otros de calidad igual, se sitúa como maestro innegable de la canción heroica.

Y seguirá siéndolo durante largos años: un período que va de la juventud de Góngora hasta la época de los neoclásicos e incluso de los primeros románticos. A comienzos del siglo XIX ejerce aún su influencia. La fortuna de su poesía amorosa, por el contrario, fue menos constante. Merece, en justicia, ser reexaminada. Curiosamente, en el siglo XIX, Gustavo Adolfo Bécquer, compatriota de Fernando de Herrera, se dio cuenta de ello. Resultado de una atenta lectura juvenil sin duda —se seguía honrando a Herrera en las aulas—, pero también de un auténtico y meditado entusiasmo.

## La poesía religiosa

Estamos en la España postridentina. Desde 1559, como consecuencia del Índice de Valdés, ve restringida su producción y difusión toda una literatura de carácter religioso. La lírica religiosa no queda exceptuada. A partir de 1570, sin embargo, se inicia un cambio: *Cancionero general de doctrina cristiana*, de J. López de Úbeda, apareció en 1579. Pero las poesías que recoge acatan las normas contrarreformistas: se relacionan con la tradición franciscana de las «Vidas» de Jesús, las alabanzas a María, las flores de santos, los *contrafacta* (Alberto Blecua). También acoge poesía meditativa.

Sobre este fondo se recortan las grandes figuras de fray Luis de León y san Juan de la Cruz. Que los dos hayan alimentado su poesía en la fuente bíblica, que Valdés había querido preservar y reservar, tiene que ver con las dificultades que tuvieron ambos con los sostenedores de la estricta ortodoxia.

## 1. FRAY LUIS DE LEÓN, POETA

Lo esencial de la producción literaria de fray Luis trata de temas o cuestiones que le conciernen en tanto universitario y hombre de Dios. La Salamanca del Renacimiento es su mundo, pero aunque enseñe en la Universidad vive en el convento de la Flecha. ¿Qué lugar le da a la poesía?

Al parecer, muy secundario: sólo sería *nugae iuventutis*, nonadas. En realidad, su poesía prolonga y completa sus trabajos de filosofía moral, de filología bíblica y de teología, al mismo tiempo que jalona un itinerario de vida. Además, como hemos visto a propósito de Fernando de Herrera, participa de un compromiso de toda su persona en beneficio de su país y de su lengua: en este sentido, es inseparable del resto de su obra que quiere ser defensa e ilustración del castellano. En especial, y esto es muy valioso, es ocasión para una íntima comunicación con un grupo de amigos que comparten las mismas ideas que el poeta: se sitúa en un alto registro conversacional.

Como el movimiento filoerasmista había sido ahogado, la desconformidad de ese grupo —algunos hablan de disidencia— se alimenta de un humanismo cristiano mezclado con elementos neoplatónicos y estoicos. En ese contexto, la poesía puede ejercitarse en un espacio de libertad individual, sirve de receptáculo a las afecciones del alma, agudiza el intelecto, se reconforta al calor de la amistad y de la fe compartidas. Es, para hacer una variación sobre una fórmula célebre, voz de un hombre y de su circunstancia.

La actividad poética de fray Luis de León se reparte entre sus traducciones-recreaciones de textos sagrados y de autores profanos, y su propia poesía. Sin que haya, por supuesto, una frontera nítida entre ellas.

La idea que fray Luis de León tuvo de la traducción nos es muy valiosa (él dice «interpretación» y «traducción»):

> [...] y pretendí que respondiese esta interpretación con el original, no sólo en las sentencias y palabras sino aun en el concierto y aire de ellas, imitando sus figuras y maneras de hablar [...] El que traslada ha de ser fiel y cabal y, si fuere posible, contar las palabras para dar otras tantas, y no más ni menos de la misma cualidad y condición y variedad de significaciones que las originales tienen sin limitarlas a su propio sentido y parecer, para que los que leyeren la traducción puedan entender toda la variedad de sentidos a que da ocasión el original, si se leyese, y queden libres para escoger de ellos el que mejor les pareciere.
>
> *Exposición del Cantar de los Cantares*

No se puede expresar mejor el alcance de las dificultades que supone el traslado de una lengua a otra; se presiente que tal ejercicio predispone a vencer las dificultades técnicas del verso, que familiariza con lo más secreto de los textos. Y se entiende que sea difícil relegar en lugar secundario a la poesía traducida de fray Luis de León.

Citemos un pequeño grupo de poemas de Petrarca y de Bembo, otro, más importante, de las *Églogas* de Virgilio y los dos primeros libros de *Geórgicas*, odas y epodos de Horacio, un tercer grupo que comprende los Salmos (¡en octavas reales!), el *Cantar de los Cantares*, antes mencionado, el último capítulo de los *Proverbios* y una versión en tercetos del *Libro de Job*. Estos últimos textos marcan con brillantez, en el paisaje lírico español, el renacimiento de la poesía de inspiración bíblica; el conjunto es testimonio de un ambicioso designio: situar el castellano en posición de ser comparado con el toscano, las lenguas clásicas y la palabra divina.

La poesía original compone un cuerpo muy breve: menos de una treintena de poemas. Y algunos son de dudosa atribución.

Hay veintidós odas escritas en liras (modelo estrófico introducido por Garcilaso). Es imposible, en el momento actual, fechar esos textos de manera segura. El encarcelamiento del autor por la Inquisición y sus consecuencias, las «relaciones internas entre las odas», «las coincidencias entre las odas, las traducciones y otros textos» han servido de criterios para fecharlos (Oreste Macrí; Juan Francisco Alcina). Son controvertidos. La época de producción poética parece haberse escalonado entre 1568 y 1580.

Tampoco están solucionados los problemas textuales. La razón, también en este caso, es que esta poesía circuló exclusivamente en manuscrito. Pero sabemos que alrededor de 1580 fray Luis de León preparó una colección de sus poesías y de sus traducciones de la cual sólo ha llegado hasta nosotros la «Dedicatoria». Es evidente que fray Luis de León quería reelaborar el texto de sus poemas, que tenía toda la razón al considerarlos alterados por los copistas y «mil malas compañías», como escribe a don Pedro Portocarrero. Este códice, desgraciadamente, se ha perdido. Puede pensarse que constituyó un arquetipo destinado a futuras copias, tal vez a una redistribución de la obra. Habrá que esperar hasta 1630 para que aparezca la primera edición. Se debe a Quevedo. Las que disponemos no son siempre fidedignas.

A semejanza de su contemporáneo Herrera, fray Luis de León tuvo la ambición de contribuir a crear, siguiendo la huella de Garcilaso, una poesía culta en lengua vulgar. Hacia 1570, el petrarquismo italianizante estaba plenamente asimilado en España. Fray Luis de León, al igual que Herrera, fue consciente de ello. Pero él es un espiritual. Su ideal poético estará sustentado por su cristianismo y sus opciones filológico-exegéticas. De esto resultará, en ese clásico impregnado de cultura bíblica —y, sin duda, neoplatónica—, un extraordinario sincretismo profano-cristiano —«una cristiana lira», como se dice en la oda XIX— al servicio de una gran inspiración («Oh musa poderosa...»), cuya expresión tiende hacia la más cálida comunicación.

La oda es la forma prestigiosa por excelencia. Su fluidez melódica amorosamente experimentada y utilizada de manera fructífera en las traducciones, muy pronto convenció a fray Luis de León de incluirla en su proyecto poético (donde se reencuentra la asimilación propia de esa época). Y la filiación horaciana se extenderá al tópico moral que sustenta el contenido de la obra: rechazo de bienes externos, opción virtuosa, preferencia por el *otium* contemplativo bañado de armonías platónicas. La oda, por su naturaleza fluctuante, no desarrolla un tema o un motivo solamente: entrecruza varios. (De ahí las dificultades con las que choca cualquier crítica que elija fechar los poemas según los episodios biográficos del poeta, o lo que se conoce de ellos.) Pero precisamente porque la diversidad temática está concertada, vemos que reina en la oda un principio organizador de orden y armonía y puede decirse que éste estructura la cosmovisión de fray Luis de León.

Ahora bien —paradoja que hace esta poesía tan fascinante y tan humana—, todo concurre a producir un efecto de malestar, una tensión de padecimiento: estos poemas nos hablan de un espíritu apasionado, trabajado por crueles angustias.

Así vemos (oda XII) que la virtud es cantada en el marco de un combate que somete a dura prueba —éstas no le faltaron a Luis de León— la fuerza moral del justo, víctima de la tiranía y previamente enfrentado a la codicia y la avaricia. El tópico aquí remite demasiado a un paisaje de autenticidad muy castellana como para no discernir el acento personal. De manera semejante, la paz es vivida como una aspiración que parte de una insatisfacción tan profunda que se siente el dolor del impulso, la vehemencia de la espera:

> Cuando contemplo el cielo
> de innumerables luces adornado,
> y miro hacia el suelo
> de noche rodeado,
> en sueño y en olvido sepultado;
> el amor y la pena
> despiertan en mi pecho un ansia ardiente.

> Oda VIII

Se observa que la oda, por lo general, es *ternaria*: un movimiento ascendente, que acabamos de ver cómo se inicia, un fugaz momento climático, de estoa, un movimiento descendente que devuelve al punto de partida, contingente, terrestre. Desde el punto de vista de la organización del discurso lírico, esto supone, aparte de ninguna simpleza ni esquematismo en el trazado, un arte consumado de transiciones, gradaciones y mutaciones características de la oda horaciana.

Un hermoso ejemplo nos lo ofrece la oda «A Francisco Salinas» (la tercera), el músico y amigo:

> El aire se serena
> y viste de hermosura y luz no usada,
> Salinas, cuando suena
> la música extremada
> por vuestra sabia mano gobernada.
>
> A cuyo son divino
> el alma, que en olvido está sumida,
> torna a cobrar el tino
> y memoria perdida
> de su origen primera esclarecida.
> [...]
> Aquí la alma navega
> por un mar de dulzura, y, finalmente
> en él ansí se anega,
> que ningún accidente
> extraño o peregrino oye y siente.
>
> ¡Oh, desmayo dichoso!
> ¡Oh, muerte que das vida! ¡Oh, dulce olvido!
> ¡Durase en tu reposo,
> sin ser restituido
> jamás a aqueste bajo y vil sentido!
>
> A este bien os llamo,
> gloria del apolíneo sacro coro,
> amigos a quien amo
> sobre todo tesoro,
> que todo lo visible es triste lloro.

Se convocan aquí los conceptos pitagóricos de la armonía de los sonidos y de las esferas; la erudición hace desprender otros, conocidos desde Boecio. El alma, que gracias a la música recuerda su origen (anamnesis), reencuentra su lugar primordial. Prontamente, sin embargo, éste se ensombrece y se produce la recaída. Pero ¡qué envío final a los amigos salmantinos, qué invitación a elevarse juntos por la música y qué exquisito consuelo, mucho más que estoico, para los ojos del que no ve (Salinas era ciego)!

La mística es la obsesiva búsqueda de un centro. El movimiento que la anima es ascensional. El *ascensus* es patente en estos poemas. Pero si bien se siente el deseo vehemente de unión, si se reconoce la vía purgativa y, en ciertas partes, iluminativa, no se ve que la experiencia unitiva se haya realizado y ahí sin duda está la herida de esta poesía. ¿Acaso no leemos en *Exposición del Cantar de los Cantares*, a propósito precisamente del sentido místico del libro, que sólo pueden entenderlo «aquellos que lo aprendieron de la experiencia de Dios»? Y fray Luis agrega: «Yo no soy uno de ellos, con dolor lo confieso.» Por lo tanto, sólo se hablará de poesía religiosa: fray Luis no es un místico.

Fray Luis, poeta humanista y cristiano, elabora su obra como artista consciente y difícil. Lo que nos dice en la dedicatoria del libro III *De los nombres de Cristo* se aplica perfectamente a su poesía:

> [...] que el bien hablar no es común, sino negocio de particular juicio, ansí en lo que se dize como en la manera como se dize [...] y negocio que, de las palabras que todos hablan, elige las que convienen, y mira el sonido de ellas, y aún cuenta a veces las letras, y las pesa, y las mide, y las compone, para que no solamente digan con claridad lo que se pretende dezir, sino también con armonía y dulçura.

Naturalidad y selección: por ese criterio lingüístico-estilístico fray Luis participa del gusto de su época. Con su poesía, tanto como con su prosa, lo acredita. Imbuido, al igual que Herrera, de la idea de que la poesía requiere la práctica de la iniciación, alimenta sus composiciones con referencias o alusiones tomadas del mundo clásico y de la órbita cristiana. El análisis revela un arte consumado, en cualquier nivel poemático que se considere: las microestructuras fonosemánticas del verso, la unidad rítmico-sintáctica de la estrofa, la organización oratoria de la oda...

La ausencia de neologismos agresivos, de metáforas audaces (en cuyo lugar fray Luis prefiere imágenes del mundo que lo rodea), puede dar impresión de simplicidad y naturalidad. Se verá en ellas la prueba de la infalibilidad de ese clasicismo y, por lo tanto, se comprende que, en plena batalla posgongorina, Quevedo buscara un modelo en fray Luis de León.

## 2. SAN JUAN DE LA CRUZ, POETA Y MÍSTICO

La figura de san Juan de la Cruz es tan grande que inmediatamente nos sentimos tentados de considerarla sólo en términos excepcionales: «genio asombroso», «anticipador prodigioso» son los elogios menores. De hecho, su poesía rompe con la racionalidad.

Él mismo, de buenas a primeras, lo advierte en el prólogo del *Cántico espiritual*:

> Y así, aunque en alguna manera se declaran, no hay para qué atarse a la declaración, porque la sabiduría mística, la cual es por amor, de que las presentes canciones tratan, no ha menester distintamente entenderse para hacer efecto de amor y afición en el alma...

El sentido, pues, es nada si no viene de Dios. En estas poesías sólo importa lo que tienen de mística, no de poética.

Se puede pensar, sin embargo, que no es disminuir el valor de esta obra considerarla en su doble naturaleza, literaria y mística, y en relación con su época. Puede que en su genialidad no haya nada esencial que tenga que ver con su época —la segunda fase del Renacimiento español—, pero de allí a decir que surja como una «incongruencia casi monstruosa» (Carlos Bousoño), hay un margen. También en este caso, pensamos, se puede hablar de letras humanas.

San Juan de la Cruz no pudo abordar el misterio de su experiencia mística sino a partir de datos antropológicos, filosóficos y teológicos —es doctor de la Iglesia— que le aportaba su época y particularmente el tomismo contemporáneo. Por otra parte, la preocupación que aporta a la exégesis bíblica y la orientación pedagógica que da a sus escritos doctrinales, están unidos a los aspectos más positivos del catolicismo postridentino, muy dispuesto a colaborar con el humanismo para la ilustración y la propagación de la fe. En cuanto a recurrir a la poesía como medio de expresión de la experiencia mística, ha de ser colocado de nuevo en un clima espiritual que asocia letras profanas y letras sagradas; lo hemos comprobado en fray Luis de León.

Experiencia mística y experiencia poética, pues, son paralelas. Esta poesía, sin embargo, es tanto palabra para sí mismo como para los demás (en primer lugar las hermanas de religión del poeta). Y los comentarios en prosa que dará de ella san Juan de la Cruz podrán servir de explicitación de los contenidos implícitos de los versos, conforme a los deseos de las lectoras y lectores de los poemas y, también, sin duda, conforme a una muy antigua e ilustre tradición que quiere que poema y comentario formen un solo bloque (Cristóbal Cuevas).

¿Cumplen esta función? De manera desigual, porque las distorsiones no son raras y faltan las aclaraciones donde más se las espera. Pero ¿quién se asombra de ello? El poema es plenamente autónomo. San Juan, siempre supremamente clarividente, escribe al respecto en el prólogo citado:

> Por cuanto estas canciones [...] parecen ser escritas con algún fervor de amor de Dios, cuya sabiduría y amor es tan inmenso [...], no pienso yo ahora declarar toda la anchura y copia que el espíritu fecundo del amor en ellas lleva; antes sería ignorancia pensar que los dichos de amor en inteligencia mística, cuales son los de las presentes canciones, con alguna manera de palabras se pueden bien explicar...

Comentado o no, lo inefable sigue siendo inefable. Sólo está plenamente abierta la vía simbólica.

La producción lírica de san Juan de la Cruz es aún más escasa que la de fray Luis de León.

Ésta comprende:

*a*)  Tres poemas clasificados tradicionalmente como «mayores»: «Noche oscura», «Cántico espiritual», «Llama de amor viva». La métrica es italianizante, otro rasgo de contemporaneidad. Cada poema será objeto de un comentario que lleva el mismo título. Sobre el primero escribió dos: *Subida del Monte Carmelo* y *Noche oscura*.

*b*)  Los poemas «menores»: cinco glosas, diez romances, dos cantares. La temática se refiere a los misterios de la vida mística: la Trinidad, el símbolo de la cruz... El tiempo de composición de todos esos poemas debió de ser corto: del encarcelamiento en Toledo (1578) hasta alrededor de 1586. Todos circularon manuscritos, por eso aun hoy existen muy complejos problemas textuales. Afectan sobre todo al *Cántico espiritual*, que no aparece en la edición de Alcalá (1618, póstuma), sino en la de París en 1622, en edición bilingüe. ¿Sospecha de iluminismo?

Los poemas menores remiten nítidamente a los usos poéticos de la época. San Juan de la Cruz retoma en ellos los metros y las formas tradicionales y un procedimiento que estaba muy de moda en la época: el tratamiento o transferencia a lo divino de temas y motivos propios de la poesía profana, fuera ésta culta o popular.

Esta modalidad, al parecer, gozó de gran favor en el ambiente de los conventos. Podría haber estimulado la vocación poética de san Juan de la Cruz. Se le ve, en efecto, seleccionar motivos como el tradicional «Vivo sin vivir en mí», el de la llama de amor y la queja amorosa, el de las angustias

y delicias del amor humano, etc., a los fines de una transferencia metafó-
rica-simbólica, a lo divino. Agreguemos una mezcla muy variada de metros, de los que el «Cantar del alma que se huelga de conocer a Dios por
fe» constituye uno de los mejores ejemplos: el verso de romance entra en
composición con el endecasílabo, y el regreso de la glosa paralela, sobre
todo, ensaya fórmulas muy antiguas.

> Que bien sé yo la fonte que mana y corre,
> *aunque es de noche.*
>
> Aquella eterna fonte está ascondida,
> que bien sé yo do tiene su manida,
> *aunque es de noche.*
> [...]
> Sé que no puede ser cosa tan bella,
> y que cielos y tierra beben de ella,
> *aunque es de noche.*
> [...]
> Su claridad nunca es escurecida,
> y sé que toda luz de ella es venida,
> *aunque es de noche.*

Se califica de mayores los poemas que sobresalen por la amplitud de su
inspiración. Son relativamente breves: cuarenta versos (ocho liras), para la
«Noche oscura», veinticuatro para «Llama de amor viva», doscientos (cuarenta liras) para el «Cántico» en su versión más completa. En esos poemas,
la imbricación entre experiencia mística y expresión poética es extrema.

De entrada, quedamos impresionados al comprobar la ausencia de referencia contextual. El anclaje sintáctico y relacional, requerido en cualquier
discurso, tiene lugar fuera de toda determinación concreta: tal «aquí» es de
ninguna parte, tal «ahora» de ningún tiempo. Así, la inefabilidad de la experiencia mística vertida en fábula rompe cualquier tipo de pacto literario
o comunicacional, quiebra los usos sociales de la lengua. En rigor, el único
lugar del que se habla no es identificable y es un lugar abandonado; el
tiempo, un tiempo paroxístico de eternidad…

Este soberbio desinterés por la inteligibilidad —de las que la lógica y
la denotación referencial son las primeras víctimas—, está compensado por
la parte dedicada al símbolo utilizado como el medio más seguro, por menos mediato, para traducir y transmitir una experiencia y su significación,

que se sitúan más allá de lo racional. Se reencuentra aquí lo que fray Luis de León buscaba en una poética del nombre o de la cifra: una reconducción. De esto resulta que la posición del lector se resquebraja. Al recurrir a una materia poética que procede de la literatura profana y de la literatura espiritual (asociadas sin un margen preciso y acuñadas en formas, sin embargo, heredadas), san Juan de la Cruz induce a su lector, por una especie de sinergia poética, a transportarse más allá de su cultura y más allá de la estética.

Los títulos hablan por sí mismos: se hunden en el misterio de la noche mística, noche oxímoron por excelencia; las estrofas son alquímicas; el amor humano es el faro a partir del cual el poeta dice, en una única metáfora de amor, su unión con Dios y las gracias que de Él recibe. Según la más pura tradición de los espiritualistas (piénsese en santa Teresa, con quien san Juan tiene tanto en común).

De estos tres inmensos poemas, el «Cántico espiritual» es el más célebre, sin duda porque es el más ambiguo. Empezado en la prisión, terminado en Granada hacia 1582-1584, nos ha llegado en dos estados (CA, CAB) cuyas diferencias afectan a la construcción del poema. Como habría tenido una revisión deliberada del autor, es imposible saber exactamente cuál es el desarrollo del poema: el zigzag narrativo es constante. Se reconoce en él a la Esposa clamando en pos del Amado, partiendo en su búsqueda, comunicando su inquietud a las criaturas; se la ve encontrándole. Pero todo no son más que agitaciones, preguntas sin respuestas, quejas y vehemencias. El Amado es el Ciervo, la Esposa la Paloma, el ardor es extremo, el deseo exultante de incoherencia:

> Mi Amado, las montañas,
> los valles solitarios nemorosos,
> las ínsulas extrañas,
> los ríos sonorosos,
> el silbo de los aires amorosos,

(Estrofa 14)

Alguien habla (¿el Amado?), conjura (¿a quién?) a respetar el sueño de la Esposa:

> Por las amenas liras,
> y canto de serenas, os conjuro

que cesen vuestras iras
y no toquéis al muro,
porque la esposa duerma más seguro.

(Estrofa 21)

Amar es el único fin. La esposa renuncia a todo, aún a sus ovejas:

Mi alma se ha empleado,
y todo mi caudal, en su servicio;
ya no guardo ganado,
ni ya tengo otro oficio,
que ya sólo en amar es mi ejercicio.

(Estrofa 28)

Y, finalmente, se une al Amado:

La blanca palomica
al arca con el ramo se ha tornado,
y ya la tortolica
al socio deseado
en las riberas verdes ha hallado.

(Estrofa 34)

Entonces desciende la paz de la noche:

Que nadie lo miraba,
Aminadab tampoco parecía,
y el cerco sosegaba,
y la caballería
a vista de las aguas descendía.

(Estrofa 40 y última)

¿Efecto anticlímax? El texto hace soñar: una gran noche bíblica, un final de batalla, el enemigo invisible en el horizonte, las puertas de la ciudad
que se abren, un río donde van a abrevar los caballos…

Han prevalecido dos modelos: el *Cantar de los Cantares*, parangón del epitalamio, la bucólica renacentista con sus cantos alternados, su decorado irreal, su población indistinta. Pero la tradición popular brota igualmente a través de esos versos: la tórtola, la fuente, la floresta... y la erótica es ahí divinizada.

Lo extraño participa de lo familiar. Es el efecto de una combinación de elementos estilísticos: perífrasis cifradas, anfibologías, lagunas, falsas pistas, paradojas, reiteraciones obsesivas de imágenes, polisemia léxica, fonorrecurrencias encantatorias... Agreguemos un procedimiento de «solicitaciones simultáneas» (Domingo Ynduráin) que cristalizan inopinadamente. Todo un arte de escribir, en suma, inspirado es verdad, pero también soberanamente conducido y dominado.

Esta poesía está, pues, impregnada del clima cultural que la vio nacer y, a la vez, es prodigiosamente nueva, ya que invierte de modo radical la relación histórica de la poesía: gozar de ella ya no significa primero entenderla. Se abre sobre un universo de símbolos que ninguna hermenéutica reductiva llega a explicitar a causa de la trascendencia misma de lo simbolizado; su profundidad es ontológica. La riquísima bibliografía a la que ha dado lugar, no siempre preserva su gran parte instauradora. Pero su poder de fascinación permanece intacto. Los poetas españoles contemporáneos no se han engañado al respecto: Juan Ramón Jiménez, Guillén o Aleixandre han bebido en esta fuente. La admiración de uno, el éxtasis lumínico del otro, la amplitud cósmica del tercero proceden de allí. Maravilla humana, sin embargo —y es reconfortante—, ya que permite «desde esta ladera» como ha dicho Dámaso Alonso, contemplar, embelesado, tal cima.

## La poesía épica

### 1. INTRODUCCIÓN

La difusión del modelo petrarquista fue tal, durante la primera mitad del siglo, que la poesía lírica fue casi la única que se impuso. Sólo en las últimas décadas se asiste a un rebrote de interés de los poetas —y sin duda de los lectores— por otros estilos poéticos. Prueba de ello es el considerable desarrollo de la poesía épica a partir de 1550 y la renovación del romancero. Pero invocar, a guisa de explicación, el declive de la influencia petrarquista, equivale a una simple constatación: lo que, probablemente, se esboza —acabamos de verlo en Herrera y fray Luis— es el advenimiento de una conciencia nacional y de un proyecto colectivo de promoción del castellano en todos los ámbitos de la poética. Puede compararse con lo que ocurre en Francia, respecto de la épica, con Ronsard: la *Franciade* es de 1572.

A diferencia de la poesía lírica, la épica no puede satisfacerse con manuscritos volantes ni fiarse de la memoria de los juglares; por otra parte, ya no hay juglares. La épica tiene necesidad de la imprenta. Así se ve que en España los poemas épicos poco a poco ocuparán el lugar de los *Palmerines* y otros *Amadises* en un momento en que éstos empezaban a tener una menor difusión editorial (son, dice Maxime Chevalier, gruesos infolios a menudo ricamente encuadernados). Paralelamente, la tradición de la epopeya castellana arraigada en la Edad Media, la del Cid Campeador, de Bernardo del Carpio, renuncia a la vía novelesca de los libros de caballerías para desarrollar temas aptos para ilustrar los valores vigentes en la España imperial: los de la expansión del imperio, los de la Contrarreforma. A partir de ahí, la épica renaciente optará por una orientación religiosa y cantará la nueva epopeya nacional: el Descubrimiento, la Conquista.

Entre los cincuenta y siete poemas épicos aparecidos entre 1552 y 1600 (sin tener en cuenta las reediciones), Franck Pierce sólo señala cuatro en los que la materia es novelesca y ajustada al modelo consagrado por Ariosto (la segunda parte del *Orlando* apareció en España en 1555), aunque diez poemas toman su materia del pasado histórico o legendario de España (Numancia, el Cid, la reconquista de Granada). Frente a esto, cuarenta y tres poemas se inspiran en la historia contemporánea o desarrollan temas religiosos (diecinueve para los primeros, veinticuatro para los segundos). Observemos, pues es un rasgo tan expresivo como los temas religiosos desarrollados (la vida de Cristo, la devoción a los santos, la exaltación de la Virgen María…), que *La Pasión de Jesús Cristo según san Juan* (1563), por ejemplo, está escrita en quintillas, *Vía crucis del cristiano* (1580), en décimas: las estrofas del género menor hacen así su entrada allí donde no se las esperaba.

En muchos poemas inspirados por los acontecimientos contemporáneos, el primer papel corresponde a Carlos V. Citemos *La Carolea* (1560) de H. de Sempere, aparecida, pues, poco tiempo después de la muerte del emperador (Yuste, 1558), el *Carlo famoso* (1566) de Luis Zapata, *El victorioso Carlos Quinto* (1584, ¿inédito?) de Jerónimo de Urrea… También se celebran las victorias de los grandes capitanes: *La Austríada* de Juan Rufo (1548), por ejemplo, conmemora la de Lepanto (1571), lograda por el hijo natural del emperador, Juan de Austria. Otros poemas se consagran a los relatos de la Conquista. Ésta aporta la materia narrativa que permite llevar hasta las nubes la gran épica de los protagonistas, un marco soñado para sus proezas fabulosas. Para el caso, la verosimilitud, que rige la expresión clá-

sica, no tiene fueros ni derechos de control: al no conocerse lo real, el exotismo autoriza lo fantástico. Sobre ese tema americano se encuentran obras
a lo largo de las tres últimas décadas. Confesemos que son mediocres.

## 2. ERCILLA y *LA ARAUCANA*

Ercilla es el mayor poeta épico.

Nació en Madrid en 1533. Muy joven, entró al servicio del futuro Felipe II en calidad de paje. Formó parte de su comitiva en diferentes desplazamientos de la corte por Europa. Partió para América con Alderete en 1555;
tomó parte en las luchas contra los araucanos, en el actual Chile. A su regreso a España (1563), y hasta su muerte, se consagró a la redacción de *La
Araucana*, cuya primera parte fue publicada en 1569, la segunda en 1578 y
la tercera en 1589. Murió en 1594.

La obra fue reeditada una veintena de veces hasta 1600, señal de su inmenso éxito. Es —¿hay que decirlo?— muy extensa (¡treinta y siete cantos
escritos en octavas!), y su estilo está muy lejos del ideal de simplicidad del
que se ha hablado. Pero así lo exigía el tono épico.

La composición de la obra es problemática, el plan tuvo que ser modificado varias veces. Considérese que veintiséis años separan el regreso a España de la finalización de la III parte, y que la obra fue empezada en la
época en que Ercilla aún combatía («la pluma ora en la mano, ora la lanza»).
Por otro lado, al comienzo era una especie de diario poético (Marcos A. Moríñigo) del que conserva, en su estado final, el evidente carácter autobiográfico. El juego entre presente de redacción y pasado, que retrocede a medida
que la obra avanza, tiene un gran interés. Las reflexiones del poeta no care-
cen de él: «a fuerza de acercarse a la verdad», como dice, tuvo conciencia
del riesgo de monotonía. Por eso algunos cantos fueron reelaborados en diferentes épocas. Y, como por otra parte, Ercilla participó en el proyecto de
glorificación de su pueblo, de su monarca y de su lengua, la II parte está casi
íntegramente dedicada a las victorias militares en Europa (San Quintín, Lepanto).

Hecho aún más curioso, aunque se prohibía «mudar de estilo», Ercilla
insertó en su «poema americano» «fábulas y amores» y ficciones pastoriles.
Salvo que los pastores se llaman Tegualda y Olana, sus galantes soldados
Crepino y Coriolán (canto XX)... La III parte retoma ese mismo tipo de organización: se encuentran en ella historias amorosas y ejemplares entremez-
cladas con los relatos de la guerra contra los araucanos, y episodios euro-

peos siempre dedicados a la gloria de Felipe II. Curiosamente, esta parte es la más rica en detalles autobiográficos y la más amarga (Felipe II retiró su favor a Ercilla, que estuvo en prisión). Termina sin verdadero final:

> desmaya la esperanza quebrantada
> […]
> Que el disfavor cobarde que me tiene
> arrinconado en la miseria suma,
> me suspende la mano y la detiene
> haciéndome que pare aquí la pluma.

(c.37.73)

Con estos singulares rasgos vemos que Ercilla se aparta —y cada vez más— del modelo canónico de la épica, que toma como argumento un motivo legendario (o de tiempos alejados), en menor grado que el impuesto por el canon de Ferrara. Porque no solamente, después de haber elegido tratar una materia histórica contemporánea, la enriquece con su propia experiencia —de ahí la proximidad respecto del acontecimiento y lo representado, que no carece de atractivo para el lector actual—, sino que además su discurso no está exclusivamente focalizado en las acciones de los españoles: *La Araucana* integra en la epopeya nacional la gesta de los mismos araucanos, los enemigos vencidos. Esta matización del punto de vista ha sido bien percibida por la crítica chilena (José Toribio Medina).

El tratamiento formal es más tradicional. Sorprende en un autor que no recibió una educación académica (es verdad que el preceptor de los pajes de Felipe II fue el humanista Calvete de Estrella), y más porque la I parte fue editada cuando el autor sólo tenía treinta y seis años, mostrando de entrada una erudición y una cultura nada desdeñables. Mientras Ariosto proclamaba en los primeros versos del *Orlando* que cantaba a «las damas, los caballeros, los amores, / la cortesía y las acciones audaces», Ercilla declara que él hace todo lo contrario.

Por consiguiente el nivel de estilo, contrariamente al *romanzo*, muy variado, sólo autorizará lo sublime; la construcción, a diferencia de los rasgos del *Rolando,* se atendrá a exaltar a protagonistas en proceso de heroicización. En cuanto al elogio del enemigo que acabamos de mencionar, obedece igualmente a una tradición de la épica, así como de la tragedia, por otra parte también un género noble.

Los mejores pasajes son las escenas de combate: la tensión dramática en ellas está soberbiamente tratada. Un sentido muy elaborado del detalle preciso, del desencadenamiento de la violencia, del horror, del patetismo, conjugado con las virtudes retóricas de la hipotiposis, de su fuerza de representación, explica la acogida reservada a la obra por un público que tenía una alta idea de la dialéctica de las armas y de las letras.

> «¡Morir!, ¡morir!», no dicen otra cosa.
> Morir quieren, y así la muerte llaman
> gritando: «¡Afuera vida vergonzosa!»
> [...]
> Viéranse vivos cuerpos desmembrados
> con la furiosa muerte porfiando,
> en el lodo y sangraza derribados,
> que rabiosos se andaban revolcando,
> de la suerte que vemos los pescados
> cuando se va algún lago desaguando...
>
> (Canto XV)

La obra, observa Maxime Chevalier, pertenece al pequeño número de las que nunca debieron ser «rescatadas del olvido». El género tuvo, por el contrario, una suerte muy diferente. Se puede explicar por el desengaño que afectó a la idea imperial en España en el siglo XVII. Pero sería olvidar que la decadencia de la épica fue general en Europa en esa época, y que en España, el mismo Lope de Vega fracasó en su intento de hacerla renacer. Es algo que afecta a la estética de la recepción. Los lectores se alejaron con relativa rapidez de ese género excesivamente vinculado a una poética superada, y es sintomático que el gusto se dirigiera preferentemente hacia la novela, que todavía no se llama así. En cuanto a la épica religiosa, ¿podía rivalizar por mucho tiempo con los autos sacramentales? Se ha visto, sin embargo, que aunque pesada y, digamos, fastidiosa, a la larga, *La Araucana* ocupa un lugar eminente. Se debe a que es compleja y múltiple. Su dimensión paradigmática es innegable, pero supera el género épico clásico.

## El Romancero nuevo

Un nuevo gusto despunta y se impone durante las tres últimas décadas del siglo: temas antes desarrollados de manera polémica o paródica son objeto de un nuevo tratamiento. Los dos más importantes son el tema morisco y el tema pastoril. Acabamos de ver que este último está presente donde menos se lo espera: en *La Araucana*.

Esta tendencia es perceptible, primero en la literatura narrativa, que vacila entre diversos caminos. Un buen ejemplo es *El Abencerraje*, que tendrá gran éxito más allá de España y del siglo. Se la ve aparecer sucesivamente en la *Chronica* de 1561, el *Inventario* del mismo año, la *Diana* de 1562. Pasa de la prosa a la poesía (en 1593, en Milán, se publica el poema de Francisco Balbi: *Historia de los amores del valeroso moro Abindarráez y de la hermosa Jarifa, Abencerrajes*).

En esa época el endecasílabo ya no es considerado un metro extranjero. Garcilaso hacía tiempo que lo había consagrado y nacionalizado; las batallas de Castillejo (muerto en 1550) en favor del octosílabo, son cosa del pasado: endecasílabo y octosílabo, como hemos visto, hacen más bien una buena pareja. El verso del romance, por lo tanto, está preparado para reivindicar el primer puesto en un ámbito en el que no tiene igual: la poesía narrativa. Y, como por otra parte, es maravillosamente apto, en manos hábiles, para transcribir con gracia y ligereza los motivos más alambicados de la lírica amorosa, resultará incomparable para la parodia y lo burlesco, dos tonos que algunos personajes de la *Chronica* desde hace tiempo usan en un romancero que todavía no se califica de viejo.

Así, cuando se considera que el *Cancionero general* de Hernando del Castillo (1511) fue reeditado varias veces en el curso del siglo; que el *Cancionero de romances* aparece en Amberes en 1548-1549; que entre 1551 y 1584 circularon cuatro ediciones por lo menos de la recopilación de Lorenzo de Sepúlveda: *Romances nuevamente sacados de historias antiguas* (obsérvese el adverbio); que las *Rosas de romances* de Juan de Timoneda —que saca sus temas, sucesivamente, de la historia de España, de la historia pagana, de la leyenda, y donde hay un largo poema (ochocientos setenta versos de romance) titulado «La batalla de los amores de la bella Jarifa»— es de 1573; que *Flor de varios romances nuevos* —¡esta vez aparece el adjetivo!— es publicado por Felipe Mey en 1589; que al lado de esas obras compiladas hay recopilaciones personales (el *Romancero historiado* de Lucas Rodríguez, 1552, el *Romancero* de Pedro de Padilla, 1583), obras mixtas como la de Timoneda, etc., se observa la permanencia de un género y la recuperación de su auge en la época en la que nos encontramos. Las fechas hablan por sí solas: hay, como dice José F. Montesinos, una generación de 1580 para un género renovado.

La música participa de la gran conmoción del Renacimiento. El abandono de la monodia representó un papel en la transformación del romance a la antigua. Era un género cantado, y siguió siendo cantado. Pero se renunció a la continuidad casi indiferenciada de versos salmodiados en una misma línea melódica. El gusto por las estructuras musicales más elaboradas, más complejas, obliga al poeta a reagrupar sus versos en nuevas unidades.

> De ahí, la aparición de combinaciones estróficas inéditas: cuartetos reagrupados en unidades de sintaxis que terminan en un estribillo, estrofas en las que alternan el octosílabo, el hexasílabo y el pentasílabo. Es el advenimiento de la letrilla y del romancillo. El endecasílabo es integrado en romances heroicos, signo de que el nuevo gusto quiere elevar el tono de un género considerado humilde según la teoría de los estilos. Rasgo de permanencia del antiguo género: la asonancia predomina sobre la rima consonante.

Fenómeno muy singular: aunque sus poemas conservan un indiscutible sabor popular —aunque sólo sea porque utilizan de nuevo elementos popularizados—, adquieren pronto un tono muy personal. Así es como figuras mayores de la literatura del Siglo de Oro se ocultararán tras textos anónimos: Miguel de Cervantes, Luis de Góngora, Lope de Vega... El anonimato, por otra parte, complicará la atribución de esos romances. Se debe citar, además, surgiendo de una multitud de poetas de segundo rango, a Pedro Liñán de Riaza, y Juan de Salinas.

El romance ya no tratará de reyes, reinas, batallas, leyendas... Los temas moriscos, como hemos señalado, hacen su entrada: el antiguo enemigo es pintado como enamorado cortesano y valiente caballero. Pero también se encuentran baladas de cautivos donde la crueldad de los beréberes se describe de la manera más sombría: el mar, la libertad son los dos temas centrales de este tipo de romances. Ofrecen una representación angustiada del espacio mediterráneo. Y, finalmente, se encuentra el motivo pastoril.

Este último se presta bien, por tradición, al disfraz. El tema morisco también. De esto se desprende que, ya sea disfrazado de Belardo o de Zaide, Lope de Vega nos hable de sus amores felices o tumultuosos. Porque, como dice José F. Montesinos aludiendo a un verso de comedia, disfrazados de esta manera, se vuelven más perfectos. Esos romances suscitan un entusiasmo considerable. A veces la ilusión personal es tan directa, la identificación tan fácil, que son fuente de desventura para el poeta: Lope

pagará con el exilio fuera de Madrid algunas libertades sarcásticas y satíricas. Pues el tono y el giro personalizados abrieron el camino a la sátira.

Señalemos, finalmente, que algunos romances están escritos en fabla (a
la antigua, en lengua arcaica) y organizados (a la antigua igualmente) en ciclos. Deuda, puede pensarse, gustosamente restituida al viejo romance. En
realidad, prevaricación burlesca.

Un ilustre ejemplo de ese gusto por lo burlesco lo ofrece Góngora. Joven poeta, recién llegado a Madrid, estaba ávido de gloria literaria. De entrada, quiere ejercitarse en el romancero nuevo, aunque sólo sea para ga-
narle la partida al Fénix en persona: parodiará las confidencias amorosas
del gran Lope. Al hacer esto, toma respecto del romance una distancia semejante a la que tomará más tarde respecto de la poesía lírica.

Enamorado de la innovación como nadie, el futuro poeta de las *Soledades* hizo sus armas en la sátira con el romancero nuevo. Pero sabe también,
si se tercia, cultivar con una felicidad sin par lo que el nuevo género presenta de más encantador: el romancillo. Éste es un ejemplo:

Hermana Marica,
mañana, que es fiesta,
no irás tú a la amiga,
ni yo iré a la escuela.

O bien:

La más bella niña
de nuestro lugar,
hoy viuda y sola
y ayer por casar,
viendo que sus ojos
a la guerra van,
a su madre dice,
que escucha su mal:

*Dejadme llorar
orillas del mar.*

En estas joyas todo confluye: lo popular y lo literario, lo antiguo y lo
nuevo, lo lírico y lo narrativo, la emoción y el humor.

Los dos canales de transmisión de estos textos, la vía manuscrita y la
musical, plantean, una vez más, problemas textuales inextricables. Y más

aún porque los músicos son parte en el asunto. Moncayo, por ejemplo, uno de los editores de los romances nuevos, les reprocha que utilicen los textos a su antojo para gran perjuicio de los autores. Pero la costumbre está establecida y la tendencia es irreversible. Quevedo, en el cambio de siglo, inclinará el género hacia lo burlesco (la jácara), inventando un subtipo. En él se verán a rufianes (los jaques) dirigiéndose por carta a sus busconas y parodiando bruscamente, con una deslumbrante invención léxica, los modelos y los motivos tanto de la gran poesía como del mismo romancero. Y así Quevedo verterá el género en estilo bajo. Pero, gracias a la renovación que habían introducido en él grandes poetas después de 1580, y otros para siempre anónimos, nos deja, en su diversidad, maravillas de estilo humilde.

ANDRÉ LABERTIT

# Capítulo VIII

# AFIRMACIÓN DE UN TEATRO

No es cómodo hacer la historia del teatro en España en la segunda mitad del siglo XVI. Muchos poetas célebres en su época para nosotros son sólo nombres; muchas obras se han perdido: ese naufragio nos condena a extrapolar a partir de vestigios cuya importancia corremos el riesgo de exagerar, simplemente porque sólo ellos se han conservado. Los testimonios de los que disponemos, tanto sobre la organización y el desarrollo de las representaciones como sobre el estatuto y el trabajo de los actores, están lejos de ser exhaustivos y no dan más que una idea imperfecta de los progresos realizados por la escena a través de los años. O sea que nuestra perspectiva en parte está falseada por el prodigioso impulso que, desde comienzos del siglo XVII, conocerá la *Comedia nueva*, esa comedia diferente de las formas múltiples y heterogéneas del arte «antiguo» que la precedió, y que Lope de Vega sabrá hacer triunfar; da ahí nuestra propensión a no ver en esos antecesores más que simples precursores.

Por más que se pueda esbozar una presentación ordenada de la producción que nos ha llegado, se imponen algunos rasgos de conjunto, que nos permiten trazar una línea divisoria entre las dos mitades del siglo y circunscribir así la época de Felipe II.

En primer lugar, se opera una transformación progresiva de las condiciones del espectáculo, marcada por la instauración de un modo original de producción, por el surgimiento de un público cada vez más vasto, por la aparición de actores profesionales organizados en compañías, y, finalmente, por la edificación, en todas las grandes ciudades de la península, de salas permanentes instaladas en el recinto de los corrales.

En segundo lugar, la ampliación constante de un repertorio que, sin romper todos los lazos con el del período precedente, se diversifica en función de la demanda de un público también ampliado. Repertorio sacro que, en ciertos aspectos, prolonga el aporte de los primitivos del teatro castellano, pero que, mejor adaptado al dispositivo escénico de las representaciones del Corpus Christi, da una traducción del mensaje evangélico más de acuerdo con el propósito doctrinal de la reforma emprendida por el Concilio de Trento. Repertorio profano también que, inscribiéndose en formas cada vez más complejas, a través de prácticas escénicas simultáneas, concurrentes, y aun contradictorias, se renueva al contacto con los modelos y los comediantes de Italia, bajo el impulso decisivo de Lope de Rueda.

Finalmente, el advenimiento, en el último cuarto de siglo, de una generación de poetas deseosos de escapar a las contingencias de un teatro de simple consumo, para elevarse hasta las cimas de un arte consciente de sus fines y sus apuestas. Empresa prematura, a la vista de las condiciones en las que fue lanzada, así como de las capacidades de los que la intentaron, pero que no por eso dejará de tener valor de ejemplo: para Cervantes, que se asoció momentáneamente a ella; para Lope de Vega, igualmente, y con él, para todos los que, sacando fruto de sus ambiciones y sus fracasos, han recogido una parte de su herencia y han colaborado en la invención de la *Comedia nueva*.

## Las condiciones del espectáculo

Los dramaturgos del Renacimiento (Encina, Gil Vicente, Torres Naharro) se dirigían a círculos a veces cosmopolitas, pero siempre restringidos, compuestos por aristócratas y clérigos. Con el advenimiento de Felipe II, que era un mediocre gustador de espectáculos, ese mecenazgo principesco cayó en desuso. Serán las cofradías y los ayuntamientos quienes, para realzar el brillo de las fiestas litúrgicas (y sobre todo del Corpus Christi), susciten y subvencionen, en todas las ciudades de España, las representaciones sagradas y profanas, cuyo producto permitirá asegurar el mantenimiento de hospicios y hospitales. Colaboradores directos de los comediantes itinerantes, cuyo concurso les es indispensable, crean así un sistema sin equivalente en los otros países de Europa; durante más de un siglo, este sistema asegurará al teatro español las bases económicas para su prodigioso auge.

## 1. EL PÚBLICO Y LOS ACTORES

Los cenáculos aristocráticos de las primeras décadas del siglo XVI fueron reemplazados de esta manera por un público esencialmente urbano, de buena gana atraído por todas las manifestaciones de la fiesta. Cuando se trata de representaciones religiosas, ese público está a la medida de la ciudad que los acoge, tanto más fácilmente por cuanto las representaciones se hacen al aire libre. En esas comunidades variadas, pero que participan, hasta cierto punto, de un mismo estilo de vida, la burguesía de los puertos y de las ferias muy a menudo marca el tono: capitales económicas de la España de Felipe II, Sevilla y Valencia son los dos centros donde el teatro conoció su primer desarrollo. En el último tercio del siglo, la corte se trasladó a Madrid, que les hizo entonces la competencia antes de sustituirlas en el siglo XVII, en el momento del triunfo de la *Comedia nueva*.

El público de los corrales constituye, también él, un público heterogéneo, aunque aún minoritario, si se tiene en cuenta que no muchos van a la comedia. Pero, en 1580, la preeminencia de las elites se refleja en la disposición de las salas: desvanes y aposentos les están reservados, mientras que el público general ocupa, de pie, el patio y las mujeres del pueblo se instalan en la tribuna del fondo, llamada cazuela. Reglas también precisas codifican la organización de los espectáculos religiosos, donde la primacía a partir de entonces se otorga a las autoridades eclesiásticas y civiles; de ahí sus interminables querellas por la precedencia.

A esta evolución del público corresponde el surgimiento de todo un mundo de profesionales de la escena. Hasta el último tercio del siglo XVI, la contribución de los comediantes aficionados en las representaciones del Corpus sigue siendo importante; pero, con el desarrollo del sistema de comandita instituido por las cofradías, son los actores profesionales los que toman el relevo e imponen sus miras.

Dando fe a los documentos que tenemos, los primeros contratos entre las compañías ambulantes y los ayuntamientos que solicitan su participación datan de 1540.

Sobre la composición de esas compañías, su material, su existencia, a menudo dura y azarosa, los documentos de los archivos nos dan indicaciones preciosas, pero sumarias. Más circunstanciadas, las descripciones literarias de Juan Rufo (1596), de Agustín de Rojas (1603) o de Cervantes (1613-

1615) deben utilizarse con prudencia; además, casi todas ellas son posteriores a la época que nos interesa.

En los primeros años, los papeles femeninos eran representados por adolescentes. En 1587, la presencia de las mujeres en escena fue debidamente autorizada (con ciertas condiciones), y es verosímil que ese permiso consagrara un uso establecido desde hacía años.

A fines de siglo, España tiene un número importante de directores de compañía, llamados autores de comedias; son ellos los que tienen derecho a estrenar las piezas cuyo manuscrito, comprado por ellos, ha pasado a ser de su propiedad y pueden adaptarlo a su gusto. Los más célebres de ellos (Cosme de Oviedo, Andrés de Angulo, Alonso de Morales, Alonso de Cisneros) afinaron su oficio en la escuela de los italianos (Ganassa, Botarga) que hacían giras por la península a partir de 1545, y a los que acabarían por eliminar, al término de una áspera rivalidad, en la última década del siglo.

A partir de 1585, los moralistas adversarios del teatro atacan a los comediantes. Al final del reinado de Felipe II, obtendrán el cierre temporal de los corrales. Sin embargo, los actores, gracias al apoyo de sus comanditarios, ganarán en última instancia: a comienzos del siglo XVII, ocho compañías permanentes serán reconocidas por privilegio real; al ponerse a disposición del poder, se les otorgará, a cambio, un verdadero monopolio del espectáculo.

## 2.  El lugar escénico y la puesta en escena

En ausencia de una tradición medieval comparable a la conocida por el resto de Europa, el teatro castellano se acomodó durante mucho tiempo a las circunstancias: capilla de un castillo o gran sala de un palacio. Ese marco sumario será, hasta el final del siglo, el de las representaciones «particulares» (o sea privadas), dadas en casa de los notables. En cuanto a los espectáculos destinados a un público más vasto, se representarán durante mucho tiempo al aire libre.

Definitivamente exiliado del coro de las iglesias, el repertorio de las farsas y de los autos religiosos se adapta a un dispositivo ambicioso, que seguirá siendo el del auto sacramental: el carro doble con plataforma (de diez pies de largo por cinco de ancho), provisto de un castillete con un piso practicable. Las piezas profanas —comedias y entremeses— parecen haber sido montadas, en la primera etapa, sobre caballetes móviles que soportaban un tablado con dos practicables y un telón de fondo; el piso de una casa adyacente, sobre la que se apoyaban los caballetes, servía, si era necesario, de plano superior. Sin embargo, la descripción libre que Cervantes, en el prólogo a sus *Comedias y entremeses* (1615), nos ofrece de ese lugar escénico no pretende en absoluto una exactitud documental y deja sin duda en la sombra otras formas, más elaboradas, de representación.

Con la aparición del *corral*, instalado en el patio interior de una casa (de ahí su nombre), el repertorio profano dispondrá de un marco más adecuado para su desarrollo. Entre 1575 y 1585, Madrid (Corral de la Cruz, Corral del Príncipe), Sevilla (Corral de don Juan, Corral de doña Elvira), Valencia (Corral de la Olivera), Toledo, Valladolid, Barcelona, Zaragoza y Córdoba se dotan de este tipo de edificio, de donde nacieron —al precio de modificaciones considerables— nuestras salas modernas.

Apoyado en una fachada escénica de dos pisos, con escenario rectangular, de unos cuarenta y cinco metros cuadrados, el corral ocupa todo el ancho del patio. Flanqueado por dos puertas laterales, tiene una abertura central disimulada por un telón corredero. Prolongado en la parte de atrás por el vestuario, dominado por una galería con huecos que podían servir de ventanas, comunicaba con el subsuelo mediante un escotillón. Cualquiera que fuera el emplazamiento de los espectadores —patio de aposentos, desvanes o cazuela—, el escenario constituye el punto hacia el que convergen todas las miradas. (El corral de Almagro, restaurado cuidadosamente, nos ofrece una reconstrucción fiel de ese espacio escénico.)

El escenario improvisado de las piezas de Encina y de Lucas Fernández era un espejo que devolvía al público su imagen o su contrario. Circunscrito a un recinto cerrado, diferenciado del patio por su elevación, el escenario del corral afirma por el contrario su especificidad. En función de este tipo de escenario, Lope de Vega concebirá su dramaturgia e impondrá su «arte nuevo».

Los progresos realizados, sin embargo, no deben llamarnos a equívoco: lejos de tender a crear la ilusión de lo real, la puesta en escena, en todos los casos, se basa en una suma de convenciones admitidas por todos y que condicionan a la vez el texto y sus sugestiones, la elección de los accesorios escénicos, el acompañamiento musical y coreográfico (generalmente discreto), y finalmente la voz y el gesto de los actores.

En lo que concierne al auto religioso, los testimonios conservados hacen entrever realizaciones todavía rudimentarias, adaptadas a las posibilidades

concretas que ofrecen plataformas y carros móviles. Sin embargo, la emula-
ción de las cofradías provocará, al cabo de los años, la confección de decorados cada vez más suntuosos. La actuación de los comediantes, a menudo
estática, tendía sobre todo a aclarar el sentido providencial del episodio representado.

En cuanto a las piezas que montaban Rueda y sus epígonos, su puesta
en escena se adecuaba a los tablados sobre los que se representaban: una
manta a guisa de decorado, una interpretación muy estilizada, eso es lo que
nos dice en esencia Cervantes. Los efectos del lenguaje son los que confie-
ren a ese repertorio lo más claro de su *vis comica*: exclamaciones pintorescas, deformaciones idiomáticas, giros dialectales, recurso a un habla rústica
convencional (el sayagués), reservada a los pastores.

Con la creación de escenarios permanentes, el teatro de las dos últimas
décadas apelará a un abanico de efectos escénicos, si se juzga por las di-
dascalias de las piezas que conservamos: sonar de trompetas, aparición de
caballos en el escenario, descubrimientos y «glorias» (las «apariencias»),
obtenidas por el desplazamiento de una cortina de fondo, llegada a escena
de un enviado de los cielos, gracias a un torno o una tramoya. El espacio
escénico del corral no deja de ser un espacio desnudo cuyos cuatro planos
(patio, galería, tramoya y vestuario) permiten la representación simultánea
de una pluralidad de lugares, diferenciados por las alusiones del diálogo y
la interpretación de los comediantes: una habitación o el campo, un balcón
o una muralla, una caverna o el infierno, según las necesidades de la acción.
La *Comedia nueva* permanecerá fiel durante mucho tiempo a esa práctica
austera, de acuerdo con los gustos de un público de oyentes, que sólo más
tarde se convertirán en espectadores, en el pleno sentido del término.

## El teatro religioso

El repertorio religioso de la época de Felipe II manifiesta tendencias
que expresaba ya la producción anterior (véase cap. IV, pp. 91-93). La
misma fidelidad a los grandes temas litúrgicos y a los textos escriturarios;
el mismo juego de equivalencias entre los episodios bíblicos y la actualidad, facilitada por la fabulación bucólica; la misma estructura que, más allá
de la variedad de denominaciones (*auto*, *coloquio*, *farsa*), sigue siendo la
de la *representación*: una acción dialogada en verso, de un solo acto, precedida por un *introito* o *loa* y coronada por un episodio cantado, que es
a menudo un *villancico*; sus dimensiones todavía modestas (de doscientos

a quinientos versos) hacen que esta acción no sea más que uno de los elementos de un vasto juego festivo.

Gracias a las transformaciones sufridas por la organización material del espectáculo, se va precisando, sin embargo, una mutación, de la que ya ofrecía signos anticipadores la obra de Diego Sánchez de Badajoz: reducción de la parte otorgada a la glosa del texto sagrado; funcionalidad creciente de los *dramatis personae* que, a partir de entonces, se ordenan en torno a un conflicto y animan una intriga de peripecias; restricción de los episodios cómicos a las intervenciones de un único *bobo* (a veces en forma de entremés en prosa); adaptación de los metros tradicionales a las variaciones del diálogo; desarrollo de la escenografía y de las partes musicales.

El testimonio más significativo de esta evolución es el *Códice de autos viejos*.

Esta recopilación, conservada en los fondos de la Biblioteca Nacional de Madrid, y editada parcialmente en el siglo XIX, fue publicada íntegramente en 1901 por Léo Rouanet. Las noventa y seis piezas que reúne (cincuenta mil versos en total) probablemente fueron compuestas entre 1550 y 1590. Con alguna excepción, casi todas son anónimas. Fuera de dos coloquios, se reparten, según criterios que se nos escapan, entre autos y farsas. Algunas, de tema bíblico o hagiográfico (*Auto del sacrificio de Abraham*, *Auto de santa Bárbara*), son «historias» que recuerdan los misterios medievales; otras, de carácter alegórico (*Auto y Farsa de la residencia del hombre*), evocan más bien las antiguas moralidades. Su carácter didáctico se impone con insistencia, a veces en detrimento del interés dramático. Pero ese carácter está atemperado por las intrusiones del *bobo* que, encajando este bajo mundo con el más allá, se dedica a alegrar al espectador para instruirlo mejor, poniendo la risa al servicio de la ejemplaridad.

El abanico de temas responde al de las fiestas litúrgicas (Navidad y Pascua, en especial) que esas representaciones estaban llamadas a magnificar. Pero la justificación más frecuente del auto religioso es la celebración del Corpus Christi.

Así se explica el lugar especial que ocupa la glorificación del misterio eucarístico, en particular en un desenlace que se cierra frecuentemente con la ofrenda del pan y del vino. La traducción alegórica de ese misterio está asegurada por la intervención de personajes abstractos (el Pan, la Justicia, la Conciencia, etc.), pero también a través del propio simbolismo del tema, glosado y subrayado en el prólogo y al hilo del diálogo. Esta alegorización, más o menos hábil, permite afirmar la trascendencia del acontecimiento puesto en escena y desprender de él su sentido providencial, válido en cualquier época, para la historia de una humanidad rescatada por el sacrificio de Cristo.

Este teatro edificante, concebido y escrito por clérigos y representado por aficionados progresivamente reemplazados por profesionales, es contemporáneo de la reflexión dogmática instituida por el Concilio de Trento. Inaugura un catecismo poético, menos dirigido contra la Reforma protestante que suscitado y orientado por la Reforma católica. Más rudimentario, técnicamente hablando, que las piezas anteriores de Sánchez de Badajoz, sin embargo, en sus símbolos, no deja de dar una visión compleja, más cargada de futuro también, de las relaciones del hombre con Dios.

Juan Timoneda (15??-1583) que, como se verá más adelante, contribuyó al desarrollo del teatro profano, refleja esta evolución en sus obras sacras. Prolonga esta evolución y la supera también: no tanto en la invención de los temas (sus autos son la refundición de las farsas anónimas anteriores), sino en una factura más cuidada y en una alegorización que responde totalmente al propósito edificante.

Los «tres *autos* extraídos de las Sagradas Escrituras» incluidos en el *Ternario espiritual*, publicado en Valencia en 1556, nos ofrecen una delicada trasposición de episodios evangélicos. El *Auto de la oveja perdida* se distingue por una calidad de emoción que pone de relieve, por contraste, el contrapunto pintoresco de los pastores. Los dos *Ternarios sacramentales*, aparecidos en 1575, reagrupan piezas relativas a la Eucaristía: *El castillo de Emaús*, *La iglesia*, *La fe*, *La fuente de los siete sacramentos*.

Tomando su material de sus predecesores, Timoneda muestra que las piezas representadas con ocasión del Corpus Christi constituyen en adelante un patrimonio común, al que se recurre abundantemente para responder a la demanda creciente del público y de los comanditarios. Pero su trabajo de reescritura, destinado a impedir que ese repertorio se anquilosara, marca un hito importante en el surgimiento de un género en adelante consciente de sus medios y de sus fines.

En España, como en el resto de Europa, los jesuitas darán, al mismo tiempo, un brillo notable a las representaciones organizadas, a partir de 1556, en los colegios de la Compañía, sobre todo en Córdoba y Sevilla. Escritas por los propios padres, en un latín pintoresco salpicado de castellano, e interpretadas por sus alumnos, esas piezas muestran claramente su finalidad didáctica y pedagógica. A diferencia de las *farsas* y de los *autos*, se trata en este caso de un teatro representado en un lugar cerrado, ante espectadores selectos: los colegiales y sus familias.

El repertorio más amplio es el del padre Acevedo, cuyas veinticinco piezas, compuestas entre 1556 y 1566, se conservan manuscritas en Madrid, en la Real Academia de la Historia. Algunas (*Metanea, Lucifer furens*) son de inspiración teológica; otras (*Caropus, Bellum virtutum et vitium*) presentan un carácter más estrechamente moral y ascético.

Pero la obra maestra de ese repertorio no se debe al padre Acevedo, sino a uno de sus cofrades anónimos: la *Tragedia de san Hermenegildo*, en cinco actos y en verso. El conflicto entre política y religión, que enfrenta al rey visigodo Leovigildo y a su hijo Hermenegildo, es el tema principal. El debate interno de los dos héroes presenta una intensidad excepcional, a la altura del desenlace —el martirio de Hermenegildo—, con el que termina la acción.

Por sus proporciones, por el número de personajes, históricos y alegóricos, por la calidad de su escritura, la *Tragedia de san Hermenegildo* muestra ambiciones poco comunes. Tragedia en el pleno sentido del término, participa de una corriente de renovación, de la que volveremos a hablar más adelante.

## Lope de Rueda y el teatro profano

1. El ejemplo de Lope de Rueda

Parece ser que el renombre de Lope de Rueda se forjó a fines del siglo XVI. Juan Rufo y Agustín de Rojas figuran entre los primeros que elogiaron al «padre del teatro castellano». Cervantes, en 1615, terminará de consagrarlo, en el vibrante homenaje que rinde a ese «varón insigne en la representación y en el entendimiento». Dice que «fue admirable en la poesía pastoril, y en este modo, ni entonces ni después acá ninguno le ha llevado ventaja». No hay que tomar todas sus palabras al pie de la letra: al exaltar, en su edad madura, el «arte antiguo» de un Rueda, del que se consideraba heredero, Cervantes se presenta, en contraste, como el despreciador del «arte nuevo» de Lope de Vega, su gran rival. Sintió también una viva impresión ante el espectáculo de esas églogas con entremeses interpolados cuyos primeros papeles solía encarnar Rueda.

Se conoce muy mal la vida de Lope de Rueda. Nacido en Sevilla hacia 1510, primero fue batihoja, antes de dedicarse al oficio de actor. Casado dos veces, llevó una existencia itinerante, marcada por sus giras a través de España. Murió en Córdoba en 1565 y, según dice Cervantes, fue enterrado en el coro de la catedral. Hasta nosotros ha llegado sólo una parte de su obra, parcialmente desfigurada por los arreglos y expurgaciones que le hizo sufrir Timoneda, autor de las ediciones príncipe de 1567 y 1570. Indiscutible-mente son de él cuatro comedias en prosa —*Eufemia*, *Armelina*, *Los enga-ñados* y *Medora*— y dos coloquios pastoriles, *Camila* y *Tymbria*. Pero su gloria, a los ojos de la posteridad, reside en sus pasos, entremeses en prosa mezclados en las comedias y en los coloquios, o bien reagrupados en dos re-copilaciones, *El deleitoso* y *Registro de representantes*, donde figuran en compañía de fragmentos de otros autores.

Sus comedias se inspiran en modelos importados por las compañías ve-nidas de Italia y de las que Rueda retomó el argumento. Así, *Medora* imita a *La zingana* de Giancarli, derivada ésta de los *Menaechmi* de Plauto. *Eufe-mia* traslada libremente un relato del *Decamerón*. Pero Rueda nunca realiza un plagio servil. Concentra en una decena de escenas los cuatro o cinco ac-tos de la obra original, privilegiando la acción principal o modificando, como en *Eufemia*, los resortes de la intriga y del desenlace. Simultánea-mente, introduce personajes extraídos del fondo hispánico (el *bobo*, el ru-fián), que animan episodios cómicos autónomos, susceptibles de transfor-marse en pasos independientes.

Las tradiciones que yuxtaponen esas comedias no siempre llegan a fun-dirse de manera coherente. A veces se producen sorprendentes rupturas de tono entre un *imbroglio* novelesco puramente convencional y los episodios reproducidos del natural que suspenden de manera periódica el desarrollo de aquél. Los coloquios entremezclan, al precio de disonancias análogas, las quejas de pastores, parientes cercanos de los de *La Diana*, con las sali-das pintorescas del *pastor bobo*. El éxito de este repertorio en la España de Felipe II se explica por su misma novedad. En el momento en que, co-brando impulso, el teatro se expandía por toda la península, Rueda supo proponer a la burguesía sevillana, valenciana y castellana los conflictos del hombre en la sociedad, enfrentado con sus semejantes y movido alternati-vamente por el interés, el amor o el honor. Esos modelos de comporta-miento correspondían a su visión del mundo, y eran adecuados, pues, para confirmar su escala de valores.

Lope de Rueda encamina de manera decisiva el proceso que permitió al teatro castellano liberarse de los condicionamientos que pesaban hasta entonces sobre él. No se limitó a aclimatar las convenciones en las que se basan sus comedias, con sus amantes separados, sus heroínas audaces, sus padres desconfiados y sus criados imaginativos. Más aun que su libertad de actitudes, lo que constituye la eficacia de su teatro son las virtudes de un lenguaje expresivo, sin énfasis inútil, rico en recursos dialectales que, con su ritmo y sus ocurrencias, recrea, sin calcarla nunca, la prosa de todos los días. A ese verbo señero se refería Cervantes al evocar los usos cómicos inmortalizados por el batihoja; y, como veremos, con seguridad fue en los *pasos* donde floreció en el más alto grado.

## 2.  DISCÍPULOS Y EPÍGONOS

Timoneda, al que ya hemos mencionado, nos ha dejado una producción variada cuya paternidad se cuestiona. Cualquiera que haya sido la parte exacta de creación que le incumbe, está claro que desempeñó un papel importante en la génesis y el éxito del género que Lope de Rueda había introducido en España.

Se ignora casi todo de su vida, excepto que era valenciano y que ejerció en su ciudad natal el oficio de librero editor, con la protección del arzobispo Joan de Ribera. Lope de Rueda, como hemos visto, le debe la publicación póstuma de sus obras. Cervantes, que probablemente lo conoció al volver de su cautiverio, celebra, en *Los baños de Argel*, la lozana vejez de ese infatigable artífice de las letras que murió a una edad avanzada, en 1583.

Al igual que toma de sus antecesores la materia de sus historietas, de sus *romances* y de sus autos religiosos, Timoneda, en sus comedias profanas, explota el filón de la tradición. Publicada por él en 1559, la recopilación de sus comedias en prosa comprende la *Comedia de Amphitrion*, la *Comedia de los Menemnos* y la *Comedia Cornelia*. Las dos primeras son libres transposiciones de comedias de Plauto. La tercera adapta una comedia de Ariosto, *Il Nigromante*.

La recopilación de las comedias en verso, seis años posterior y aparecida con el seudónimo transparente de Joan Diamonte, se titula *Turiana*, en homenaje a Valencia y a su río. Reúne seis piezas (*Comedia Filomena*, *Farça Paliana*, *Comedia Aurelia*, *Farça Trapaçera*, *Farça Rosalina*, y *Farça Floriana*). Están incluidos en esta primera recopilación seis *pasos* y *entremeses* en verso.

Timoneda, durante mucho tiempo, quedó relegado al rango de plagiario. Como mostró Rinaldo Froldi, el reproche es anacrónico para una época

en la que se ignoraba la propiedad literaria y se practicaba de buena gana
la imitación inventora. Su principal preocupación fue ofrecer al público valenciano y, más allá, peninsular (porque muy a menudo escribió en castellano), un repertorio inédito que, sin su labor de adaptación y de difusión,
nunca hubiera conocido éxito. Fue el indispensable mediador gracias al
cual la escena española pudo acceder a una existencia nacional. Sin él, seguramente hubiera tardado mucho más en lograrlo.

Dispar y fragmentaria, la producción dramática que se inscribe en la
huella de Rueda y de Timoneda se sustrae a los intentos de clasificación.
Algunas piezas que conservamos deben su supervivencia a la iniciativa del
librero valenciano; otras fueron sacadas mucho más tarde del polvo de las
bibliotecas, sin que se sepa si fueron efectivamente representadas y con qué
éxito.

A falta de trazar una evolución imposible de seguir, se puede, a partir
de algunos indicadores, entrever la mutación sufrida por la comedia profana entre los comienzos y el final del reinado de Felipe II.

El primero de esos indicadores corresponde a las *Tres comedias* de
Alonso de la Vega (1566), comediante andaluz muerto en Valencia entre
1560 y 1565. Editadas por Timoneda después de la muerte del autor, estas
comedias en prosa están todavía cerca del patrón formalizado por Rueda. La
*Comedia de la Duquesa de la Rosa*, la mejor de las tres, desarrolla un «caso
d'amore» retomado de Bandello. En el marco pastoril en el que se inscribe
el poeta, se organiza todo un universo alrededor de la heroína, cuya aventura obedece a las convenciones establecidas por Montemayor.

La inspiración bucólica parece ser el rasgo dominante de la mayoría
de las comedias compuestas en los años que siguen. Se encuentra en
ellas el eco del género pastoril italiano, con su lirismo elegíaco y su decorado idealizado, mientras que la desaparición progresiva de los episodios cómicos, a cargo del *bobo*, les asegura una unidad de tono cada vez
más marcada. Otras convenciones reemplazan a las que había impuesto
Lope de Rueda: el recorte de las escenas da paso a una división en tres
o cuatro jornadas; la prosa cede el lugar al verso; la versificación mezcla en las quintillas los metros importados de Italia. La *Comedia Metamorfosea* de Joaquín Romero de Cepeda permite apreciar el camino recorrido; anuncia el advenimiento de una pastoral dramática de nuevo
tipo, la que Lope de Vega cultivará en sus comienzos, y a la que imprimirá su sello.

3.  NACIMIENTO DEL ENTREMÉS

No será hasta 1611 cuando Covarrubias definirá el entremés como «una representación de risa y graciosa, que se entremete entre un acto y otro de la comedia para alegrar y espaciar el auditorio». Cuando Lope de Rueda, más de un siglo antes, inicia su carrera, el *entremés* todavía no es más que un *paso*; pero ya presenta los rasgos que le seguirán siendo propios: su finalidad cómica, su forma breve, su carácter de divertimiento interpolado.

Derivado del catalán, el término *entremés* tuvo en principio una acepción culinaria: en la Edad Media designaba un manjar servido entre dos platos principales; por analogía, se aplicó, hacia mediados del siglo XV, a los carros de los desfiles del Corpus y a las mascaradas de la época de Carnaval, cuya decoración semejaba a piezas montadas. Luego, esos carros soportaron espectáculos de mimo que excluían cualquier diálogo. Pero tan sólo hacia finales del reinado de Carlos V se convierte el entremés en un divertimiento propiamente teatral, cuando Lope de Rueda incorpora a sus piezas, imitadas de los italianos, secuencias cómicas en prosa (y ya no en verso), animadas por personajes de humilde condición. Estos diálogos autónomos, susceptibles de ser trasladados de una pieza a otra, muy pronto se harán independientes. Timoneda consagra esta evolución al rebautizar los *pasos* y al agruparlos en recopilaciones específicas: había nacido un género nuevo.

Cervantes conservó el recuerdo de los entremeses que Rueda mezclaba en sus coloquios para «alargarlos». Eran, nos dice, «ya de negra, ya de rufián, ya de bobo y ya de vizcaíno». Era una manera para él de saludar el talento del actor, formado, se ha dicho, en la escuela de la *commedia dell'arte* (o capaz de recrear su espíritu) y que encarnaba, con un sentido innato de la mímica y del gesto, tipos fijados por la tradición. Manera también de rendir homenaje a la inventiva del poeta, capaz de renovar, con sus dotes de observación, su inclinación por el rasgo caricaturesco y su fantasía verbal, toda una gama de comportamientos divertidos: duplicidad de la mujer infiel, desaventuras del vejete demasiado confiado, astucias del estudiante «tracista», simplezas del bobo, baladronadas del soldado fanfarrón.

*Cornudo y contento* remoza el tema trillado del adulterio, prestando a los héroes actitudes que los arraigan en la España de la época: complacencia del médico famélico, al que el amante hace su cómplice llevándole dos gallinas para desplumar; hipocresía de la esposa que se hace la devota para encontrarse con su galán. *Las aceitunas* toma del folclore un tema que retomará La Fontaine en la fábula de la lechera y lo modula con fortuna al hilo del diálogo contrastado de los tres campesinos —el padre viejo, la madre rapaz y la hija ingenua— dominados por la misma ilusión. *La tierra de Jauja* explota el motivo bien conocido de la tierra de lacaña: dos pillastres describen sus maravillas a un inocente, al que le roban la cazuela aprovechando su embeleso.

En el diseño de un divertimiento sin pretensiones, los personajes de los pasos de Rueda encarnan de maravilla un mundo al revés cuyo caos admitimos sin pestañear, ya que nos hace reír. Al recibir de su creador la palabra, han recibido al mismo tiempo una vida cuyos antecedentes folclóricos estaban lejos de ofrecer su equivalente. Por esta razón, el batihoja pudo, con todo derecho, ser promovido a la dignidad de padre fundador del teatro peninsular, aunque otras tentativas precedieran a la suya, y a pesar de todo lo que separaba su fórmula de la que haría triunfar a la *Comedia nueva*.

Hay que remitirse a los raros vestigios de fines del siglo, reunidos y reeditados por Cotarelo y Mori, para hacerse alguna idea de la trayectoria seguida por el *paso*, convertido en *entremés* en la época de Timoneda, y que conservará definitivamente ese nombre. Esta trayectoria está marcada por una complejidad creciente del bobo, más listo que lo que hace creer; por un interés creciente por las peripecias escabrosas de los amores ilegítimos y por el mundo de la delincuencia, ordenado en torno a un rufián, y, finalmente, por un tratamiento paródico de los temas del romancero. Se esboza una nueva modalidad, el *entremés de figuras*, cuyos protagonistas desfilan a los ojos del espectador, mientras reaccionan, cada uno a su manera, ante la misma situación. Sobre todos estos puntos el examen de las obras coincide con los testimonios que conservamos sobre el auge del género. Muy pronto, el verso relevará de nuevo a la prosa, mientras que un contrapunto musical, con partes cantadas y danzadas, reemplazará a la tunda de palos que, muy a menudo, concluía el *paso* primitivo. Cervantes, ya lo veremos, plantará los primeros jalones de esta transformación (véase el cap. III del tomo correspondiente al siglo XVII).

## La generación de 1580

### 1. LOS TRÁGICOS DE FIN DE SIGLO

¿Estuvo a punto de nacer una tragedia a la española veinte años antes del advenimiento de la *Comedia nueva*? Pregunta es ésta que ha dado lu gar a controversia. Frente a Alfredo Hermenegildo, que se ha dedicado a establecer su existencia, Rinaldo Froldi, por el contrario, considera que la formación de un género trágico en España, alrededor de 1580, no es en realidad más que una ilusión óptica, forjada en el siglo XVIII por los hombres de la Ilustración con el objetivo, muy loable, de encontrar antecedentes hispánicos a la tragedia neoclásica.

Dos fenómenos han contribuido a enturbiar el debate. En primer lugar, el empleo ambiguo que hizo el Renacimiento de la palabra «tragedia», considerada tanto en una acepción puramente retórica (*caso desastrado*), tomada de los gramáticos de la baja latinidad, como en un sentido más nítidamente dramático, por referencia a las tragedias de la Antigüedad, exhumadas por los humanistas. Y luego, el carácter profundamente dispar de las obras así bautizadas, en el seno de la producción anterior a 1580: *farsas a lo divino*, como la *Tragedia de santa Orosia* de Bartolomé Palau; piezas profanas que toman su tema de la historia y arreglan un desenlace funesto, a la vez que multiplican las rupturas de tono (*Farsa a manera de tragedia*, *Tragedia Lucrecia*, de Juan Pastor); tragedias de colegio, finalmente, que, con excepción de la *Tragedia de San Hermenegildo*, conservan una parte del espíritu de las moralidades medievales, con su fabulación alegórica, sus secuencias cómicas interpoladas y su didactismo insistente. Este divorcio entre una teoría imprecisa y una práctica fluctuante se ha mantenido hasta la aparición de los «trágicos» de finales del reinado de Felipe II, en el mismo momento en que, en Italia, el redescubrimiento de la *Poética* de Aristóteles suscitaba una reflexión fecunda sobre la naturaleza y los fines de la tragedia.

Los poetas llamados de la «generación de 1580» nunca formaron un grupo y aún menos una escuela. Pero se manifiestan simultáneamente, entre 1575 y 1585, y sin haberse dado esa denominación, comparten y expresan aspiraciones comunes: en especial el deseo de romper con el pragmatismo de los practicantes de la generación precedente (poetas, editores, libreros, comediantes) y la voluntad de dar al teatro de su época su plena dignidad. Cuatro nombres simbolizan esta corriente: Jerónimo Bermúdez (¿1530?-1599), Andrés Rey de Artieda (1544-1613), Cristóbal de Virués (1550-1609) y Lupercio Leonardo de Argensola (1562-1613). Otros dos escritores se relacionan con ellos parcialmente, prolongando a la vez la tentativa más allá de los límites originales: Juan de la Cueva y Cervantes, que trataremos aparte. Algunos epígonos, finalmente, nos recuerdan oportunamente que los textos de que disponemos no representan más que una parte de una producción más amplia.

Fray Jerónimo Bermúdez nos ha dejado dos piezas, publicadas en Madrid en 1577, con el seudónimo de Antonio de Silva, y calificadas de *primeras tragedias españolas*. *Nise lastimosa* dramatiza el asesinato de Inés de Castro, la desafortunada «Reina muerta»; *Nise laureada* continúa con el castigo de los asesinos. En la actualidad se ha establecido (gracias a los trabajos de Adrien Roig), que la primera es una adaptación de *Dona Ignez de Castro*, del portugués António Ferreira (1528-1569), que Bermúdez plagió y alteró para darle un alcance edificante. *Nise laureada*, que termina con la coronación póstuma de la heroína, une el énfasis retórico con el espectáculo del horror.

Andrés Rey de Artieda, originario de Valencia, se destacó en el oficio de las armas y lo hizo sobre todo en Lepanto. De las cuatro piezas que se le atribuyen sólo nos ha llegado una. *Los amantes* es la primera adaptación dramática conocida de la leyenda de los amantes de Teruel que inspirará a Tirso de Molina y, en el siglo XIX, a Hartzenbusch. Artieda pretende librarse de los modelos antiguos: suprime los coros, y sus personajes no son «ilustres»; pero escamotea el conflicto trágico transformando los momentos de mayor tensión en otros tantos relatos.

Valenciano y soldado también él, Cristóbal de Virués tuvo gran conciencia de su misión de poeta. Sus cinco tragedias, compuestas hacia 1580-1585 y publicadas tardíamente en Madrid, en 1609, le valdrán ser mencionado por Lope de Vega, en su *Arte Nuevo*, entre los pioneros que abrieron el camino. *Elisa Dido*, inspirada en los amores de Dido y Eneas, está «escrita todo por el estilo de griegos y latinos con cuidado y estudio». Las otras cuatro piezas, en tres actos y ya no en cinco, toman su tema tanto de la historia (*La gran Semíramis*, *Atila furioso*), como de la fábula (*La infelice Marcela*, derivada de Ariosto; *La cruel Casandra*, fértil en incidentes novelescos). Estas piezas intentan reunir lo mejor del arte antiguo y de la práctica moderna. Pero sus héroes no son sino monstruos, cuyo exceso a veces hace sonreír; la violencia y el horror material siguen siendo las vías de acceso a lo seudotrágico.

El aragonés Lupercio Leonardo de Argensola es el autor de tres tragedias celebradas por Cervantes en la primera parte del *Quijote* (1605). Dos de ellas, con toda verosimilitud escritas hacia 1581-1585, se encontraron a fines del siglo XVIII. *Isabela*, cuya acción transcurre en Zaragoza en época de la Reconquista, es una tragedia cristiana en la que la heroína sufre el martirio antes que renegar de su fe. *Alejandra*, imitada de *Marianha* del italiano Lodovico Dolce, pinta los estragos provocados en la corte de los Ptolomeos por los celos enfermizos de un príncipe sanguinario. Esas tragedias, obras de juventud, que su autor relegará luego a la penumbra, parecen haber llegado sólo a un auditorio restringido.

Las obras que acabamos de recordar, en la actualidad son irrepresentables. Sólo interesan al historiador porque constituyen el campo elegido por una arqueología de la *Comedia nueva*, cuya génesis no puede captarse si no es en relación con las tentativas que las precedieron y aun prepararon. En esas condiciones, ¿se puede considerar a esos trágicos «de fin de siglo» los creadores de un verdadero género?

Contra Hermenegildo, que ve en ellos a los artífices de una «tragedia del horror» concebida sobre el modelo de la *tragoedia morata* de finalidad moral, y de la que se encuentra, en el mismo momento, el equivalente en Italia, Inglaterra y Francia, se puede, con Rinaldo Froldi, poner el acento en la heterogeneidad de sus fórmulas respectivas: estructura externa que oscila entre tres y cinco jornadas; infracciones repetidas cometidas respecto de las unidades; presencia esporádica de los coros; inclusión en la acción de peripecias novelescas y aun de episodios cómicos; rupturas accidentales de ritmo y de tono; combinaciones métricas y estróficas diferentes. Dicho esto, aunque esas obras no corresponden ni a una concepción común, ni a una labor concertada, su comparación no deja de mostrar analogías demasiado marcadas para ser puramente fortuitas: primero, en los elementos constitutivos de un mismo código teatral (división en actos, acciones «graves», personajes muy a menudo ilustres, estilo elevado, polimetría adaptada a las situaciones); luego, en la apelación a los procedimientos de la dramaturgia senequiana y en el recurso sistemático al horror y a la violencia; y, finalmente, en la ruptura deliberada con las formas hasta entonces en boga, condición necesaria para el surgimiento de un teatro sin relación con todo lo que le ha precedido.

De manera reciente se ha planteado el interrogante sobre si esas piezas no expresaban de forma velada una crítica al absolutismo de Felipe II y al poder arbitrario de algunos de sus consejeros. Queda por saber si ese programa pudo cumplirse efectivamente. A ese teatro le faltó el impulso de un auténtico creador, capaz de anudar el diálogo con un público que compartiera sus preocupaciones y sus gustos, de conferir a la acción una coherencia propia, de encontrar el sentido de lo trágico en algo que no fuera el desencadenamiento, a veces guiñolesco, de lo monstruoso. A falta de lo cual, en la España de fines del siglo XVI se verá eclosionar, aislada, una tragedia muerta antes de nacer. Sin embargo si, en vez de ver su quiebra, nos centramos en el propósito de un Bermúdez, un Virués o un Argensola, en la tensión que, en sus obras, une libertad artística y rigor formal, la tragedia seudoclásica de 1580 aparece entonces como un hito importante en el paso del «arte antiguo» al «arte nuevo». En este sentido Lope de Vega pudo conferir a Virués, sin exageración, el aura de precursor.

## 2.  JUAN DE LA CUEVA

Contemporáneo exacto de los trágicos de fines de siglo, Juan de la Cueva, si bien comparte sus aspiraciones, se distingue de ellos por varias razones: por la amplitud y variedad de su producción dramática; por el éxito probado que tuvo, y, finalmente, por su influencia, mucho tiempo cuestionada, pero de la que se comienza a tener más exactamente la medida.

Nacido en Sevilla hacia 1550, Juan de la Cueva, al regreso de una estancia de tres años en México (1574-1577), parece haber pasado la mayor parte de su vida en su ciudad natal, donde murió alrededor de 1610. Humanista de formación, dejó una obra lírica y épica abundante, pero de calidad mediana; dos poemas didácticos, *El viaje de Sannio*, de 1585, y *El ejemplar poético*, de 1609, en los que expuso sus ideas estéticas y literarias, y, finalmente, catorce piezas, representadas en Sevilla entre 1579 y 1581 y publicadas con el título de *Primera parte de las comedias y tragedias de Juan de la Cueva* (Sevilla, 1583). Esta *Primera parte* será reeditada en 1588; una segunda parte, para la que el autor pidió en 1595 la licencia de impresión, nunca aparecerá.

Trazar una línea división entre las cuatro tragedias y las diez comedias no permite una clasificación satisfactoria de esta producción: sólo se distinguen por el tipo de desenlace, de manera que la *Tragedia* y *Comedia del príncipe tirano* no son sino dos partes de una misma pieza. Otra separación, más coherente, es la que ya había planteado Torres Naharro entre *comedia a noticia* y *comedia a fantasía*; Cueva posiblemente la recordó. Siete de esas piezas tratan temas tomados de la leyenda y de la historia. Se inspiran en Ovidio, Virgilio y Tito Livio (como en *La libertad de Roma*), pero explotan también el romancero y las crónicas castellanas (como *Los siete infantes de Lara*) y hacen una incursión en la historia contemporánea con *El saco de Roma y muerte de Borbón*. Si creemos a Anthony Watson, las piezas transpondrían libremente un acontecimiento de actualidad, cargado de repercusiones políticas: la incorporación, en 1580, de Portugal a la corona de España. Las otras siete piezas son pura invención, aunque el velo de la ficción oculta en ese caso otras referencias en clave, como en las dos partes de la *Comedia del príncipe tirano*, cuyo protagonista sería una proyección caricaturesca de Felipe II. *El infamador* es la más notable del grupo.

Como todos los dramaturgos de su generación, Cueva infringe —o más bien ignora— las reglas seudoaristotélicas. Las innovaciones que reivindicará más tarde (reducción de cinco a cuatro actos, introducción en la escena de reyes y divinidades) tal vez se le deban atribuir, al menos en Sevilla, pero sólo tienen un alcance limitado. Lo que más impresiona al lector moderno son los dos polos entre los que oscila su práctica. A veces ordena, con más o menos acierto, intrigas complejas protagonizadas por personajes fuera de lo común y por alegorías, con cierta tendencia a la afectación y al estilo elevado; otras veces, a la manera de Lope de Rueda, concibe la acción como una serie de cuadros animados donde los dioses de la mitología se codean con criados, rufianes y alcahuetas. Lo que constituye la unidad de su teatro es, finalmente, su carácter experimental, como si el autor hubiera querido explotar todos los caminos de una posible renovación.

Por eso se ha podido ver en Cueva al heraldo de tiempos nuevos: por su gusto por el romancero, en el que la *Comedia nueva* se alimentará abundantemente, y por su predilección por ciertos móviles —el interés, el honor, la gloria— que Lope de Vega convertirá en los resortes de su teatro. Leucino, el protagonista de *El infamador*, no es, aunque se haya pretendido, una prefiguración de don Juan; pero, ciertamente, sus rasgos hacen de él el antecesor de los galanes de la *comedia*, y el mundo en el que se mueve prefigura por momentos su universo.

Mientras que sus obras, eclipsadas por las de Lope de Vega, habían caído en el olvido, Juan de la Cueva, en su *Ejemplar poético*, precisamente reclamó su parte en el triunfo de la *Comedia nueva*. Marcel Bataillon, en un artículo célebre, se la cuestionó. Al proceder, en 1583, a la publicación de sus *Comedias y tragedias*, Cueva habría preservado su producción del naufragio que sumergió a muchas piezas estimables cuyos autores, en otros puntos de la península, introdujeron sin duda las mismas innovaciones. Fruto de un simple concurso de circunstancias, la importancia que se le otorga sería, por decirlo en una palabra, el efecto de un error de perspectiva.

Esta advertencia, emitida hace más de medio siglo, sigue siendo válida. Además de que los propósitos teóricos enunciados en *El ejemplar poético* deben considerarse con cierta circunspección, existe sin duda algún riesgo al basarse en datos fragmentarios para establecer preeminencias y filiaciones. Pero el aporte de Cueva no debe subestimarse. Que esas piezas hayan sido representadas en Sevilla por los mejores actores de la época (Saldaña, Cisneros), que hayan sido editadas dos veces, son ya indicios del éxito que tuvieron. Pero, sobre todo, la mayoría de las demás obras que corresponden a esta fase de transición muestran la misma fórmula: estructura cuatripartita, ausencia de coros, intrigas episódicas, rupturas de tono, papeles heterogéneos, versificación polimétrica, concebida con el mismo patrón. Las dos tragedias de Gabriel Lobo Lasso de la Vega, publicadas en 1587 —*Tragedia de la honra de Dido restaurada* y *Tragedia de la destrucción de Constantinopla*—, con sus acciones episódicas, su profusión decorativa y su exaltación del absolutismo monárquico, son el mejor ejemplo de este teatro marcado por el signo de ideologías contradictorias y en busca de su equilibrio y de su realización.

## 3.   ¿CERVANTES, POETA TRÁGICO?

Sin abordar aquí el conjunto de la producción dramática cervantina (véase cap. IV del tomo del siglo XVII), conviene, sin embargo, situar en relación con las de sus contemporáneos inmediatos las veinte o treinta (?) piezas que Cervantes debió de escribir en los años 1581-1587, entre su regreso de Argel y su partida para Andalucía. Hemos conservado, gracias a su testimonio, el título de diez de ellas; pero hasta ahora sólo tenemos el texto de dos obras que fueron encontradas, en copias defectuosas, a fines del siglo XVIII: *El trato de Argel* y *El cerco de Numancia*. Muy recientemente, Stefano Arata descubrió en los fondos de la biblioteca del Palacio Real, en Madrid, una pieza anónima titulada *La conquista de Jerusalén por Godofredo de Bullón*. Tal vez se trate de *La Jerusalén*, mencionada por Cervantes entre las diez obras precitadas; pero esta atribución no señala, por el momento, más que una simple hipótesis.

Impregnada del recuerdo doloroso del cautiverio, *El trato de Argel* ordena cuadros episódicos de carácter verista en torno a una fábula tomada de la novela griega: los amores contrariados de dos esclavos cristianos, expuestos a los manejos de seducción de sus amos respectivos. Con sus cuatro actos mal recortados y sus cuarenta papeles, esta pieza parecer ser el primer intento de un novato. Pero la experiencia autobiográfica que proyecta en la escena no por eso constituye un simple «trozo de vida»: más allá del propósito militante que la anima, confronta la cruz con la media luna sin caer en la trampa de una visión maniquea que opondría a buenos y malos.

Más elaborada en su construcción y en su factura, *Numancia* escenifica un acontecimiento histórico sucedido en el año 133 a.C.: el suicidio de los defensores de una ciudad celtíbera que, cercados por las legiones romanas al mando de Escipión, prefirieron sacrificarse hasta el final antes que consentir, dominados por el hambre, una rendición infamante. A partir de una trama probablemente tomada del cronista Ambrosio de Morales, Cervantes compuso un vasto fresco de horror cuyo poder de sugestión es tanto más vivo por cuanto nos ahorra las peripecias sangrientas tan apreciadas por Virués y Argensola. La influencia de Cueva es sensible en la arquitectura de la pieza, pero el arte con que se lleva a término la acción no tiene equivalente en el sevillano.

*Numancia*, se ha dicho, es la única tragedia auténtica que nos ha dejado el siglo XVI español. Es la única donde los héroes, enfrentados a una situación que los supera, asumen su destino eligiendo el sacrificio; la única también en que este acto inaudito trasciende el sentido providencial del que está cargado para elevarse hasta el mito: cualquiera que sea la coyuntura a la que se remita, el suicidio de los numantinos se constituye como su propio modelo y es propuesto a los siglos futuros.

Redescubierta a comienzos del siglo XIX por los románticos alemanes, que la compararon con *Los persas*, y con *Los Siete contra Tebas*, *Numancia* debe su resurrección en la escena al talento de Jean-Louis Barrault y de Rafael Alberti: sus dos adaptaciones, diferentes pero igualmente sugestivas, montadas en plena guerra civil española (1937), supieron valorar su ejemplar lección de libertad.

Sin embargo, sigue en pie una pregunta: ¿*Numancia* no sería la excepción que confirmaría la regla?

Debe señalarse que Cervantes nunca calificó su pieza como «tragedia»; fueron los neoclásicos de fines del siglo XVIII los que, cuando fue exhumada, la rebautizaron de esa manera. Para el autor del *Quijote*, se trata de una comedia, al igual que *El trato de Argel* y las demás obras de las que nos ha dejado el título.

La conclusión se impone: para Cervantes, como para Juan de la Cueva, la tragedia nunca fue un género en sí; a lo sumo la modulación particular de un *genus dramaticum* ecléctico, capaz de integrar cualquier clase de representación dialogada. Esta vocación ecuménica ya era la de las comedias de Torres Naharro y de Lope de Rueda; pero la práctica de los comediantes itinerantes la había restringido a las dimensiones de un simple divertimiento. También los dramaturgos de fines del siglo trataron de retomarla, sin pretender codificar, como lo habían hecho los italianos, la distinción, accesoria a sus ojos, entre tragedia y comedia. Tan ambiguo como explícito, el género que intentaron forjar no pudo constituirse en una fórmula coherente. Le corresponderá a Lope de Vega concretar la forma abierta que esperaba su público: la de una «nueva comedia» que se impondrá muy pronto como «la» *Comedia nueva*.

JEAN CANAVAGGIO

# CRONOLOGÍA

| | LITERATURA ESPAÑOLA | ACONTECIMIENTOS |
|---|---|---|
| 1492 | | Reconquista del reino de Granada. Expulsión de los judíos de España. Cristóbal Colón descubre América. |
| 1496 | Nebrija, *Gramática castellana*. Juan del Encina, *Cancionero*. | |
| 1499 | F. de Rojas, *La Celestina* (en 16 actos). | |
| 1501 | | Conversión forzosa de los musulmanes de Granada. |
| 1502 | F. de Rojas, *La Celestina* (en 21 actos). | |
| 1504 | | Muerte de Isabel la Católica. Regencia de Felipe el Hermoso. |
| 1506 | | Regencia de Fernando de Aragón y de Cisneros. |
| 1508 | *Amadís de Gaula*. | Fundación de la Universidad de Alcalá. |
| 1511 | H. del Castillo, *Cancionero general*. | Erasmo, *Elogio de la locura*. |
| 1516 | | Muerte de Fernando el Católico. Ascenso al trono de Carlos I. |
| 1517 | Torres Naharro, *Propalladia*. | Muerte de Cisneros. Biblia políglota de Alcalá. |
| 1519 | Gil Vicente, Trilogía de las *Barcas*. | Carlos V, emperador. |

| | | |
|---|---|---|
| 1520 | Muerte de Torres Naharro (?). | Excomunión de Lutero. |
| 1521 | | Derrota de los comuneros en Villalar. |
| 1522 | | Conquista de México. Elcano completa la vuelta al mundo emprendida por Magallanes. |
| 1525 | | Pavía. Difusión de las ideas de Erasmo. |
| 1526 | | Encuentro de Boscán y Navagero. |
| 1527 | | Saqueo de Roma. |
| 1528 | Alfonso de Valdés, *Diálogos*. F. Delicado, *La Lozana Andaluza*. | |
| 1529 | Juan de Valdés, *Diálogo de doctrina cristiana*. | |
| 1530 | Muerte de Encina (?). | |
| 1532 | | Sitio de Viena por los turcos. Maquiavelo, *El príncipe*. |
| 1534 | Nacimiento de F. de Herrera. F. de Silva, *Segunda comedia de Celestina*. | Fundación de la Compañía de Jesús. Heliodoro, *Las Etiópicas*. |
| 1535 | Juan de Valdés, *Diálogo de la lengua*. | Fin de la conquista del Perú. León el Hebreo, *Dialoghi d'amore*. |
| 1536 | Garcilaso, égloga III. Muerte de Garcilaso y de Gil Vicente (?). | |
| 1539 | Boscán traduce *El Cortesano* de Castiglione. A. de Guevara, *Menosprecio de corte y alabanza de aldea*. | |
| 1541 | Guevara, *Epístolas familiares* (2.ª parte). | |
| 1542 | S. de Muñón, *Tragicomedia de Lisandro y Roselia*. | |
| 1543 | Publicación de las *Obras* de Boscán y Garcilaso. | |
| 1545 | | Apertura del Concilio de Trento. |
| 1547 | Nacimiento de Cervantes y de M. Alemán. M. Nucio, *Cancionero de romances*. | Muerte de Francisco I. |
| 1550 | Muerte de Castillejo. | |

| 1552 | *Silva de varios romances.* | |
| | Núñez de Reinoso, *Clareo y Florisea.* | |
| 1554 | *Lazarillo de Tormes.* | Índice del inquisidor Valdés. |
| | Montemayor, *Cancionero.* | |
| 1555 | *Espejo de Príncipes.* | |
| 1556 | Luis de Granada, *Guía de pecadores.* | Abdicación de Carlos V. |
| | Juan de Ávila, *Audi filia.* | Ascenso al trono de Felipe II. |
| 1558 | | Muerte de Carlos V. |
| 1559 | Montemayor, la *Diana.* | Índice inquisitorial de F. de Valdés. |
| 1560 | | Felipe II establece la corte en Madrid. |
| 1561 | Primera edición del *Abencerraje.* | |
| | Nacimiento de Góngora. | |
| 1562 | Nacimiento de Lope de Vega. | |
| 1563 | Timoneda, *Sobremesa y alivio de caminantes.* | Final del Concilio de Trento. |
| | | Primera piedra de El Escorial. |
| 1564 | Gil Polo, *Diana enamorada.* | |
| 1565 | Santa Teresa, la *Vida.* | Rebelión de los Países Bajos. |
| | J. de Contreras, *Selva de aventuras.* | |
| | Muerte de Lope de Rueda. | |
| 1567 | Timoneda, *El patrañuelo.* | |
| 1568 | Mal Lara, *Filosofía vulgar.* | Rebelión de los moriscos de Granada. |
| 1569 | Ercilla, *La Araucana.* | |
| 1571 | | Lepanto. |
| 1573 | | Biblia políglota de Amberes. |
| 1574 | M. de Santa Cruz, *Floresta.* | |
| 1575 | Huarte de San Juan, *Examen de ingenios.* | |
| 1576 | | A. de Ganassa y sus comediantes italianos en España. |
| 1577 | Santa Teresa, *El castillo interior.* | |
| 1579 | L. Rodríguez, *Romancero historiado.* | Primeros teatros permanentes en Madrid. |
| 1580 | Herrera, *Anotaciones.* | Felipe II, rey de Portugal. |
| | Comienzos poéticos de Góngora. | |
| | Nacimiento de Quevedo. | |
| 1581 | Muerte de santa Teresa. | |

| 1582 | Herrera, *Poesías*.<br>Gálvez de Montalvo, *El pastor de Fílida*. | |
| 1583 | L. de Granada, *Introducción al símbolo de la fe*.<br>Muerte de Timoneda. Cervantes, *Numancia* (?).<br>Comienzos de Lope de Vega.<br>Juan de la Cueva, *Comedias y tragedias*. | |
| 1584 | | Felipe III en El Escorial. |
| 1585 | Fray Luis de León, *De los nombres de Cristo*.<br>San Juan de la Cruz, *Cántico espiritual*.<br>Cervantes, *La Galatea*. | Primeros ataques de los adversarios del teatro.<br>Muerte de Ronsard. |
| 1588 | Edición de las *Obras* de santa Teresa y de fray Luis de León.<br>1591   Muerte de san Juan de la Cruz y de fray Luis de León. | Desastre de la Armada Invencible. |
| 1595 | Pérez de Hita, *Guerras civiles de Granada (I)*. | |
| 1596 | López Pinciano, *Philosophía antigua poética*. | |
| 1597 | Muerte de F. de Herrera. | |

# BIBLIOGRAFÍA

## El siglo XVI

### CAPÍTULO I

### UNA NUEVA CONCIENCIA

ABELLÁN, José Luis, *Historia crítica del pensamiento español. 2: La edad de oro*, Madrid, Espasa Calpe, 1979.

ASENSIO, Eugenio, «El erasmismo y las corrientes espirituales afines», *Revista de Filología Española*, 36, 1952, pp. 31-99.

AVALLE-ARCE, Juan Bautista, «Aproximaciones al Renacimiento español», *Dintorno de una época dorada*, Madrid, Porrúa, 1978, pp. 1-56.

BATAILLON, Marcel, *Erasme et l'Espagne. Recherches sur l'histoire spirituelle du XVIᵉ siècle*, nueva edición a cargo de Daniel Devoto, 2 vols., Paris, Droz, 1990.

—, *Erasmo y el erasmismo*, Barcelona, Crítica, 1978.

BRAUDEL, Fernand, *La Méditerranée et le monde méditerranéen à l' ʼpoque de Philippe II*, 2 vols., Paris, A. Colin, 1966. Traducción española en México, Fondo de Cultura Económica, 1976 (2.ª ed.).

CARO BAROJA, Julio, *Las formas complejas de la vida religiosa (Religión, sociedad y carácter en la España de los siglos XVI y XVII)*, Madrid, Akal, 1978.

CARRERA DE LA RED, El *«problema de la lengua» en el humanismo renacentista español*, Universidad de Valladolid, 1988.

CHAUCHADIS, Claude, *Honneur, morale et société dans l'Espagne de Philippe II*, Paris-Toulouse, CNRS, 1984.

CHAUNU, Pierre, *L'Espagne de Charles Quint*, 2 vols., Paris, SEDES, 1973.

CHEVALIER, Maxime, *Lectura y lectores en la España de los siglos XVI y XVII*, Madrid, Taurus, 1976.

DEDIEU, Jean-Pierre, *L'Inquisition*, Paris, Cerf, 1987.

DOMÍNGUEZ ORTIZ, Antonio, *Los judeoconversos en España y América*, 2.ª ed., Madrid, MAPFRE, 1991.

FERNÁNDEZ ÁLVAREZ, Manuel, *La sociedad española en el siglo de oro*, Madrid, Gredos, 1989.

FERRERAS, Jacqueline, *Les Dialogues espagnols du XVIᵉ siècle, ou l'expression littéraire d'une nouvelle conscience*, 2 vols., Lille, Presses universitaires, 1985.

GARCÍA DE LA CONCHA, Víctor (a cargo de la edición), *Nebrija y la introducción del Renacimiento en España*, Universidad de Salamanca, 1973.

MARAVALL, José Antonio, *Estado moderno y mentalidad social*, Madrid, *Revista de Occidente*, 2 vols., 1972.

—, *Estudios de historia del pensamiento español. Serie II. La época del Renacimiento*, Madrid, Cultura hispánica, 1984.

PÉREZ, Joseph, *Isabelle et Ferdinand, Rois Catholiques d'Espagne*, Paris, Fayard, 1988.

—, *L'Espagne du XVIᵉ siècle*, Paris, A. Colin, 1973.

—, *La Révolution des «Comunidades» de Castille (1520-1521). Une première révolution moderne*, Burdeos, Instituto de Estudios ibéricos e iberoamericanos, 1970.

PINTO CRESPO, Virgilio, *Inquisición y control ideológico en la España del Siglo de oro*, Madrid, Taurus, 1983.

REDONDO, Augustin (ed.), *L'Humanisme dans les lettres espagnoles*, Paris, Vrin, 1979.

REVUELTA SAÑUDO, Manuel y MORÓN ARROYO, Ciriaco (eds.), *El erasmismo en España*, Santander, Universidad Menéndez Pelayo, 1986.

RICO, Francisco, *Nebrija frente a los bárbaros*, Salamanca, Anaya, 1978.

—, «Temas y problemas del Renacimiento español», *Historia y crítica de la literatura española. II. Renacimiento*, Barcelona, Crítica, 1980, pp. 1-27 (actualizada en colaboración con J. Alcina, *Primer suplemento*, Madrid, 1991, pp. 5-25).

CAPÍTULO II

LA POESÍA LÍRICA: TRADICIÓN Y RENOVACIÓN

*Textos*

ACUÑA, Hernando de, *Poesías*, ed. de L. Rubio González, Valladolid, Instituto Cultural Simancas, 1981.

—, *Varias poesías*, ed. de Luis F. Díaz Larios, Madrid, Cátedra, 1982.

ALDANA, Francisco de, *Poesías castellanas completas*, ed. de José Lara Garrido, Madrid, Cátedra, 1985.

—, *Poesía*, ed. de Rosa Navarro Durán, Barcelona, Planeta, 1994.

*Antología lírica renacentista*, ed. de G. Torres Nebrera, 2 vols., Madrid, Narcea, 1983.

BOSCÁN, Juan, *Obras poéticas*, ed. de A. Comas y J. Molas, Barcelona, 1957.

*Cancionero general*, Valencia, 1511, reed. de A. Rodríguez-Moñino, Madrid, Real Academia Española, 1958.

*Cancionero de romances*, Amberes, s.a., reed. de Rodríguez-Moñino, Madrid, Castalia, 1967.

CASTILLEJO, Cristóbal de, *Obras*, ed. de J. Domínguez Bordona, 4 vols., Madrid, 1926-1928.

CETINA, Gutierre de, *Sonetos y madrigales completos,* ed. de Begoña López Bueno, Madrid, Cátedra, 1981.

GARCILASO DE LA VEGA, *Obras completas*, ed. de E. L. Rivers, Madrid, Castalia, 1974.

*Silva de varios romances*, Zaragoza, 1550-1552, reed. de A. Rodríguez-Moñino, Valencia, Castalia, 1953.

*Estudios*

ALONSO, Dámaso, *Poesía española. Ensayo de métodos estilísticos*, Madrid, Gredos, 1950.

ARCE BLANCO, Margot, *Garcilaso de la Vega. Contribución al estudio de la lírica española del siglo* XVI, Anejo XIII de la *Revista de Filología Española*, Madrid, 1930, reed. Puerto Rico, 1969.

BLECUA, Alberto, *En el texto de Garcilaso*, Madrid, Ínsula, 1970.

BLECUA, José Manuel, «La corriente popular y tradicional en nuestra poesía», en *Sobre poesía de la Edad de Oro*, Madrid, Gredos, 1970, pp. 11-24.

CHEVALIER, Maxime, «Castillejo, poète de la Renaissance», *Travaux de l'Institut d'Études ibériques et ibéro-américaines*, Estrasburgo, 15, 1975, páginas 57-63.

GALLEGO MORELL, Antonio, *Garcilaso de la Vega y sus comentaristas*, Madrid, Gredos, 1972.

GARCÍA DE LA CONCHA, V. (ed.), «Garcilaso», en *Actas de la IV Academia Literaria Renacentista*, Universidad de Salamanca, 1986.

LAPESA, Rafael, *Garcilaso: Estudios completos*, Madrid, Istmo, 1985.

—, «Poesía de cancionero y poesía italianizante», en *De la Edad Media a nuestros días. Estudios de historia literaria*, Madrid, Gredos, 1967.

LÓPEZ BUENO, Begoña, *Gutierre de Cetina, poeta del Renacimiento español*, Sevilla, Diputación Provincial, 1978.

LY, Nadine, «Garcilaso: une autre trajectoire poétique», *Bulletin hispanique*, 83 (1981), pp. 263-329.

MORREALE, Margherita, *Castiglione y Boscán: el ideal cortesano en el Renacimiento español*, Anejo I del *Boletín de la Real Academia Española*, 2 vols., Madrid, 1959.

PRIETO, Antonio, *La poesía española del siglo XVI*, 2 vols., Madrid, Cátedra, 1984-1987.

RIVERS, Elías L., *La poesía de Garcilaso de la Vega. Ensayos críticos*, Barcelona, Ariel, 1974.

RODRÍGUEZ-MOÑINO, Antonio, *Manual bibliográfico de Cancioneros y Romanceros (siglo XVI)*, 2 vols., Madrid, Castalia, 1973.

ROMERA CASTILLO, José, *La poesía de Hernando de Acuña*, Madrid, Fundación Juan March, 1982.

CAPÍTULO III

HISTORIAS Y FICCIONES

*Textos*

GUEVARA, Antonio de, *Epístolas familiares*, ed. de J. M. de Cossío, 2 vols., Madrid, Real Academia Española, 1950-1952.

—, *Libro áureo de Marco Aurelio*, ed. de R. Foulché-Delbosc, *Revue hispanique*, 76, 1929.

—, *Menosprecio de corte y alabanza de aldea. Arte de marear*, ed. de A. Rallo, Madrid, Cátedra, 1984.

—, «Oratorio de religiosos y ejercicio de virtuosos», en *Místicos franciscanos*, Madrid, BAC, 1948, II, pp. 449-760.

—, *Relox de príncipes*, ed. de E. F. Blanco Gómez, Madrid, 1993.

—, *Una década de Césares*, ed. de J. R. Jones, Chapel Hill, University of North Carolina Press, 1966.

*Viaje de Turquía*, ed. de F. García Salinero, Madrid, Cátedra, 1986.

DÍAZ DEL CASTILLO, Bernal, *Historia verdadera de la conquista de la Nueva España*, ed. de C. Sáenz de Santa María, Madrid, Alianza Editorial, 1989.

—, *Historiadores primitivos de Indias*, 2 vols., Madrid, Atlas, 1946-1947 (BAE, t. XXII-XXIII).

SAHAGÚN, fray Bernardino de, *Historia general de las cosas de Nueva España (según el códice florentino)*, ed. de A. López Austin y J. García Quintana, 2 vols., Madrid, Alianza Editorial, 1988.

TORIBIO DE BENAVENTE, fray, *Historia de los indios de la Nueva España*, ed. de G. Baudot, Madrid, Castalia, 1985.

*Estudios*

**ANTONIO DE GUEVARA**

*Fray Antonio de Guevara y la cultura del Renacimiento en Galicia*, Lugo, Diputación Provincial, 1993.

MÁRQUEZ VILLANUEVA, Francisco, *Espiritualidad y literatura en el siglo XVI*, Madrid, Alfaguara, 1968.

RALLO, Asunción, *Antonio de Guevara en su contexto renacentista*, Madrid, Cupsa, 1979.

REDONDO, Augustin, *Antonio de Guevara (¿1480?-1545) et l'Espagne de son temps*, Ginebra, Droz, 1976.

**El Viaje de Turquía**

ALLAIGRE, Claude, «*Mucho va de Pedro a Pedro*. Aspects idéologiques et personnages exemplaires du *Viaje de Turquía*», *Bulletin hispanique*, 90, 1988, pp. 91-118.

BATAILLON, Marcel, *Erasmo y España*, México-Buenos Aires, Fondo de Cultura Económica, 1966.

—, *Le Docteur Laguna, auteur du «Voyage en Turquie»*, Paris, LEE, 1958.

DELGADO-GÓMEZ, Ángel, «La medicina y el *Viaje de Turquía*», *Boletín de la Biblioteca Menéndez Pelayo*, 70 (1984), pp. 115-184.

MAS, Albert, *Les Turcs dans la littérature espagnole du Siècle d'or*, 2 vols., Paris, Éditions hispaniques, 1967.

ORTALÁ, Mari-Sol, *Un estudio del «Viaje de Turquía». Autobiografía o ficción*, Londres, Tamesis Books, 1983.

REDONDO, Augustin, «Folclore, referencias histórico-sociales y trayectoria narrativa en la prosa castellana del Renacimiento. De Pedro de Urdemalas al *Viaje de Turquía* y al *Lazarillo de Tormes*», *Actas del IX Congreso de la A.I.H.*, ed. de Neumeister, Frankfurt, Vervuert Verlag, 1989, t. I, pp. 65-88.

—, «Devoción tradicional y devoción erasmista en la España de Carlos V. De la *Verdadera información de la Tierra santa*, de fray Antonio de Aranda, al *Viaje de Turquía*», en *Homenaje a Eugenio Asensio*, Madrid, Gredos, 1988, pp. 391-416.

SEVILLA, Florencio y VIAN, Ana, «Para la lectura completa del *Viaje de Turquía*: edición de la "Tabla de materias" y del "Turcarum origo"», *Criticón*, 45 (1989), pp. 5-70.

### HISTORIADORES Y CRONISTAS

ESTEVE BARBA, Francisco, *Historia de la historiografía indiana*, Madrid, Gredos, 1969.

MOREL-FATIO, Alfred, *Historiographie de Charles Quint*, Paris, Honoré Champion, 1913.

RUBIO GONZÁLEZ, Lorenzo, *Castellanos y leoneses cronistas de Indias*, Valladolid, Ámbito, 1988.

CAPÍTULO IV

## NACIMIENTO DEL TEATRO

*Textos*

### EL TEATRO PRIMITIVO

*Autos, comedias y farsas de la Biblioteca Nacional de Madrid*, en la Colección de joyas bibliográficas, Madrid, Biblioteca Nacional, XII, 1972 y XIII, 1974.

ENCINA, Juan del, *Obras dramáticas*, ed. de Rosalie Gimeno, Madrid, Istmo, 1975.

—, *Teatro (Segunda producción dramática)*, ed. de R. Gimeno, Madrid, Alhambra, 1977.

FERNÁNDEZ, Lucas, *Farsas y églogas*, ed. de María Josefa Canellada, Madrid, Castalia, 1976.

HOROZCO, Sebastián de, *Representaciones*, ed. de F. González Ollé, Madrid, Castalia, 1979.

LÓPEZ DE YANGUAS, Hernán, *Obras dramáticas*, ed. de F. González Ollé, Madrid, Espasa Calpe, 1967.

SÁNCHEZ DE BADAJOZ, Diego, *Farsas*, ed. de M. A. Pérez Priego, Madrid, Cátedra, 1985.

*Teatro español del siglo XVI*, ed. de Urban Cronan, Madrid, 1913.

TORRES NAHARRO, Bartolomé de, *Propalladia and other works*, ed. de J. E. Gillet, 4 vols., Filadelfia, University of Pennsylvania Press, 1943-1962.

—, *Comedias: Soldadesca. Tinelaria. Himenea*, ed. de D. W. McPheeters, Madrid, Castalia, 1973.

VICENTE, Gil, *Teatro*, ed. de Thomas R. Hart, Madrid, Taurus, 1983.


LAS FORMAS DIALOGADAS

*Comedia Thebaida*, ed. de D. Totter y K. Whinnom, Londres, Tamesis Books, 1969.

GÓMEZ DE TOLEDO, Gaspar, *Tercera Parte de la Tragicomedia de la Celestina*, ed. de M. E. Barrick, Filadelfia, University of Pennsylvania Press, 1973.

SILVA, Feliciano de, *Segunda Celestina*, ed. de Consuelo Baranda, Madrid, Cátedra, 1988.


DELICADO, Francisco, *La Lozana Andaluza*, ed. de C. Allaigre, Madrid, Cátedra, 1985.


*Estudios*


EL TEATRO PRIMITIVO

BATTESTI-PELEGRIN, Jeanne (ed.), «Juan del Encina et le théâtre au XVe siècle», *Actes de la Table ronde internationale d'octobre 1986,* Université de Provence, 1987.

CRAWFORD, J. P. WICKERSHAM, *Spanish Drama before Lope de Vega*, reed. aumentada, Filadelfia, University of Pennsylvania Press, 1967.

GARCÍA MONTERO, Luis, *El teatro medieval: polémica de una existencia*, Granada, Don Quijote, 1984.

HERMENEGILDO, Alfredo, *Renacimiento, teatro y sociedad: vida y obra de Lucas Fernández*, Madrid, Cincel, 1975.

LIHANI, John V., *El lenguaje de Lucas Fernández. Estudio del sayagués*, Bogotá, Instituto Caro y Cuervo, 1973.

—, *Bartolomé de Torres Naharro*, Boston, Twayne, 1976.

LOPE, Monique de, *Le savoir et ses représentations. Théâtre de Juan del Encina (1492-1514)*, Montpellier, *Études Socio-critiques*, 1992.

LÓPEZ MORALES, Humberto, *Tradición y creación en los orígenes del teatro castellano*, Madrid, Alcalá, 1968.

PÉREZ PRIEGO, Miguel Ángel, *El teatro de Diego Sánchez de Badajoz*, Cáceres, Universidad de Extremadura, 1982.

RECKERT, Stephen, *Gil Vicente: espíritu y letra*, Madrid, Gredos, 1977.

SHERGOLD, N. D., *A History of the Spanish Stage, from Medieval Times until the end of the Seventeenth Century*, Oxford, Clarendon Press, 1965.

SULLIVAN, Henry W., *Juan del Encina*, Boston, Twayne, 1976.

SURTZ, Ronald E., *The Birth of a Theater. Dramatic Convention in the Spanish Theater from Juan del Encina to Lope de Vega*, Universidad de Princenton-Madrid, Castalia, 1979.

TEYSSIER, Paul, *La Langue de Gil Vicente*, Paris, Klincksieck, 1959.

VAN BEYSTERVELDT, Antony, *La poesía amorosa del siglo XV y el teatro profano de Juan del Encina*, Madrid, Ínsula, 1972.

## LAS FORMAS DIALOGADAS

HEUGAS, Pierre, *La «Célestine» et sa descendance directe*, Burdeos, Institut d'Études ibériques et ibéro-américaines, 1973.

WHINNOM, Keith, «El género celestinesco: origen y desarrollo», en *Literatura en la época del Emperador*, ed. de V. García de la Concha, Universidad de Salamanca, 1988, pp. 119-130.

ALLAIGRE, Claude, *Sémantique et littérature. Le «Retrato de la Loçana andaluza» de Francisco Delicado*, Échirolles, Impr. du Néron, 1980.

DAMIANI, Bruno, *Francisco Delicado*, Boston, Twayne, 1974.

CAPÍTULO V

## EL AUGE DE LA FICCIÓN EN PROSA

*Textos*

### FICCIÓN SENTIMENTAL Y NOVELA DE CABALLERÍAS

*La coronación de Gracisla*, ed. de K. Whinnom, en *Dos opúsculos isabelinos*, Exeter Hispanic Texts, XXII, 1979, Universidad de Exeter, pp. 1-47 y 72-85.

*Cuestión de amor*, ed. de M. Menéndez Pelayo, en *Orígenes de la novela*, t. II, NBAE, vol. VII, 1915, pp. 41-98.

*Cartas y coplas para requerir nuevos amores (1935)*, ed. de F. López Estrada, *Revista de Bibliografía Nacional*, 6 (1945), pp. 227-239.

*Veneris tribunal*, ed. de R. Rohland de Langbehn, Exeter Hispanic Texts, XXXV, 1983.

*Tratado notable de amor*, ed. de J. Fernández Giménez, Madrid, Alcalá, 1982 (col. Aula Magna, 27).

*Processo de cartas de amores*, ed. de E. Alonso Martín y otros, Madrid, El Archipiélago, 1980.

*Amadís de Gaula*, ed. de J. M. Cacho Blecua, 2 vols., Madrid, Cátedra, 1987-1988.

*Caballero del Febo (Espejo de Príncipes y caballeros, Primera Parte)*, ed. de D. Eisenberg, Madrid, Espasa Calpe, 1975, 2 vols. (Clásicos Castellanos, n.os 193 y 198).

*Claribalte*, ed. de A. González de Amezúa, Madrid, Real Academia Española, 1956.

*Clarimundo*, ed. de Marques Braga, Lisboa, 2 vols., Livraria Sà da Costa, 1953.

*Clarisel de las Flores, Primera Parte*, ed. de J. M. Asensio, Sevilla, Sociedad de Bibliófilos Andaluces, 1879.

*Palmerín de Inglaterra*, ed. de L. A. de Cuenca y J. Fuente del Pilar, 2 vols., Madrid, Miraguana Ediciones, 1979-1981.

*Palmerín de Olivia*, ed. de G. di Stefano, Universidad de Pisa, Publicazioni dell'Istituto di Letteratura Spagnola e Ispano-americana, vols. 11-12-13, 1966.

*Rosián de Castilla*, ed. de R. Arias y Arias, Madrid, CSIC, 1979 (Clásicos Hispánicos).

FACECIA, CUENTO, NOVELA

*Cuentecillos tradicionales en la España del Siglo de Oro*, ed. de Maxime Chevalier, Madrid, Gredos, 1975.

*Cuentecillos folclóricos españoles del Siglo de Oro*, ed. de Maxime Chevalier, Barcelona, Crítica, 1983.

### La vida de Lazarillo de Tormes

*Lazarillo de Tormes*, ed. de F. Rico, Madrid, Cátedra, 1987.

*Segunda Parte del Lazarillo de Tormes* (Anónimo y Juan de Luna), ed. de P. M. Piñero, Madrid, Cátedra, 1988.

**Otras formas del relato en prosa**

Montemayor, Jorge de, *Los siete libros de la Diana*, ed. de F. López Estrada, Madrid, Espasa Calpe, 1954.

Gil Polo, Gaspar, *Diana enamorada*, ed. de F. López Estrada, Madrid, Castalia, 1988.

*El Abencerraje (Novela y romancero)*, ed. de F. López de Estrada, Madrid, Cátedra, 1980.

Pérez de Hita, Ginés, *Guerras civiles de Granada*, ed. de P. Blanchard-Demouge, 2 vols., Madrid, Centro de Estudios Históricos, 1913-1915.

Contreras, Jerónimo de, *Selva de Aventuras*, en *Novelistas anteriores a Cervantes*, BAE, t. III, 1846, pp. 469-505.

Núñez de Reinoso, Alonso, *Historia de los amores de Clareo y Florisea y de los trabajos de Isea*, BAE, t. III, pp. 431-468.

*Estudios*

**Ficción sentimental y novela de caballerías**

López Estrada, F., «Prosa narrativa de ficción», en *Grundiss der Romanischen Literaturen des Mittelalters*, ed. de H. Jauss y otros, Heidelberg, Carl Winter, vol. IX, fasc. 1, 4, 1985, cap. 4: «La ficción sentimental».

Menéndez Pelayo, M., *Orígenes de la novela*, t. 2, NBAE, VII, 1915, pp. 41-98.

Eisenberg, D., *Romances of chivalry in the Spanish Golden Age*, Newark/Delaware, Juan de la Cuesta, 1982.

Leonard, Irving A., *Los libros del Conquistador*, México-Buenos Aires, Fondo de Cultura Económica, 1959.

Menéndez Pelayo, M., «Aparición de los libros de caballerías indígenas», en *Obras completas*, vol. XIII, *Orígenes de la novela*, reed. Madrid, CSIC, 1962, pp. 293-466.

Thomas, Henry, *Las novelas de caballerías españolas y portuguesas*, Madrid, CSIC, 1952.

**Facecia, cuento, novela**

Blecua, Alberto, «La littérature apophtegmatique en Espagne», *L'humanisme dans les lettres espagnoles*, ed. de A. Redondo, Paris, Vrin, 1979, pp. 119-132.

CHEVALIER, Maxime, *Folclore y literatura. El cuento oral en el Siglo de Oro*, Barcelona, Crítica, 1978.

## La vida de Lazarillo de Tormes

BATAILLON, Marcel, Introducción a *La Vie de Lazarille de Tormès*, trad. de A. Morel-Fatio, Paris, Aubier, 1959.

BLECUA, Alberto, «Libros de caballerías, latín macarrónico y novela picaresca: la adaptación castellana del *Baldus* (Sevilla, 1542)», *Boletín de la Real Academia de Buenas Letras de Barcelona*, 34 (1971-1972), pp. 147-239.

CASTRO, Américo, «Perspectiva de la novela picaresca», *Hacia Cervantes*, 3.ª edición, Madrid, Taurus, 1967, pp. 118-142.

CHEVALIER, Maxime, «El problema del éxito del *Lazarillo*», en *Lectura y lectores en la España de los siglos XVI y XVII*, Madrid, Turner, 1976, pp. 167-197.

GARCÍA DE LA CONCHA, Víctor, *Nueva lectura del «Lazarillo»*, Madrid, Castalia, 1981.

GUILLÉN, Claudio, «La disposición temporal del *Lazarillo de Tormes*», reed. en *El Primer Siglo de Oro. Estudios sobre géneros y modelos*, Barcelona, Crítica, 1988, pp. 49-65.

LÁZARO CARRETER, Fernando, *«Lazarillo de Tormes» en la picaresca*, Barcelona, Ariel, 1972.

MÁRQUEZ VILLANUEVA, F., «La actitud espiritual del *Lazarillo de Tormes*», *Espiritualidad y literatura en el siglo XVI*, Madrid, Alfaguara, 1968.

REDONDO, Augustin, «Folclore y literatura en el *Lazarillo de Tormes*: un planteamiento nuevo», en *Mitos, folclore y literatura*, Zaragoza, 1987, pp. 81-110.

—, «Historia y literatura: el personaje del escudero del *Lazarillo*», en *Actas del Primer Congreso Internacional sobre la Picaresca*, Madrid, 1979, pp. 421-435.

RICO, Francisco, *Problemas del «Lazarillo»*, Madrid, Cátedra, 1988.

VILANOVA, Antonio, «*L'Ane d'or* d'Apulée, source et modèle du *Lazarillo de Tormes*», en *L'humanisme dans les lettres espagnoles*, pp. 267-285; trad. esp. en *Erasmo y Cervantes*, Barcelona, Lumen, 1989, pp. 126-141.

—, «Lázaro de Tormes, pregonero y biógrafo de sí mismo», reed. en *Erasmo y Cervantes*, pp. 280-325.

WARDROPPER, Bruce W., «El trastorno de la moral en el *Lazarillo*», *Nueva Revista de Filología Hispánica*, 15 (1961), pp. 441-447.

### OTRAS FORMAS DEL RELATO EN PROSA

AVALLE-ARCE, Juan Bautista, *La novela pastoril española*, 2.ª ed., Madrid, Istmo, 1974.

CHEVALIER, Maxime, «La *Diana* de Montemayor y su público en la España del siglo XVI», en J. F. Botrel y S. Salaun (eds.), *Creación y público en la literatura española*, Madrid, Castalia, 1974.

CARRASCO URGOITI, María Soledad, *El moro de Granada en la literatura española*, Madrid, *Revista de Occidente*, 1956; reed. Universidad de Granada, 1989.
—, *The Moorish Novel: «El Abencerraje» and Pérez de Hita*, Boston, Twayne, 1977.
GUILLÉN, Claudio, «Individuo y ejemplaridad en *El Abencerraje*», reed. en *El Primer Siglo de Oro*, pp. 109-153.
RUMEAU, Aristide, «*L'Abencérage*. Un texte retrouvé», *Bulletin hispanique*, 59 (1957), pp. 369-395.

BATAILLON, Marcel, «Alonso Núñez de Reinoso y los marranos portugueses en Italia», *Varia lección de clásicos españoles*, Madrid, Gredos, 1964, pp. 55-80.
TEIJEIRO FUENTES, M. A., *La novela bizantina española. Apuntes para una revisión del género*, Universidad de Cáceres, 1988.
VILANOVA, Antonio, «El peregrino andante en el *Persiles* de Cervantes», reed. en *Erasmo y Cervantes*, pp. 326-409.

## CAPÍTULO VI

## ASCÉTICOS Y MÍSTICOS

*Textos*

ÁVILA, Juan de, *Obras completas*, 2 vols., Madrid, BAC, 1952.
GRANADA, Luis de, *Obra selecta*, Madrid, BAC, 1962.
TERESA DE JESÚS, santa, *Obras completas*, ed. de Efrén de la Madre de Dios y Otger Steggink, 7.ª ed., Madrid, BAC, 1982.
JUAN DE LA CRUZ, san, *Poesía completa y comentarios en prosa*, edición, introducción y notas de Raquel Asún, Barcelona, Planeta, 1986 (Autores Hispánicos).
—, *Vidas y obras*, ed. de Crisógono de Jesús y Lucinio del Santísimo Sacramento, 4.ª ed., Madrid, BAC, 1960.
LUIS DE LEÓN, fray, *Obras completas castellanas*, ed. de Félix García, Madrid, BAC, 1944.

—, *De los Nombres de Cristo*, ed. de Cristóbal Cuevas, Madrid, Castalia, 1977.
*Estudios*

## INTRODUCCIÓN

BATAILLON, Marcel, *Érasme et l'Espagne. Recherches sur l'histoire spirituelle du XVIᵉ siècle*, nueva edición de Daniel Devoto, Paris, Droz, 1990.

COGNET, Luis, *Histoire de la spiritualité chrétienne*, t. III, Paris, Aubier, 1966.

MÁRQUEZ, Antonio, *Los alumbrados*, Madrid, Taurus, 1972.

MÁRQUEZ VILLANUEVA, Francisco, *Espiritualidad y literatura en el siglo XVI*, Madrid, Alfaguara, 1968.

RICARD, Robert, *Estudios de literatura religiosa española*, Madrid, Gredos, 1964.

—, *Nouvelles Études religieuses*, Paris, Centre de recherches hispaniques, 1973.

JERECZECK, Bruno, *Louis de Grenade, disciple de Jean d'Ávila*, Fontenay-le-Comte, 1971.

DARBORD, Michel, «Introduction à Francisco de Osuna», *Le recueillement mystique. Troisième Abécédaire spirituel*, Paris, Cerf, 1992.

MUÑIZ RODRÍGUEZ, Vicente, *Experiencia de Dios y lenguaje en el «Tercer Abecedario espiritual» de Francisco de Osuna*, Universidad Pontificia de Salamanca, 1986.

## SANTA TERESA DE ÁVILA

AUCLAIR, Marcelle, *La vie de sainte Thérèse d'Ávila, la dame errante de Dieu*, Paris, Seuil, 1950.

BERRUETA, J. D. y CHEVALIER, Jacques, *Sainte Thérèse et la vie mystique*, Paris, Denoël et Steele, 1934.

CASTRO, Américo, *Teresa la santa y otros ensayos*, Madrid, Alfaguara, 1972.

EFRÉN DE LA MADRE DE DIOS y STEGGINK, Otger, *Tiempo y vida de Santa Teresa*, Madrid, BAC, 1968.

GARCÍA DE LA CONCHA, Víctor, *El arte literario de Santa Teresa*, Barcelona, Ariel, 1978.

LÉPÉE, Marcel, *Sainte Thérèse d'Ávila mystique*, Paris, Desclée de Brouwer, 1951.

—, *Sainte Thérèse d'Ávila: le realisme chrétien*, Paris, Desclée de Brouwer, 1947.

MÁRQUEZ VILLANUEVA, Francisco, «La vocación literaria de santa Teresa», *Nueva Revista de Filología Hispánica*, 32 (1983), pp. 355-379.

RICARD, Robert y PELISSON, Nicole, *Études sur sainte Thérèse d'Ávila*, Paris, Centre de recherches hispaniques, 1968.

Steggink, Otger, *Experiencia y realismo en santa Teresa y san Juan de la Cruz*, Madrid, Ediciones de espiritualidad, 1974.

## San Juan de la Cruz

Baruzi, Jean, *Saint Jean de la Croix et le problème de l'expérience mystique*, 2.ª edición, Paris, 1931.

Crisógono de Jesús Sacramentado, fray, *San Juan de la Cruz: su obra científica y su obra literaria*, Madrid, 1929.

Duvivier, Roger, *La genèse du «Cantique spirituel» de saint Jean de la Croix*, Paris, Les Belles-Lettres, 1971.

Huot de Longchamp, Max, *Lecture de saint Jean de la Croix. Essai d'anthropologie mystique*, Paris, Beauchesne, 1981.

Morel, Georges, *Le Sens de l'existence selon saint Jean de la Croix*, 3 vols., Paris, Aubier, 1960-1961.

Pellé-Douël, Yvonne, *Saint Jean de la Croix et la nuit mystique*, Paris, Seuil, 1977.

## Fray Luis de León

Baruzi, Jean, *Luis de León interprète du «Livre de Job»*, Paris, PUF, 1966.

García de la Concha, Víctor (ed.), *Fray Luis de León*, Academia Literaria Renacentista, Universidad de Salamanca, 1981.

Guy, Alain, *La Pensée de fray Luis de León*, Paris, 1943.

—, *Fray Luis de León*, Paris, José Corti, 1989.

Morón Arroyo, Ciriaco y Revuelta Sañudo, Manuel, *Fray Luis de León. Aproximaciones a su vida y su obra*, Santander, Biblioteca Menéndez Pelayo, 1989.

Vossler, Karl, *Fray Luis de León*, Buenos Aires, Espasa Calpe, 1946.

Capítulo VII

# EL NUEVO ESPLENDOR DE LA POESÍA

*Textos*

Herrera, Fernando de, *Poesía castellana original completa*, edic. de Cristóbal Cuevas, Madrid, Cátedra, 1985.

JUAN DE LA CRUZ, san, *Poesía completa y comentarios en prosa*, edición, introducción y notas de Raquel Asún, Barcelona, Planeta, 1986.

LUIS DE LEÓN, fray, *Obras completas castellanas*, ed. de Félix García, Madrid, BAC, 1944.

ERCILLA, Alonso de, *La Araucana*, ed. de Isaías Lerner, Madrid, Cátedra, 1992.

*Las fuentes del Romancero general*, ed. de A. Rodríguez-Moñino, Madrid, 12 vols., Castalia, 1957.

*Estudios críticos*

### INTRODUCCIÓN

BLECUA, Alberto, «Fernando de Herrera y la poesía de su época», en Francisco Rico, *Historia y crítica de la literatura española, II. Renacimiento* (coord. F. López Estrada), Barcelona, Crítica, 1980, pp. 426-446.

LÓPEZ BUENO, Begoña, *La poesía cultista, de Herrera a Góngora (Estudios sobre la poesía barroca)*, Sevilla, Alfar, 1987.

PRIETO, Antonio, *La poesía española del siglo XVI*, 2 vols., Madrid, Cátedra, 1987.

RODRÍGUEZ-MOÑINO, A., *Construcción crítica y realidad histórica en la poesía española de los siglos XVI-XVII*, Madrid, Castalia, 1965.

—, *La transmisión de la poesía española en los siglos de oro*, Barcelona, Ariel, 1976.

### HERRERA Y LA NUEVA POESÍA

ALMEIDA, José, *La crítica literaria de Fernando de Herrera*, Madrid, Gredos, 1976.

CHIAPPINI, Gaetano, *Fernando de Herrera y la escuela sevillana*, Madrid, Taurus, 1985.

MACRÍ, Oreste, *Fernando de Herrera*, Madrid, Gredos, 1972.

MONTERO, Juan, *La controversia sobre las «Anotaciones» herrerianas*, Sevilla, Alfar, 1987.

### LA POESÍA RELIGIOSA

GARCÍA DE LA CONCHA, V. (ed.), *Fray Luis de León*, Academia Literaria Renacentista, I, Universidad de Salamanca, 1981.

MACRÍ, Oreste, *Fray Luis de León. Estudio, texto crítico, bibliografía y comentario*, Barcelona, Crítica, 1982.

MORÓN ARROYO, Ciriaco y REVUELTA SAÑUDO, Manuel (eds.), *Fray Luis de León. Aproximaciones a su vida y su obra*, Santander, Biblioteca Menéndez Pelayo, 1989.

ALONSO, Dámaso, *La poesía de san Juan de la Cruz*, Madrid, Aguilar, 1958.

DUVIVIER, Roger, *La Genèse du «Cantique spirituel» de saint Jean de la Croix*, Paris, Les Belles-Lettres, 1971.

TAVARD, G., *Jean de la Croix: poète mystique*, Paris, Mazarine, 1987.

THOMPSON, C. P., *El poeta y el místico. Un estudio sobre el «Cántico espiritual» de san Juan de la Cruz*, Madrid, T. de la Botica, 1985.

WARDROPPER, Bruce W., *Historia de la poesía lírica a lo divino en la cristiandad occidental*, Madrid, *Revista de Occidente*, 1954.

YNDURÁIN, D., *Aproximación a san Juan de la Cruz. Las letras del verso*, Madrid, Cátedra, 1990.

## LA POESÍA ÉPICA

CARAVAGGI, G., *Studi sull'epica ispanica del Rinascimento*, Universidad de Pisa, 1974.

CHEVALIER, Maxime, *L'Arioste en Espagne (1530-1650). Recherches sur l'influence du «Roland furieux»*, Burdeos, Institut d'Études ibériques et ibéro-américaines, 1966.

PIERCE, Frank, *La poesía épica del Siglo de Oro*, Madrid, Gredos, 1968.

—, *Alonso de Ercilla y Zúñiga*, Boston, Twayne, 1984.

## EL ROMANCERO NUEVO

MENÉNDEZ PIDAL, R., *Romancero hispánico*, 2 vols., Madrid, Espasa Calpe, 1953.

MONTESINOS, José F., «Algunos problemas del Romancero nuevo», reed. en *Estudios de literatura española*, Madrid, *Revista de Occidente*, 1970, pp. 109-124.

CAPÍTULO VIII

AFIRMACIÓN DE UN TEATRO

*Textos*

ARGENSOLA, Lupercio Leonardo de, *La Isabela, La Alejandra*, en *Obras sueltas*, ed. Conde de la Viñaza, 2 vols., Madrid, 1899.

CERVANTES, Miguel de, *Teatro completo*, edición, introducción y notas de Florencio Sevilla Arroyo y Antonio Rey Hazas, Barcelona, Planeta, 1987.

*Colección de autos, farsas y coloquios del siglo XVI*, ed. de Léo Rouanet, 4 vols., Barcelona, 1901.

*Colección de entremeses, loas, bailes, jácaras y mojigangas desde fines del siglo XVI a mediados del siglo XVIII*, ed. de Cotarelo y Mori, 2 vols., Madrid, NBAE, 1911.

CUEVA, Juan de la, *Comedias y tragedias*, ed. de F. de Icaza, 2 vols., Madrid, Bibliófilos españoles, 1917.

LOBO LASSO DE LA VEGA, Gabriel, *Tragedia de la destruyción de Constantinopla. Tragedia de la Honra de Dido restaurada*, ed. de A. Hermenegildo, Kassel, Reichenberger, 2 vols., 1983-1986.

LOPE DE RUEDA, *Las cuatro comedias (Eufemia, Armelina, Los engañados, Medora)*, ed. de A. Hermenegildo, Madrid, Taurus, 1985.

—, *Pasos completos*, ed. de J. M. Marín Martínez, Madrid, Espasa Calpe, 1990.

MORALES, *Comedia de los amores y locuras del Conde loco*, ed. de Jean Canavaggio, Paris, Éditions hispaniques, 1969.

*Poetas dramáticos valencianos*, ed. de E. Juliá Martínez, 3 vols., Madrid, Real Academia Española, 1929.

TIMONEDA, Joan, *Obras*, ed. de E. Juliá Martínez, 3 vols., Madrid, RAE, 1947-1948.

VEGA, Alonso de la, *Tres comedias*, ed. de M. Menéndez Pelayo, Dresde, Gesellschaft für romanische Literatur, 1905.

*Estudios*

LAS CONDICIONES DEL ESPECTÁCULO

ARRÓNIZ, Othón, *La influencia italiana en el nacimiento de la comedia española*, Madrid, Gredos, 1969.

—, *Teatros y escenarios en el Siglo de Oro*, Madrid, Gredos, 1977.

CRAWFORD, J. P. WICKERSHAM, *Spanish Drama before Lope de Vega*, nueva ed., Filadelfia, University of Pennsylvania Press, 1967.

FLECNIAKOSKA, Jean-Louis, *La loa*, Madrid, SGEL, 1975.

FROLDI, Rinaldo, *Lope de Vega y la formación de la comedia*, Salamanca, Anaya, 1967.

OLEZA, Joan, «Hipótesis sobre la génesis de la comedia barroca y la historia teatral del siglo XVI», en *Teatros y prácticas escénicas, I. El Quinientos valenciano*, Valencia, Institución Alfonso el Magnánimo, I, 1984, pp. 9-42.

SÁNCHEZ ESCRIBANO, F. y PORQUERAS MAYO, A., *Preceptiva dramática española del Renacimiento y el Barroco*, 2.ª ed., Madrid, Gredos, 1972.

SENTAURENS, Jean, *Séville et le théâtre, de la fin du Moyen Âge à la fin du XVIIᵉ siècle*, Presses Universitaires de Bordeaux, 1984.

SHERGOLD, N. D., *A History of the Spanish Stage from Medieval Times until the End of the Seventeenth Century*, Oxford, Clarendon Press, 1967.

## EL TEATRO RELIGIOSO

GONZÁLEZ, Cayo, *El teatro jesuítico en la Edad de Oro*, Universidad de Oviedo, 1991.

FLECNIAKOSKA, Jean-Louis, *La Formation de l'«auto» religieux en Espagne avant Calderón (1550-1635)*, Montpellier, Dehan, 1961.

FOTHERGILL-PAYNE, Louise, *La alegoría en los autos y farsas anteriores a Calderón*, Londres, Tamesis Books, 1967.

GARCÍA SORIANO, Justo, *El teatro universitario y humanístico en España*, Toledo, 1945.

REYES PEÑA, Mercedes de los, *El «Códice de autos viejos». Un estudio de historia literaria*, 3 vols., Sevilla, Alfar, 1983.

WARDROPPER, Bruce W., *Introducción al teatro religioso del Siglo de Oro*, Salamanca, Anaya, 1967.

## LOPE DE RUEDA Y EL TEATRO PROFANO

ASENSIO, Eugenio, *Itinerario del entremés desde Lope de Rueda a Quiñones de Benavente*, 2.ª ed., Madrid, Gredos, 1971.

DIAGO, Manuel V., *Joan Timoneda: una dramaturgia burguesa*, Valencia, 1985.

—, «Lope de Rueda y los orígenes del teatro profesional español», *Criticón*, 50 (1990), pp. 41-65.

FERRER VALLS, Teresa, *La práctica escénica cortesana. De la época del Emperador a la de Felipe III*, Londres, Tamesis Books, 1991.

VERES D'OCÓN, Ernesto, «Juegos idiomáticos en las obras de Lope de Rueda», *Revista de Filología Española*, 34 (1950), pp. 195-237.

## LA GENERACIÓN DE 1580

ARATA, Stefano, «*La Conquista de Jerusalén*, Cervantes y la generación teatral de 1580», *Criticón*, 54 (1992), pp. 9-112.

BATAILLON, Marcel, «Simples réflexions sur Juan de la Cueva», *Bulletin hispanique*, 37 (1935), pp. 329-336, trad. esp. en *Varia lección de clásicos españoles*, Madrid, Gredos, 1965, pp. 206-213.

CANAVAGGIO, Jean, *Cervantès dramaturge: un théâtre à naître*, Paris, PUF, 1977.

—, «La tragedia renacentista española: formación y superación de un género frustrado», en *Literatura en la época del Emperador*, ed. de V. García de la Concha, Universidad de Salamanca, 1988, pp. 170-189.

FROLDI, Rinaldo, «Considerazioni sull'genere tragico nel cinquecento spagnolo», *Symbolae Pisanae. Studi in onore de Guido Mancini*, Pisa, Giardini, 1989, I, pp. 209-217.

CASALDUERO, Joaquín, *Sentido y forma del teatro de Cervantes*, Madrid, Gredos, 1966.

HERMENEGILDO, Alfredo, *La tragedia en el Renacimiento español*, Barcelona, Planeta, 1973.

*Horror y tragedia en el teatro del Siglo de Oro*, n.º especial del *Criticón*, 23 (1983).

SIRERA, Josep Luis, «Rey de Artieda y Virués: la tragedia valenciana del Quinientos» , *Teatros y prácticas escénicas. II. La Comedia*, Londres, Tamesis Books, 1986, pp. 69-101.

WATSON, Anthony, *Juan de la Cueva and the Portuguese Succession*, Londres, Tamesis Books, 1971.

# LOS AUTORES

**Jean Canavaggio** es catedrático de la Universidad de París-X. Es autor de obras y de artículos sobre Cervantes, del que prepara, en equipo, una nueva traducción; se interesa también por el teatro español de los siglos XVI y XVII.

**Maxime Chevalier** es catedrático emérito de la Universidad de Burdeos-III. Ha publicado una decena de obras y numerosos artículos sobre la poesía del siglo XVI, el folclore y el cuento y, más en general, sobre la cultura española del Siglo de Oro.

**Michel Darbord** es catedrático honorario de la Universidad de París-Sorbona. Varios de sus trabajos versan sobre la literatura espiritual española de los siglos XV y XVI: en particular sobre la poesía religiosa en la época de los Reyes Católicos, tema de su tesis y, más recientemente, sobre los escritores ascéticos.

**Pierre Heugas** es catedrático emérito de la Universidad de Burdeos-III. Traductor de *La Celestina*, estudió en su tesis esa obra maestra y sus continuaciones. Sus artículos están dedicados a diferentes aspectos de la literatura española, a obras marianas del siglo XIII y al teatro del Siglo de Oro.

**André Labertit** es catedrático de la Universidad de Estrasburgo-II. Especialista en estilística, ha consagrado una parte de sus investigaciones a la poesía lírica española de los siglos XVI y XVII.

**Nadine Ly** es catedrática de la Universidad de Burdeos-III. En su tesis estudió la poética de la interlocución en el teatro de Lope de Vega. Ha publicado numerosos artículos sobre la literatura de los siglos XVI y XVII (Garcilaso, san Juan de la Cruz, Cervantes, Góngora, Tirso de Molina), que actualmente reexamina a partir de la noción de literalidad.

**Joseph Pérez** es catedrático de la Universidad de Burdeos-III y director de la Casa de Velázquez. Autor de una tesis sobre la revolución de las Comunidades de Castilla, así como de numerosas obras y artículos, se ha interesado particularmente por la formación del Estado moderno en España, desde la época de los Reyes Católicos hasta la de Carlos V.

**Augustin Redondo** es catedrático de la Universidad de Sorbona-Nueva (París-III). Especialista en las mentalidades y sistemas de representación en España en los siglos XVI y XVII, hizo su tesis sobre Antonio de Guevara y publicó numerosos estudios sobre algunos de los grandes textos del Siglo de Oro, desde el *Viaje de Turquía* y el *Lazarillo de Tormes* hasta el *Quijote* y *El Buscón*.

**Sylvia Roubaud** es profesora de la Universidad de París-Sorbona y traductora de J. L. Borges. Sus investigaciones y artículos principales tienen como objeto las novelas de caballerías españolas y su proyección el *Quijote*.

# ÍNDICES

# ÍNDICE DE AUTORES

Acevedo, P. Pedro Pablo de, 213

Acrón, 91

Acuña, Hernando de, 5, 61

Agustín, san, 155, 159, 176

Alberti, Rafael, 225

Alcántara, Pedro de, 152, 158, 160, 162

Alcázar, Baltasar del, 180

Alcina, Juan Francisco, 187

Aldana, Francisco de, 180

Aleixandre, Vicente, 196

Alfonso X, 83

Alonso, Dámaso, 101, 196

Allaigre, Claude, 107

Apollinaire, Guillaume, 106, 109

Apuleyo, 106, 123, 124

Aranda, Antonio de, 78

Arata, Stefano, 224

Arce de Vázquez, Margot, 58

Aretino, Pietro Aretino, llamado el, 69, 107, 109, 124

Argensola, Lupercio Leonardo de, 219, 220, 221, 225

Arias Montano, Benito, 5, 29, 180

Ariosto, Ludovico Ariosto, llamado el, 119, 179, 197, 199, 215, 220

Aristóteles, 35, 83, 219

Arrieta, 13

Aubrun, Charles V., 39

Avicena, 106

Ávila, Juan de, *véase* Juan de Ávila

Azara, José Nicolás de, 54


Balbi, Francesco, 201

Balbuena, Bernardo de, 141

Bances Candamo, Francisco Antonio de, 96

Bandello, Matteo, 216

Barbieri, Asenjo, 39

Barrault, Jean-Louis, 225

Barros, João de, 118

Baruzi, Jean, 172

Bataillon, Marcel, 19, 20, 48, 73, 74, 150, 153, 223

Bécquer, Gustavo Adolfo, 185

Bellay, Joachim du, 48, 107

Bembo, Pietro, 187

Bermúdez, Jerónimo, 219, 220, 221

Bernal, Fernando, 115

Bivero, Luis de, 40

Blecua, Alberto, 38, 179

Blecua, José Manuel, 46, 47

Boccaccio, Giovanni, 49, 95, 108
Boecio, 68, 189
Borja, Juan de, 156, 160
Boscán Almugáver, Juan, 47, 48, 51, 52, 53, 56, 179
Bousoño, Carlos, 191
Brocense, el, 34, 53, 179, 180
Calderón de la Barca, Pedro, 41
Calvete de Estrella, 31
Cano, Melchor, 104, 153
Cardona, Juan de, 114
Carranza, Bartolomé, 16, 25, 26, 153
Cartagena, Alonso o Alfonso de, 40, 42
Casas, fray Bartolomé de las, 32, 83, 86
Castiglione, Balthasar, 51, 52, 68, 74, 120, 138
Castillejo, Cristóbal de, 37, 44, 47, 48, 49, 50, 55, 201
Castillo, Hernando del, 40, 44, 201
Castillo de Bobadilla, Jerónimo, 10, 11
Castro, Guillén de, 46
Cervantes, Miguel de, 57, 60, 71, 73, 76, 102, 116, 117, 120, 121, 139, 141, 202, 206, 207, 209, 210, 213, 214, 215, 217, 218, 219, 220, 224, 225
Céspedes, Pablo de, 180
Cetina, Gutierre de, 47, 61
Chateaubriand, François-René de, 147
Chevalier, Maxime, 47, 48, 197, 200
Chrétien de Troyes, 100
Cicerón, 18, 30, 32, 69, 91, 161
Cirot, Georges, 15
Clemente, Dionís, 118
Cognet, Louis, 173
Colón, Cristóbal, 84, 86
Contreras, Jerónimo de, 147
Córdoba, Sebastián de, 54
Coronel, Pablo, 28
Correas, Gonzalo, 77, 120
Cortés, Hernán, 32, 85, 86
Covarrubias, 150, 217
Cueva, Juan de la, 219, 222, 223, 225
Cuevas, Cristóbal, 191

Delicado, Francisco, 106, 107, 108, 109
Díaz del Castillo, Bernal, 32, 86
Dolce, Lodovico, 220
Donato, 91

Encina, Juan del, 12, 38, 39, 40, 44, 57, 89, 90, 91, 92, 93, 94, 95, 96, 97, 105, 134, 206, 209
Enciso, 116
Erasmo, 19, 20, 22, 23, 24, 32, 66, 74, 79, 80, 83, 120, 122, 147, 149, 150, 151
Ercilla, Alonso de, 198, 199
Escrivá, comendador, 40
Escrivá, Luis, 114
Etchegoyen, Gaston, 162

Fernández, Jerónimo, 118
Fernández, Lucas, 89, 90, 91, 92, 93, 209
Fernández, Sebastián, 104
Fernández de Oviedo, Gonzalo, 32, 85, 116
Ferreira, António, 220
Flores, Juan de, 111
Folengo, Teófilo, 123
Froldi, Rinaldo, 215, 219, 221
Fuenllana, Miguel de, 39

Gallardo, Bartolomé José, 146
Garcilaso de la Vega, 12, 34, 37, 46, 47, 50, 51, 52, 53, 55, 57, 59, 61, 179, 180, 187, 201
Gerson, Jean de, 151
Giancarli, Gigio Arthemio, 214
Gómez, Gaspar, 104, 105
Góngora y Argote, Luis de, 49, 60, 61, 179, 182, 202, 203
Gracián, Baltasar, 159, 167
Grajal, Gaspar de, 29
Granada, fray Luis de, véase Luis de Granada
Gregorio IX, 126

Grimm, Jacob, 44
Gudiel, 29
Guevara, fray Antonio de, 2, 63, 64, 65, 66,
    67, 68, 69, 70, 71, 72, 73, 75, 82, 124, 152
Guillén, Pero, 196


Hartzenbusch, Juan Eugenio, 220
Hebreo, 138
Heliodoro, 75, 147
Hermenegildo, Alfredo, 219, 221
Herrera, 54, 134, 180, 181, 182, 183, 184,
    185, 186, 187, 190, 196
Hesíodo, 135
Horacio, 91, 180, 187
Horozco, Sebastián de, 101, 122
Huarte de San Juan, Juan, 8
Huete, Jaime de, 102
Hurtado de Mendoza, Antonio, 10, 61, 74,
    122
Hutten, Ulrich, 68


Imperial, Francisco, 51
Ignacio de Loyola, san, 119
Irving, Washington, 147


Jiménez, Juan Ramón, 196
Jodelle, Étienne, 119
Juan de Ávila, 152, 153, 160, 165, 192, 194
Juan de la Cruz, san, 21, 54, 60, 61, 153,
    158, 159, 164, 165, 166, 167, 168, 169,
    170, 171, 172, 173, 174, 177, 185, 190,
    191, 192, 194
Juan Manuel (Don), 40


La Fontaine, Jean de, 217
Laguna, Andrés, 31, 74
Lapesa, Rafael, 47, 48, 54, 58
Laredo, Bernardino de, 155, 156

León, fray Luis de, véase Luis de León
Levinas, Emmanuel, 176
Liñán de Riaza, Pedro, 202
Lobo Lasso de la Vega, Gabriel, 224
Lope de Rueda, 103, 122, 141, 202, 203,
    210, 213, 214, 215, 216, 217, 223, 225
Lope de Vega Carpio, Félix, 41, 43, 46, 49,
    57, 61, 99, 101, 102, 140, 141, 146, 179,
    200, 202, 205, 209, 213, 216, 220, 222,
    223, 226
López de Gómara, Francisco, 85
López de Haro, Diego, 40
López de Úbeda, J., 185
López de Villalobos, Francisco, 124
López de Yanguas, Diego de, 101, 102
López Pinciano, Alonso, 35
Lucano, 18, 106
Lucena, Luis de, 105
Luciano, 32, 68, 74, 93
Luis de Granada, fray, 152, 153, 161, 162,
    180, 190, 196
Luis de León, fray, 13, 15, 16, 25, 26, 28,
    29, 30, 31, 32, 33, 34, 40, 56, 60, 61, 76,
    150, 152, 174, 175, 176, 180, 185, 186,
    187, 188, 190, 191, 192
Luna, Juan de, 134


Macrí, Oreste, 183, 187
Mal Lara, Juan de, 136, 180, 181
Maldonado, Juan, 24, 33
Malón de Chaide, fray Pedro, 180
Manrique, Gómez, 40
Manrique, Jorge, 19, 40, 42, 43, 99
Maquiavelo, Nicolás, 96
March, Ausías, 51, 54, 137
Marineo Siculo, Lucio, 17
Martínez de Cantalapiedra, Martín, 29
Mártir de Anglería, Pierre, 17, 31, 85
Medina, Francisco de, 5, 180, 181
Medina, José Toribio, 199
Medina, Juan, 78

Mena, Juan de, 40, 93, 101
Menéndez Pelayo, Marcelino, 48, 99, 108
Menéndez Pidal, Ramón, 44
Mexía, Pedro, 31, 63, 83
Milán, Luis, 39
Miranda, Luis de, 61, 102
Molière, J.-B. Poquelin, llamado, 101
Montalvo, Garci Rodríguez de, 112, 115
Montemayor, Jorge de, 5, 57, 136, 139, 140, 141, 142, 151, 152, 216
Montesinos, José F., 201, 202
Morães, Francisco de, 118
Morales, Ambrosio de, 5, 31, 225
Moríñigo, Marcos A., 198
Motolinía, fray Toribio de, 84
Mudarra, Alonso, 39
Muñón, Sancho de, 103, 105

Narváez, Luis de, 39
Natas, Francisco de las, 102
Navagero, Andrea, 47, 52, 53
Nebrija, Antonio de, 18, 26, 27, 39, 79, 106
Nieto, José C., 23
Nucio, Martín, 44
Núñez, Hernán, 18, 122
Núñez, Nicolás, 42
Núñez, Pedro Juan, 30
Núñez de Reinoso, Alonso, 147
Nutius, véase Nucio, Martín

Ocampo, Florián de, 31, 83
Olmos, fray Andrés de, 84
Orozco, Alonso de, 162
Ortega, Juan de, 122
Ortiz, Agustín, 102
Osuna, Francisco de, 21, 63, 151, 155, 157, 162, 171
Oudin, César, 150
Ovidio, 18, 34, 49, 53, 54, 134, 222

Pachecho, Francisco, 180, 182
Padilla, Pedro de, 201
Paéz de Castro, Juan, 31
Palau, Bartolomé, 219
Pastor, Juan, 219
Pelorson, Jean-Marc, 11
Pérez, Alonso, 141
Pérez de Guzmán, Fernán, 40
Pérez de Hita, Ginés, 15, 146
Pérez de Oliva, Hernán, 32
Petrarca, 51, 52, 53, 68, 69, 187
Piccolomini, Eneas Silvio, 68, 95, 105
Pierce, Frank, 197
Platón, 32, 35, 135, 176
Plauto, 214, 215
Plinio el Viejo, 31
Pogge, 120
Policiano, Ángel, 71
Pulgar, Hernando del, 65, 69, 83

Quevedo y Villegas, Francisco de, 61, 187, 190, 204
Resende, García de, 40
Rey de Artieda, Andrés, 219, 220
Reyes, Alfonso, 108
Rhúa, Pedro de, 73, 122
Ricoeur, Paul, 1
Rivers, Elías L., 57
Rodríguez, Lucas, 201
Rodríguez del Padrón, Juan, 40
Rodríguez Florián, 104
Rodríguez-Moñino, Antonio, 38, 44
Rojas, Agustín de, 207, 213
Romero de Cepeda, Joaquín, 116, 216
Rueda, Lope de, véase Lope de Rueda
Rufo, Juan, 197, 207, 213
Ruiz de Alcaraz, Pedro, 23

Sahagún, fray Bernardino de, 84
Salinas, Juan de, 202

Salinas, Pedro, 60
San Pedro, Diego de, 40, 66, 111
Sánchez de Badajoz, Diego, 89, 102, 211, 212
Sánchez de Las Brozas, Francisco (llamado el Brocense), *véase* Brocense, el
Sandoval, Diego de, 65
Sannazaro, Jacopo, 53, 57, 134, 138, 141
Santa Cruz, Alonso de, 65, 83, 84, 120, 129
Santillana, marqués de, 40
Sarria, *véase* Luis de Granada, fray
Sartre, Jean-Paul, 163
Savonarola, 152
Segura, Juan de, 114
Sempere, H. de, 197
Séneca, 68, 106
Sepúlveda, Juan Ginés de, 31, 82
Sepúlveda, Lorenzo de, 201
Sigüenza, Jerónimo de, 33
Silva, Feliciano de, 103, 105, 118, 136, 220
Soria, 40
Soto, Hernando de, 180
Stúñiga, Lope de, 40
Suárez de Figueroa, Cristóbal, 142

Tacio, 147
Talavera, arcipreste de, 49
Tallemant des Réaux, G., 120
Tapia, Juan de, 40
Teócrito, 57
Teresa de Ávila (santa), 15, 16, 21, 119, 151, 152, 153, 154, 155, 156, 157, 158, 159, 160, 161, 162, 163, 164, 165, 166, 167, 171, 172, 175, 177, 194
Timoneda, Juan, 96, 120, 121, 201, 212, 214, 215, 216, 217, 218
Tirso de Molina (fray Gabriel Téllez, llamado), 41, 220
Tito Livio, 18, 65, 82, 112, 222
Torquemada, Antonio de, 116
Torre, Fernando de la, 180

Torres Naharro, Bartolomé, 12, 90, 91, 92, 96, 97, 98, 102, 206, 222, 225
Tovar, Bernardino de, 23

Urfé, Honoré d', 141
Urrea, Jerónimo de, 116, 197
Urrea, Pedro Manuel de, 89

Valdés, Alfonso de, 19, 23, 24, 33, 35, 63, 122, 149
Valdés, Juan de, 6, 23, 32, 33, 53, 74, 79, 96, 97, 101, 122, 152, 163
Vázquez, Juan, 39
Vega, Carpio, Félix Lope de, *véase* Lope de Vega Carpio
Venegas, Alejo, 32, 78, 150
Vergara, 23, 24
Vicente, Gil, 5, 12, 89, 90, 92, 93, 99, 102, 129, 206
Villegas, Antonio de, 143, 144
Villegas Selvago, Alonso, 104, 105
Virgilio, 18, 53, 54, 57, 61, 68, 91, 134, 135, 187, 222
Virués, Cristóbal de, 102, 219, 220, 221, 222, 225
Vitoria, Francisco de, 24
Vives, Luis, 15, 31, 34, 66, 78, 79, 83, 152

Watson, Anthony, 222

Yepes, Juan de, *véase* Juan de la Cruz, san
Ynduráin, Domingo, 196

Zapata, Luis, 12, 31, 197
Zúñiga, Francesillo de, 124
Zurita, Jerónimo, 30, 82

# ÍNDICE DE OBRAS

*A puerta cerrada*, 163

*Abencerraje y la hermosa Jarifa, El*, 15, 75, 137, 139, 142, 143, 144, 145, 146

*aceitunas, Las*, 217

*Adición del Diálogo*, 92

*Agonía del tránsito de la muerte*, 150

*Alejandra*, 220

*Algunas obras*, 182, 184

*Amadís de Gaula, Tragicomedia de*, 30, 99, 111, 112, 115, 116, 117, 119, 136, 139, 145

*Amadís de Grecia*, 103, 116, 118, 136

*amantes, Los*, 220

*Anotaciones*, 34, 54, 180, 181, 182

*Aphrodisio expugnato*, 31

*Apotegmas*, 120

*Aquilana*, 97, 98

*Araucana, La*, 179, 198, 199, 200, 201

*Arcadia, La*, 57, 134, 138, 141

*Arcadias*, 57

*Arderique*, 116

*Armelina*, 214

*Arte de navegar*, 71

*Arte de poesía castellana*, 39

*Arte de trobar*, 91

*Arte Nuevo*, 220

*arte de amar, El*, 34

*asno de oro, El*, 106, 123, 124, 128, 130

*Astrée, El*, 141

*Atila furioso*, 220

*Ausencia y soledad de amor*, 143

*Austríada, La*, 197

*Auto de la barca de la gloria*, 93

*Auto de la oveja perdida*, 212

*Auto de la Pasión*, 89, 92

*Auto de la residencia del hombre*, 211

*Auto de la sibilia Casandra*, 92

*Auto de los cuatro tiempos*, 93

*Auto de santa Bárbara*, 211

*Auto del repelón*, 95

*Auto del sacrificio de Abraham*, 211

*Aviso de privados y doctrina de cortesanos*, 68, 70

*Avisos y sentencias espirituales*, 166, 168, 174

*Avisos*, 159


*Baladro del sabio Merlín con sus profecías*, 117

*Baldo*, 123

*banquete, El*, 138

*baños de Argel, Los*, 215

*«Beatus ille»*, 134

*Belianís de Grecia*, 118

*Bellum virtutum et vitium*, 213

*Brevísima relación de la destrucción de las Indias*, 86

*Bucólicas*, 57, 91, 134, 135

*Caballero de la Cruz*, 116, 118

*Caballero del Febo*, 116

*Calamita*, 97, 98

*Camila*, 214

*Camino de perfección*, 159

*Cancioneiro Geral*, 40

*Cancionero de galanes*, 45

*Cancionero de Herberay des Essarts*, 39

*Cancionero de obras de burlas provocantes a risa*, 45

*Cancionero de romances*, 44, 46, 201

*Cancionero general de doctrina cristiana*, 185

*Cancionero general* (Hernando del Castillo), 40, 44, 201

*Cancionero musical de Palacio*, 39

*Cancionero* (Jorge de Montemayor), 151

*Cancionero* (Juan del Encina), 38, 90, 91

*Cántico espiritual*, 166, 168, 170, 173, 174, 191, 192, 194

*Canzoniere*, 52

*Cárcel de amor*, 113

*Carlo famoso*, 197

*Carolea, La*, 197

*Caropus*, 213

*Cartas y coplas para requerir nuevos amores*, 114

*Cartas* (Aretino), 124

*castillo de Emaús, El*, 212

*castillo interior, El*, véase *Moradas del castillo interior*

*Celestina, La*, 2, 14, 63, 90, 97, 98, 102, 103, 104, 105, 106, 108, 109, 150

*cerco de Numancia, El*, 224

*Citas*, 164

*Clarián de Landanís*, 116

*Claribalte*, 116

*Clarimundo*, 118

*Clarisel de las Flores*, 116

*Clarisol de Bretanha*, 115

*Códice de autos viejos*, 211

*Coloquios* (Erasmo), 32, 74

*Comedia Aurelia*, 215

*Comedia Cornelia*, 215

*Comedia de Amphitrion*, 215

*Comedia de la Duquesa de la Rosa*, 216

*Comedia de los Menemnos*, 215

*Comedia [y comedia] del príncipe tirano*, 222

*Comedia del viudo*, 99

*Comedia Filomena*, 215

*Comedia Florinea*, 104, 105, 106

*Comedia Metamorfosea*, 216

*Comedia pródiga*, 102

*Comedia Radiana*, 102

*Comedia Roselia*, 102

*Comedia selvagia*, 104

*Comedia Seraphina*, 97

*Comedia Tesorina*, 102

*Comedia Tidea*, 102

*Comedia Tinelaria*, 97, 99, 108

*Comedia Vidriana*, 102

*Comedias y entremeses*, 209

*Comedias y tragedias*, 223

*Comentarios sobre el catecismo cristiano*, 25, 153

*Confesiones*, 155

*conquista de Jerusalén por Godofredo de Bullón, La*, 224

*conquista de México, La*, 85

*constante Amarilis, La*, 142

*Contra los encarecimientos de las coplas españolas que tratan de amores*, 50

*Coplas de Fajardo*, 108

*Coplas* (Jorge Manrique), 99

*Cornudo y contento*, 217

*Coronación de la señora Gracisla, La*, 113

*cortesano, El*, 51, 52, 120, 138

*Courtois d'Arras, El*, 102

Cratilo, 176
Cristino y Febea, 94
Crónica general de España, 83
Crotalón, El, 75, 90
cruel Casandra, La, 220
Cuarta Celestina, 105
Cuarto libro del esforzado caballero Reinaldos de Montalbán, 122
Cuentas de conciencia, 159
Cuestión de amor, 113

De consolatione infirmorum, 106
De los seys libros del Delphín de música de cifra para tañer vihuela, 39
De musica libri septem, 39
De orbe novo, 85
De rebus gestis Carolis Quinti, 83
década de Césares, Una, 67
Décadas, 85
Decamerón, 214
Decretales, 126, 127
deleitoso, El, 214
Demanda del sancto Grial, 117
Despertador, véase Diálogos de la fertilidad de España
Devotio moderna, 150
Diálogo de doctrina cristiana, 23, 32
Diálogo de la lengua, 6, 33, 79
Diálogo de las cortesanas, 107
Diálogo de las cosas acaecidas en Roma, 33, 149
Diálogo de los muertos, 93
Diálogo de Mercurio y Carón, 33, 150
Diálogo de mugeres, 49
Diálogo del Nacimiento, 92
Diálogo espiritual, 152
Diálogos de amor, 138
Diálogos de la fertilidad de España, 13
Diana enamorada, 141
Diana, La, 57, 136, 137, 138, 139, 140, 141, 143, 152, 201, 214

Discurso de la lengua castellana, 5
Discurso sobre Europa, 31
Don Quijote, 45, 46, 57, 60, 69, 113, 116, 117, 134, 220, 225
don Duardos, Tragicomedia de, 99, 100
Dona Ignez de Castro, 220

Ecce Homo, 89
Égloga de las grandes lluvias, 95
Égloga de Navidad, 101
Égloga del Triunfo de Amor, 94
Églogas (Virgilio), 187
ejemplar poético, El, 222, 223
Elisa Dido, 220
Enchiridion, 19, 24, 150
Eneida, 34
engañados, Los, 214
Epistolae ad familiares, 69
Epistolario espiritual para todos los estados, 152
Epístolas familiares, 68, 69, 70, 71, 124
Epístolas (Guevara), 72
Espejo de enamorados, 45
Esplandián, 116
Etiópicas, Las, 75, 147
Eufemia, 214
Exposición del Cantar de los Cantares, 175, 186, 190
Exposición del Libro de Job, 175

Fábula de Adonis, 61
Facetiae, 120
Farça Floriana, 215
Farça Paliana, 215
Farça Rosalina, 215
Farça Trapaçera, 215
Farsa a manera de tragedia, 219
Farsa de la residencia del hombre, 211
Farsa de los Gitanos, 99
Farsa teologal, 102

*fe, La,* 212
*Félix Marte de Hircania,* 119
*Fileno, Zambardo,* 94
*Filomena,* véase *Comedia Filomena*
*Filosofía vulgar,* 136
*Filostrato,* 95
*Flor de varios romances nuevos,* 201
*Florambel de Lucea,* 116
*Floresta española,* 120, 129, 130
*Florindo,* 118
*Florinea,* véase *Comedia Florinea*
*Florisando,* 115
*Florisel de Niquea,* 115, 136
*Floriseo,* 115
*Flos Sanctorum,* 104
*Franc Archer de Bagnolet,* 102
*Franciade,* 197
*fuente de los siete sacramentos, La,* 212
*Galatea, La,* 57, 141
*Garcilaso de la Vega, natural de Toledo,* 54
*garçon et l'aveugle, Le,* 125
*Geórgicas,* 187
*Grisel y Mirabella,* 113
*Guerra de Granada,* 10
*Guerras civiles de Granada,* 15, 146
*Guzmán de Alfarache,* 1, 134, 150

*hijo pródigo, El,* 102
*Himenea,* 98
*Hipólita,* 103
*Histoire et vérité,* 1
*Historia de las Indias,* 86
*Historia de los amores de Clareo y Florisea,* 147
*Historia de los amores del valeroso moro Abindarráez y de la hermosa Jarifa, Abencerrajes,* 201
*Historia de los bandos de los Zegríes y Abencerrajes,* 146
*Historia de los indios de Nueva España,* 84

*Historia del descubrimiento y de la conquista del Perú,* 86
*Historia general de las cosas de Nueva España,* 85
*Historia general de las Indias,* 85
*Historia general y natural de las Indias,* 85
*Historia verdadera de la conquista de la Nueva España,* 86
*Historiettes,* 120

*Idilios,* 57
*iglesia, La,* 212
*Imitación de Cristo,* 150
*infamador, El,* 222, 223
*infelice Marcela, La,* 220
*Introducción del símbolo de la fe,* 153
*Introductiones latinae,* 18
*Inventario,* 143, 144, 145, 201
*Isabela,* 220
*Jacinta,* 96
*Jerusalén, La,* 224

*Lancelot,* 117
*Lazarillo de Tormes,* 2, 7, 14, 63, 69, 75, 121, 122, 123, 124, 125, 126, 127, 129, 130, 133, 134, 151
*Leucipe y Clitofón,* 147
*libertad de Roma, La,* 222
*Libro áureo de Marco Aurelio emperador y eloquentíssimo orador,* 65, 66, 69, 71, 72
*Libro de la oración y meditación,* 153
*Libro de la vida,* 156, 157, 158, 160, 161, 162, 163
*Libro de las fundaciones,* 159
*Libro de música de vihuela de mano,* 39
*Libro de música para vihuela, intitulado Orpheonica Lyra,* 39
*Libro en el cual se contienen cincuenta romances,* 44

Libro intitulado El Cortesano, 39
Libro llamado Guía de pecadores, 153
Lisandro y Roselia, 104
Lisuarte de Grecia, 115
Lozana andaluza, La, 106, 107, 108, 109
Lucifer furens, 213
Llama de amor viva, 168, 169, 173, 174,
    193


Marco Aurelio, 71
Mariana, 220
Meditaciones sobre los cantares, Cantar de
    los Cantares, 159
meditativa, 185
Medora, 214
Memorial de la vida cristiana, 153
Menaechmi, 214
Menosprecio de corte y alabanza de aldea,
    68, 152
Metamorfosis, 34, 49, 134, 135
Metanea, 213
Miscelánea, 12, 31
Monte Calvario, 70
Moradas del castillo interior, 159, 160
Movimiento de España, 33


Nigromante, Il, 215
Nise lastimosa, 220
Nise laureada, 220
Noche oscura, 170, 172, 173, 174, 193
nombres de Cristo, De los, 6, 25, 26, 32, 34,
    175, 176, 190
Novelas ejemplares, 121
Numancia, El cerco de, 224, 225


Obras de Boscán y Garcilaso, trasladadas
    en materias christianas y religiosas, Las,
    53, 54
Odisea, 34

Olivante de Laura, 116
Oratorio de religiosos y exercicio de virtuo-
    sos, 70
Orlando, 197, 199


Palmerín de Inglaterra, 118
Palmerín de Olivia, 115, 116, 119
Pasión de Jesús Cristo según san Juan, La,
    197
Patrañuelo, El, 121
perfecta casada, La, 26, 175
perro del hortelano, El, 101
persas, Los, 225
Persiles, 147
Philosophía Antigua Poética, 34
Plácida y Vitoriano, 94, 96
Poema de Mio Cid, 108
Poética, 35, 219
Policiana, véase Tragedia Policiana
Policisne de Beocia, 116
Política para corregidores, 10
Preparatio mortis, 150
Primaleón, 99, 115, 119
Primera parte de las comedias y tragedias
    de Juan de la Cueva, 222
Príncipe, El, 96
Processo de cartas de amores que entre dos
    enamorados passaron, 114
Propalladia, 90, 91, 96, 103


Quem tem farelos, 129
Quexa y aviso contra el amor, 114


Ragionamenti, 109
Recopilación de sonetos y villancicos a
    quatro y a cinco, 39
Registro de representantes, 214
Relación de la guerra de Cipre y sucesso de
    la batalla naval de Lepanto, 181

*Relox de príncipes*, 66, 67, 70, 72

*Repetición de amores*, 105

*Reprehensión contra los poetas españoles que escriven en verso italiano*, 47

*Respuesta al prete Jacopín*, 181

*Rolando*, 199

*Romancero general*, 46

*Romancero historiado*, 201

*Romancero nuevo*, 46, 200

*Romancero viejo*, 46

*Romancero* (Pedro de Padilla), 201

*Romances nuevamente sacados de historias antiguas*, 46, 201

*Rosas de romances*, 201

*Rosián de Castilla*, 116


*saco de Roma y muerte de Borbón, El*, 222

*Scholástico, El*, 6

*Segunda Celestina*, 105

*Selva de aventuras*, 147

*Selvagia*, véase *Comedia selvagia*

*Semíramis, La gran*, 220

*Serafina*, 103

*sergas de Esplandián, Las*, 111, 115, 119

*Sermón de amores*, 49

*Siete contra Tebas, Los*, 225

*siete infantes de Lara, Los*, 222

*Siglo de Oro en las selvas de Erífile*, 141

*Silva de varia lección*, 6, 31, 63, 83

*Silvas de varios romances*, 45

*Silves de la Selva*, 115

*sobremesa y alivio de caminantes, El*, 120

*Soldadesca*, 97

*Soledades*, 57, 60, 203

*Sonetos y canciones al itálico modo*, 51

*Subida del Monte Carmelo*, 170, 171, 172, 173, 192

*Subida del Monte Sión*, 155

*Sumario de la natural historia de las Indias*, 85

*Tebaida*, 103, 105

*Tercer abecedario espiritual*, 21, 151, 155

*Ternario espiritual*, 212

*Ternarios sacramentales*, 212

*Thesaurus linguae graecae*, 120

*Tidea*, véase *Comedia Tidea*

*tierra de Jauja, La*, 218

*Tinelaria*, véase *Comedia Tinelaria*

*Tragedia de la destrucción de Constantinopla*, 224

*Tragedia de la honra de Dido restaurada*, 224

*Tragedia de san Hermenegildo*, 213, 219

*Tragedia de santa Orosia*, 219

*Tragedia Lucrecia*, 219

*Tragedia Policiana*, 104

*Tragedia y Comedia del príncipe tirano*, 222

*Tragicomedia alegórica del parayso y del infierno*, 102

*Tragicomedia de Lisandro y Roselia*, 103

*Tratado de Arnalte y Lucenda*, 66

*Tratado de las antigüedades mexicanas*, 84

*Tratado notable de amor*, 114

*trato de Argel, El*, 224, 225

*Tres comedias*, 216

*Tres libros de música en cifra para vihuela*, 39

*Trionfi (I)*, 52

*Tristán*, 117

*Trivagia*, 91

*Trois Aveugles de Compiègne*, 102

*Trophea*, 96

*Turiana*, 215

*Tymbria*, 214


*Valerián de Hungría*, 118

*Vejamen*, 171

*Veneris tribunal*, 114

*Verdadera información de la Tierra Santa*, 78

*Vía crucis del cristiano*, 197
*Viaje de Turquía*, 31, 33, 63, 73, 75, 80, 81
*viaje de Sannio, El*, 222
*Viaje, El*, 74, 76, 77, 78, 79
*victorioso Carlos Quinto, El*, 197

*Villancicos y canciones a tres y a cuatro*, 39
*Visita de descalzas*, 159, 161
*Vocabulario de refranes*, 120

*zingana, La*, 214

# ÍNDICE

**Prólogo** . . . . . . . . . . . . . . . . . . . . . . . . . . . . . . . . . . . . . . . . . . . VII
**Introducción** . . . . . . . . . . . . . . . . . . . . . . . . . . . . . . . . . . . . . . . XI

CAPÍTULO I. **Una nueva conciencia** . . . . . . . . . . . . . . . . . . . . . . . 1

Literatura y sociedad . . . . . . . . . . . . . . . . . . . . . . . . . . . . . . . . . . . . 2
   1. Auge de Castilla y del castellano . . . . . . . . . . . . . . . . . . . 3
   2. Una sociedad aristocrática . . . . . . . . . . . . . . . . . . . . . . . . 6
   3. Las armas y las letras . . . . . . . . . . . . . . . . . . . . . . . . . . . . 9
   4. La España inquisitorial . . . . . . . . . . . . . . . . . . . . . . . . . . 14
Humanismo y renacimiento . . . . . . . . . . . . . . . . . . . . . . . . . . . . . . 16
   1. Erasmo y España . . . . . . . . . . . . . . . . . . . . . . . . . . . . . . . 19
   2. Los estudios bíblicos en España . . . . . . . . . . . . . . . . . . . . 25
   3. El status de la literatura . . . . . . . . . . . . . . . . . . . . . . . . . . 30

CAPÍTULO II. **La poesía lírica: tradición y renovación** . . . . . . . . 37

Cancioneros y romanceros . . . . . . . . . . . . . . . . . . . . . . . . . . . . . . . 38
   1. Los cancioneros . . . . . . . . . . . . . . . . . . . . . . . . . . . . . . . . 39
   2. Los romanceros . . . . . . . . . . . . . . . . . . . . . . . . . . . . . . . . 44

El Renacimiento ........................................   46
    1.  De Castillejo a Boscán ...........................   48
    2.  Garcilaso de la Vega .............................   52


CAPÍTULO III.  **Historias y ficciones** ......................   63

Antonio de Guevara ......................................   64
    1.  Del hombre a la obra .............................   64
    2.  El sistema de invención guevariana ................   70
    3.  La escritura de Guevara, su fama ..................   72
El *Viaje de Turquía* ....................................   73
    1.  La configuración del *Viaje* .....................   73
    2.  El camino del folclore ..........................   75
    3.  Intención reformadora e invención lúdicra .........   78
Historiadores y cronistas ................................   82
    1.  La visión del mundo contemporáneo ...............   82
    2.  El descubrimiento del Nuevo Mundo ................   84
    3.  De los informes a las relaciones de sucesos .......   86


CAPÍTULO IV.  **Nacimiento del teatro** ......................   89

El teatro primitivo ......................................   89
    1.  El teatro religioso ..............................   91
    2.  El teatro profano ................................   93
Las formas dialogadas ....................................  103
    1.  La celestinesca .................................  103
    2.  *La Lozana andaluza* .............................  106


CAPÍTULO V.  **El auge de la ficción en prosa** ...............  111

Ficción sentimental y novela de caballerías .................  111
    1.  Introducción ....................................  111
    2.  Las últimas ficciones sentimentales ..............  113

3.  Los libros de caballerías ........................... 115
Facecia, cuento, novela ................................. 120
*La vida de Lazarillo de Tormes* ......................... 121
    1.  Formas literarias ................................ 122
    2.  Historia, folclore, literatura ................... 125
    3.  Sentido y posteridad del libro .................. 132
Otras formas del relato en prosa ......................... 134
    1.  La novela pastoril ............................... 134
    2.  La novela y el relato moriscos .................. 142
    3.  La novela bizantina ............................. 147


CAPÍTULO VI.   **Ascéticos y místicos** ..................... 149


Introducción ............................................. 149
    1.  Literatura y espiritualidad ...................... 149
    2.  Los precursores ................................. 152
Santa Teresa de Ávila .................................... 154
    1.  Entre la contemplación y la acción .............. 154
    2.  La obra ......................................... 158
    3.  La escritora .................................... 161
San Juan de la Cruz ...................................... 164
    1.  Una vida de adversidades ........................ 164
    2.  La obra ......................................... 167
Fray Luis de León ........................................ 174


CAPÍTULO VII.   **El nuevo esplendor de la poesía** ......... 179


Introducción ............................................. 179
Herrera y la nueva poesía ................................ 181
La poesía religiosa ...................................... 185
    1.  Fray Luis de León, poeta ........................ 185
    2.  San Juan de la Cruz, poeta y místico ............ 190
La poesía épica .......................................... 196

    1.  Introducción ....................................... 196
    2.  Ercilla y *La Araucana* ............................ 198
El Romancero nuevo .................................... 200

CAPÍTULO VIII.  **Afirmación de un teatro** .................. 205

Las condiciones del espectáculo .......................... 206
    1.  El público y los actores .......................... 207
    2.  El lugar escénico y la puesta en escena .............. 208
El teatro religioso ...................................... 210
Lope de Rueda y el teatro profano ....................... 213
    1.  El ejemplo de Lope de Rueda ...................... 213
    2.  Discípulos y epígonos ............................ 215
    3.  Nacimiento del entremés .......................... 217
La generación de 1580 .................................. 218
    1.  Los trágicos de fin de siglo ....................... 218
    2.  Juan de la Cueva ................................ 222
    3.  ¿Cervantes, poeta trágico? ........................ 224

**Cronología** ........................................... 227

**Bibliografía** .......................................... 231

**Los autores** .......................................... 251

**Índice de autores** ..................................... 255

**Índice de obras** ...................................... 261

Impreso en el mes de octubre de 1994
en Talleres Gráficos DUPLEX, S. A.
Ciudad de Asunción, 26
08030 Barcelona